Lo peor del Horror

Eduardo Monteverde

Ediciones B
Grupo Zeta

Barcelona • Bogotá • Buenos Aires • Caracas • Madrid • México D.F. • Montevideo • Quito • Santiago de Chile

1.ª edición: Diciembre 2004

Bradley 52, Colonia Anzures. 11590, México, D.F.
www.edicionesb-america.com

ISBN: 970-710-173-3

Impreso en los talleres de Quebecor World

Lo peor del Horror

Eduardo Monteverde

A Ruy Pérez Tamayo.

Prólogo

Mi amigo Justo Vasco tratando de encontrar una lógica en toda esta conversación de las grandes ciudades en trampas del mal, dijo, citando creo al autor ruso Leónidas Andreiev: «Lo peor del horror es que no hay horror». La barbarie que nos circunda se disuelve en lo cotidiano, por reiteración, abuso de cabeza periodística, reportaje superficial de la televisión. Forma parte de la melaza rosa-roja-negra que nos rodea. A lo más, de vez en cuando el accidente se aproxima, toca a un amigo, a un conocido, a uno mismo y ya no es monotonía informativa, es la real realidad dejándote sin aliento.

Eduardo Monteverde desciende a los infiernos para narrarlos. Y su narración los hace terriblemente próximos. Leyendo estas páginas he descubierto cien novelas y doscientos cuentos. El texto me ha abrumado, desprende por todos lados la brutal calidad literaria de la verdad. Entrando en una y otra de estas pequeñas historias, cuyo único hilo conductor es un país, México, y una manera de relacionarse con él, la criminal, uno no puede dejar de sorprenderse. ¿Todo esto está pasando a nuestro lado? ¿Todo esto está sucediendo así? Se supone que estoy vacunado, que muchos años de ser un mexicano bien informado me han vacunado contra historias como estas. No hay tal. El texto me encandila, me vapulea, me sorprende una y otra vez.

Durante algunos años Monteverde, que reúne una extraña formación: marinero, premio nacional de cine y video científico, tres premios internacionales en documental, periodista científico, reportero, médico, psicólogo y filósofo, se metió en los infiernos: salas de forenses, barandillas de ministerio público, hospitales psiquiátricos, calles oscuras donde los muertos aún sangran, sórdidas cárceles, y habló con los protagonistas: el suicida fallido, el mago violador de niños, el cerebro de la banda del enemigo publico número uno, los campesinos indígenas a los que van a comer las moscas, los trabajadores de un zoológico acosado por la penuria, la mentira y las ratas, los travestíes perseguidos, los redentores delirantes, los médicos brujos, los brujos no tan médicos, los destazadores, las mujeres violadas, las infanticidas, el fallido asesino de Díaz Ordaz, que está recluido a perpetuidad sin que nadie lo sepa.

Vio, observó, narró, reduciendo una y otra vez la distancia. Nada de «ellos» y «nosotros». Múltiples versiones del «nosotros». Y desentraña fraudes, plantea incógnitas, hace terribles preguntas: el suicidio no es tal, se trata de un asesinato, los inocentes están en la cárcel, los culpables en la mayoría de los casos están libres. ¿Quién juzgó al loco y lo condenó a reclusión perpetua?

El oficio criminal es el que más garantías de triunfar tiene en este país. No hay profesión que pueda garantizar como el crimen un 97% de éxito. Esa es la cifra de los casos en los que los perpetradores de un acto delictivo no son detenidos, juzgados, encarcelados. Estamos ante uno de esos libros que invita a no dormir, que invita a reflexionar y a pasar a la acción. Algo, muchas cosas, deberán de hacerse.

Y Monteverde logra que esta incursión en las zonas oscuras de nuestra sociedad, lo que él llama «periodismo negro» sea eficaz, porque combina una investigación de primera mano (todas las historias fueron reporteadas en las calles, en el territorio) con una extraña, singular, muy singular pericia narrativa y capacidad para hacer reflexiones en el más sorprendente de los contrapuntos.

El resultado es apasionante. Difícilmente uno de nuestros colegas escritores podría desplegar una imaginación que se acercara tímidamente a historias como estas. Conforme uno va leyendo, la sensación de que uno se encuentra ante uno de esos diez libros para entender a México, crece. Insisto. Este libro debe circular, ser leído. Es lo menos que les debemos a las niñas y víctimas del mago, al trabajador universitario asesinado, al paladín de los derechos gay suicida, a los indígenas de Chihuahua y Los Chimalapas, a las tristes putas de la Merced, a la mujer violada. A todas esas personas y esos rostros que mientras están leyendo son también nuestros rostros.

Paco Ignacio Taibo II

Austriacos en La Merced

Al filo de la madrugada fue reportado el cadáver en un hotelucho de La Merced. Lo captó el escáner que uso para interceptar frecuencias policiacas, llegar a tiempo al teatro de los hechos y escribir esa artesanía del morbo que es la nota roja.

Esa noche guiaba a unos documentalistas de Austria por el trajinar sinfín de la urbe. Querían filmar penumbras urbanas y llegamos al lugar. Los europeos quedaron perplejos al entrar por el dédalo de pasadizos y ver el cuartito minúsculo donde reposaba en un catre, el muerto más pálido aún por el tubo percudido de luz neón. Se preguntaban cómo pudo caber y tener sexo antes de morir con una mujer que ya para esas horas había desaparecido.

Los muerteros cogieron un trozo de cinta amarilla, de la que no pusieron para bloquear la entrada de curiosos. Como no traían camilla, uno se trepó para atar el cadáver al catre de yute. Dos de los más corpulentos hicieron palanca sentados a los pies. Se levantó el camastro con todo y muerto. Palanqueando y de pie lo llevaron a la calle y de allí, ahora sí, acostado rumbo a la ambulancia, que no pudo entrar por los puestos ambulantes y la habían estacionado a dos cuadras.

—Hacemos esto y más —dijo un muertero viejo y a punto de la jubilación a uno de los austriacos enmudecidos—. Una vez echamos a caminar con un alambre el cadillac del presidente Ford cuando vino a México y se le descompuso el carro. Un alambre en la bobina y con eso tuvo, sus guaruras se quedaron sorprendidos; en esta ciudad todo es posible.

El austriaco no entendió la relación, pero el viejo se refería al ingenio mexicano que lo mismo sirve para levantar a un muerto que para arrancar un motor. Urbe de múltiples lenguajes.

Niclaus, el director del equipo fílmico, regresó al cuartito del difunto donde ya alguien había apagado la luz y puesto en el piso una veladora. Alumbraba el suelo polvoriento, bolas de papel de baño rosado, unos vasos de plástico transparente con restos de esquite y condones usados.

—¿No toman muestras de la escena del crimen? —preguntó Niclaus.

—No, aquí es terreno de putas baratas y mecapaleros —contesté sin precisar lo del mecapal, que por fuerza llevaría a hablar de la grandeza mexicana.

Mes con mes aparece un cadáver en estos antros o en las calles: ámbitos de la prostitución. Ebrios que se desangran con las venas rotas del esófago por la cirrosis o que se ahogan con su vómito en la congestión alcohólica, balaceados o los que sucumbieron al arma blanca. Cada vez es más frecuente hallar el cuerpo de un indigente con sida, acurrucado en el quicio de una puerta.

Como tantos otros, el muerto del cuartito podía quedar como uno de los centenares de casos en los que se presume un delito y queda sin resolver. De cada mil actos ilícitos 925 quedan sin respuesta en la ciudad.

La Merced está en lo que fue un pueblo de Tenochtitlán. Lugar de misioneros mercedarios durante la Colonia, el mercado inmenso se fundó en el porfiriato. Ha durado más de un siglo y hoy en día es uno de los centros de cantinas, hoteles de paso y una zona roja de las más lúgubres y paupérrimas de la ciudad.

Se calcula que hay entre 1000 y 3000 prostitutas, cada una tiene 25 encuentros a la semana y la mitad son menores de edad. El gobierno tiene detectadas sólo a siete mujeres infectadas de sida. El resto se evapora. Organizaciones civiles reparten condones entre las prostitutas. Los dueños de los hoteles —monopolio gachupín— las obligan a comprar los que ellos venden. Si el cliente no acepta, la tarifa se reduce a la mitad sin que haya preservativo de por medio. En total, el acto cuesta alrededor de 40 pesos con todo y cuarto, pero con la falda arremangada. Sin prendas, la tarifa aumenta.

El cineasta europeo se fue enterando; respingaba la nariz mientras caminábamos a la saga de los muerteros que volvieron a enderezar el catre con el cadáver, porque de otra forma no hubieran podido sortear las vueltas por los pasillos entre los puestos de comida. El extranjero se empezó a sentir raro en esos resquicios. Sudaba cuando preguntó cómo saldrían de esa «trampa» musitó, con cortesía, en caso de que temblara.

Cuando se le agolpó el aire de la calle con olor a diesel, cáscara de naranja y a suadero de La Merced, dijo sentirse tan reanimado como si le hubieran puesto una estopa con amoniaco. Inquirió sobre la responsabilidad de las autoridades en esos edificios. Se le respondió que las autoridades reconocían la existencia de 300 construcciones en mal estado, sobre todo después de los sismos de 1985. Vino a colación el tema de muchos socorristas de esa época, que entre sus anécdotas favoritas estaba el rescate de cuerpos adúlteros haciendo el amor en este tipo de hoteles.

Por la hecatombe económica y el abatimiento de los compradores, los dueños de bodegas y puestos han abierto sus negocios como burdeles. Los costales de papas y naranjas sirven de colchón.

No es algo nuevo que este valle sea peligroso. La sangre ha corrido por lo menos desde el siglo XIV, cuando en 1325 los aztecas encontraron el águila sobre el nopal devorando una serpiente. Fue el sino funesto para los acolhuas y otros pueblos ribereños en el lago de «la región más transparente del aire»; cuyas aguas y tierras se empezaron a volver tintas. El emperador Tizoc, artífice del templo mayor, ejecutó una vez a 20 mil esclavos en honor al dios Huitzilopochtli.

Por esos otrora canales hoy anegados con chapopote y basura, caminaban los cineastas austriacos. Uno de los visitantes, ecologista a todas luces, evitó la referencia a los sacrificios y evocó la limpieza de aquel valle, la pulcritud de los indios, los taparrabos blancos, el culto al sol y los alcatraces, que tan bien pintó Diego Rivera en Palacio Nacional.

Se le opacó la visión cuando con cortesía defeña le dije que honorables antropólogos habían cuestionado seriamente la higiene prehispánica, al calcular la cantidad de residuos humanos y basura para una población de más de un millón de gentes. No había letrinas ni drenaje y todo se vertía en el lago. Además los alcatraces no existían. Fueron traídos de Sudáfrica en el siglo XVIII por navegantes portugueses. Con un gesto muy teutón el ecologista dio por terminada la plática con el argumento contundente de que la basura era orgánica.

Cierto, y la hermosa cultura del maíz era la predominante y hasta las tortillas se usaban como servilletas y papel higiénico. El excremento debió ser prolijo. La raíz del nombre del emperador azteca Cuitláhuac quiere decir mierda negra, porque su piel estaba cubierta por una enfermedad que le daba ese aspecto; tal vez era sarna. Es la misma raíz de Cuitlacoche o Huitlacoche, el hongo que se come en quesadillas. Uno de los austriacos lo había comido con evidente repulsión mientras alguien con pésimo gusto le explicaba la etimología.

Niclaus insistió en la grandeza mexicana y, aunque en cada esquina se amontonaba basura orgánica e inorgánica, entró al tema de los indios. Por las calles en las que caminaban había por lo menos un cuarta parte de población indígena sin ningún vínculo con su tierra, familia, usos ni costumbres. Eran migrantes de un campo salitroso, cuyas mujeres eran enganchadas a la prostitución desde su terruño. Volverse padrote es un peldaño arriba en la escala social.

La ciudad de México es un vasto territorio indio, más densamente poblado que la selva Lacandona o la sierra Tarahumara, pero aquí nadie habla de los derechos indígenas, aunque sea una babel de etnias y sus idiomas: otomí, mazahua, náhuatl, zapoteco, huichol, totonaca... Región en la que se rinde culto a los antepasados, se construyen monumentos a los próceres emplumados y se admira a los voladores de Papantla, que aterrizan con frecuencia en las piqueras y prostíbulos de La Merced con las plumas de sus tocados hechas jirones.

¿Quería Niclaus hablar sobre el penacho de Moctezuma que está en el Museo Etnológico de Viena? Guardó silencio.

Tan sólo de la población estable en La Merced se calcula oficialmente que hay 6 mil familias indígenas. No se cuenta a la flotante: jornaleros, sirvientas, muchachitas y otras mujeres que con frecuencia son enganchadas por los proxenetas, en la sierra o en la selva. Son analfabetas, apenas hablan español, pero ya la hacen de «daifas» en lupanares como La Corneta, por el callejón de San Ciprián. Rara vez vieron un foco en su infancia, pero ahora crecen con el neón de las rocolas. Son profesionales, pero no saben usar un condón. Son niñas en la máscara de ser mujeres.

Un austriaco evocó de nuevo a los tiempos prehispánicos. Le recordé que si algo didáctico tenían los murales de Diego Rivera, en lo que más se fijaban los niños y disimulaban las maestras, eran las prostitutas tatuadas que merodeaban los mercados. Los aztecas las llamaban «huilas», animación de un ave pantanera.

—Pero esto una vez fue la Ciudad de los Palacios —dijo Niclaus en recuerdo de Alexander Von Humboldt, santón de la naturaleza o «cabeza de playa» de los buscadores de recursos naturales, que luego se exportarían a Europa como materia prima.

El historiador Francisco de la Maza dijo que la frase es un mito y que Humboldt se quejaba de los malos olores que inundaban la ciudad cuando la visitó. La advertencia «¡aguas!» es porque la gente arrojaba sus excretas al arroyo y así prevenía a los transeúntes distraídos.

—*Wasser, Wasser* —pensó Niclaus mirando a las alturas. Vio a su alrededor cuando le advertí que tuviera cuidado con los chineros.

—¿Otra etnia? —preguntó.

—No, son los hampones que aplican la «llave china». Les rompen el cuello a las víctimas, les quitan todo lo que traen, hasta los zapatos.

Niclaus se volvió ensimismado al pasar junto al convento de La Merced, construcción morisca del siglo XVIII. El alfarje fue destruido durante La Reforma para fundir las tejas de plomo y hacer balas para las guerras intestinas. Allí vivió y pintó el doctor Atl, por cierto, admirador de los nazis y gloria de la cultura nacional.

Los austriacos sabían del doctor Atl, pero no de su admiración por los nazis. Más se amplió su cultura cuando se enteraron que era un maltratador de mujeres que enloqueció a una poetisa y pintora naif, a la que llamó Nahui Ollin, que quiere decir la dinámica del movimiento, en náhuatl. Esto fue en los años veinte, pero la actitud del famoso paisajista no era ni es cosa rara. La Merced es una de las zonas medulares de maltrato en la ciudad, donde por lo menos una de cada diez mujeres es golpeada. Las indias son las que más padecen. Niclaus sugirió crear autonomías indígenas en La Merced.

Niclaus y su equipo no concluyeron el documental. Días después caminaban por La Merced entre vendedores ambulantes. Alguien les gritó «¡aguas!»

—¿*Wasser*? —respondió mirando hacia arriba mientras le aplicaron «la china» y se quedó sin cámara.

El violador de ilusiones

Su llave es la clave que penetra y hace que los sueños revienten; está acusado de violación y corrupción de menores. Sus víctimas son niños de la calle apartados en el limbo de la infancia en Pachuca, tierras de minería.

El ruido de los cerrojos que se descorren anuncia la llegada, a los pasos los acompaña el eco de pies que se arrastran por las galeras, de nuevo hay pasadores que crujen, el mago «Oswaldini» aparece; pero no es el escenario que acostumbra: pistas de circo deslucido con lentejuela apagada y boñiga de un solo elefante, tinglados de plazas y teatrillos de pueblo; hoy está en una celda de la cárcel y el único espectador es un reportero.

—Qué tal amigo periodista; no tienen pruebas, no me pueden probar nada —con un gesto saca una carta de la manga de su uniforme de presidiario, que se esfuma en el calabozo. «Oswaldini» es un experto demoledor de castillos en el aire.

Es diciembre y cala el frío en la penitenciaría de Pachuca; las palabras se tornan vaho en el aire afilado del altiplano: Causa número nueve, oficio 1352, Oswaldo Padilla Arteaga, 31 años de edad, consignado. Un ojo y los labios se le amoratan reventados. Apenas lo aprehendieron ayer.

Entre quienes lo acusan está Lucía, de 12 años, que se hace pasar por niño y conoció al ilusionista cuando caminaba por el centro de la ciudad con sus hermanitas Cecilia e Isabel, vendedoras de chicles y periódicos.

—A veces íbamos a la casa del mago hasta que un día nos atacó. Me di cuenta que estaba borracho, nos gritó groserías y nos dijo que nos encueráramos. Pudimos salir corriendo, otros niños se quedaron, pero a Angélica se le olvidaron sus periódicos y tuvimos que regresar. Fue cuando cerró la puerta con llave, nos dijo que nos quitáramos la ropa, se quitó la camisa y se bajó los pantalones, apagó la luz. Les dije a mis hermanas que se tiraran en el piso.

Pequeñas trifulcas

La casa del mago está en Xicoténcatl 105 —clase media de provincia en disolución—, la sala y el comedor tienen muebles de terciopelo con cubiertas de vinilo, antigüedades de 30 años, floreritos y flores de plástico, por la cocina se sube al piso de los hechos, la escalera da a un baño con tina y paredes amarillentas. Lucía le dijo al reportero que un día se bañó ahí con el mago pero no pasó nada. A un lado está la recámara de la madre de «Oswaldini», dos camas de colchas verdes; parecen el cuerpo de dos moscas de jardín, de las que penetran en cualquier recogimiento. En la penumbra del medio día no se sabe si la tela está luída o satinada, las alas son cortinas de organdí. Una cama estuvo mucho tiempo vacía, la del esposo difunto. Se volvió a ocupar con las revolturas de «Oswaldini» y los niños; la de la mamá nunca se tocó.

El cuarto se comunica con el del mago, hay un televisor desvencijado, una cama de latón con pátina, colchón desnudo y en la pared una fotografía del niño Oswaldo, de esas de tres caritas sonrientes y con rizos. De un ropero de dos lunas cuelga una capa de terciopelo negro con el sello de *Play Boy* bordado con diamantina dorada que usaba el mago; la policía no la recogió cuando entraron sin orden de cateo.

Platico con Lucía en su vivienda en el barrio de La Surtidora, casucha tras casucha encaramadas en un cerro salitroso, un solo cuarto con una cama y una mesa con comida que ya no se puede pudrir más porque llegó descompuesta. Rayas de interferencia en un televisor juegan y dominan la pantalla.

—Esa noche —dice Lucía mientras Cecilia carraspea con su tos perniciosa, apenas vestida con un andrajo *Nike*— había otros cuatro niños, esos sí de a de veras, no como yo que me hago pasar por hombre. El mago los metía en la cama, no en la de su mamá, en la otra, y los revolcaba debajo de las cobijas. Y de repente se puso como loco, me empezó a pegar, me aventó a la tina de baño de un trancazo, me iba a aventar desde el barandal y que nos empieza a pegar con su cinturón y que de repente cierra todo...

—¿Todo?

—La puerta de la calle. Íbamos de un cuarto a otro y a mi hermana Chabelita, que tiene ocho años, le escondió un zapato detrás de la televisión, luego el mago se bajó su pantalón y le enseñó su cochinada; ella no quería ver. A Mario, «el Grande», porque hay otro que es «el Chico», le bajó el pantalón y lo acostó en la cama; Mario lo empujó a patadas, pero está chico aunque le digan el grande. Luego dijo que le habíamos robado su reloj, todos estaban chillando, y los niños le decían que no era cierto; empezó a corretearlos hasta que le llevaron el reloj. De repente me agarró y me quería besar en la boca. Me daba un anillo a cambio. Empezamos a gritar, llore y llore, el mago abrió la puerta y un vecino nos oyó y llamó a la judicial. Nos llevaron en un grand marquis a la policía y al mago lo sacaron a trancazos.

Lucía sonríe de lado y enseña el anillo, le pide un cigarrillo al reportero, toma su papel de niño; su mamá no va a llegar, anda vendiendo empanadas entre los mineros del turno de la noche, en unas minas que están mas allá de Real del Monte, por una carretera de la que Lucía sólo sabe que va a dar al mar.

Semblanzas

La madre de «Oswaldini» es una anciana pequeña y temerosa, husmea con desconsuelo al reportero que llega a su casa a preguntar por el hijo que está en la cárcel. Viste con popelina gastada, las flores del estampado se volvieron grises.

Me pasa a la sala, una silla está rota por el jaleo de la aprehensión, recoge y vuelve a sembrar un mastuerzo en una maceta pequeña que cayó del aparador. Enviudó hace treinta años.

Describe a Oswaldito como un niño caprichoso, muy consentido. Se escapaba de la escuela para merodear por los circos que de cuando en cuando llegaban a las afueras de Pachuca, carpas raídas en baldíos polvorientos con vendavales. Se escapó para siempre a los quince años, cuando estaba en segundo de secundaria. De cuando en cuando volvía, quería ser estrella de Televisa.

La señora Blanca Ortega viuda de Padilla va por un vaso de agua, riega un helecho en el corredorcito, junto a un montón de basura apenas acomodada en una cubeta de plástico; latas, botellas vacías de brandy y tequila barato, algunas rotas. Tiene una pequeña accesoria donde cose y remienda, pasa días con una hermana que también es modista. A Oswaldito no le gusta encontrarla en la casa cuando regresa de actuar en los pueblos, ella nunca lo llamó «Oswaldini». No sabe mucho de él, sólo que tiene unas hijas en México. Recuerda que una vez llegó la policía y le preguntaron por un enanito que le ayudaba a su hijo en las carpas. No les supo dar razón. No volvieron hasta la noche que aprehendieron a su hijo. Ella estaba en casa de su hermana y por un vecino se enteró de que se lo llevaron. Iban por otra cosa, no por lo del enano. En su recámara no había más desorden que las cobijas revueltas en la cama de su difunto marido. No ha visitado a su hijo en la prisión.

Las oficinas de la policía judicial en Pachuca tienen un aire entre cuartel y correccional, las jardineras en torno a un patio con vehículos y chatarra se usan como botes de basura, huelen a orín y son aceitosas. Por algunos cuartos asoman agentes ventrudos con camisetas raídas, otros duermen en catres de campaña. En unos escalones se sienta un grupo de indigentes y niños de la calle. No los van a encerrar, es tan sólo un escarmiento por andar de malogrados. Un policía alto y enjuto como las aves negras que merodean los cerros de la minería ejercita sus virtudes con un tolete a pocos centímetros de los detenidos.

En la oficina del jefe hay un sillón desvencijado, la fotografía del gobernador, la bandera de México, el diploma de un cursillo del FBI y junto a éste una carta impresa en letras gotizantes: «¡Sí hijo, soy policía!»

«Somos los malos de esta sociedad que tan mal nos paga y tanto nos necesita. La gente nos humilla cuando nos ofrece una dádiva para que no cumplamos con nuestro deber y cuando la aceptamos nos dice deshonestos.

»Si tú supieras con qué clase de gente tenemos que enfrentarnos diariamente: borrachos, asesinos, influyentes, todos ellos irrespetuosos y agresivos y nosotros tenemos que tratarlos como si fueran gente decente, de veras, eso es lo que más nos lastima, que no sepan o no se den cuenta que también somos seres humanos, y que nos duelen los insultos, las agresiones y ¡demonios! Que crean que estamos obligados a aguantar todo porque somos policías olvidados.»

El comandante Rigoberto Quintanar la lee como si fuera una cartilla. Parco y corpulento se voltea amonestador recitando el último párrafo de la carta y me cuenta sobre la aprehensión.

—Recibimos la llamada anónima de un vecino, se quejaba de que en esa casa había gritos. Tocamos, ese cuate abrió y lo sacamos, no traía camisa y el pantalón estaba desabrochado. Lo subimos a la patrulla, lo tratamos con pinzas, como a cualquier otro delincuente. Personalmente pienso que es una cosa asquerosa.

—Se le buscaba también por abuso sexual de su ayudante, un enano.

—Eso pasó aquí junto, en Querétaro. No nos interesa. Ahorita lo agarramos en flagrancia con los niños. El enano me vale madres. Lo que importa es la sociedad. ¿No entendió la carta que le acabo de leer? ¿La del hijo? El enano vale madres, hay un chingo en los circos.

Al enanito cirquero, «Oswaldini» le puso «Pulgarcito», ahora tiene 17 años de edad, acompañaba al mago desde los doce. Denunció a su patrón en San Juan del Río, bajo la causa penal 37/988 por lesiones, secuestro y violación. El mago estuvo preso siete meses y salió libre con una fianza de 50 pesos. La policía desconoce el paradero del pequeño cirquero.

La ficha policiaca describe al mago «Oswaldini»: 1.70 metros de estatura, pelo chino, negro, ojos rasgados, boca regular, labios gruesos, nariz afilada, ceja regular, tez morena clara, bigote y ninguna seña particular.

En la vasta crujía que sirve de locutorio, un guardia cabecea con un fusil viejo entre las piernas. El mago se luce frente al reportero, acicatea sus ojillos y se frota las manos, salta entre las paredes y muestra sus rutinas.

—Empecé como payasito, pero era un cómico enérgico, ¡grrr!, gruñón, entraba a la pista haciendo creer al público que era el mar, anduve en el Circo Bell's, con los señores Atayde, representé actrices, en el programa de Chabelo yo era el payasito que se la pasaba brinque y brinque en unos colchones, la cinematografía nacional me abrió las puertas, anduve en la troupe de Cepillín, en el cabaret El Patio recibí las Palmas de Oro, luego me salí de los circos, por mi cuenta empecé a hacer magia...

—Conoció a un enanito...

—Sí, desde que aquel era niño lo metí al ambiente, hacíamos presentaciones en escuelas, en las plazas, todo era para los niños.

—Por los niños es la segunda vez que lo meten a la cárcel.

—El otro era un enano, no era un niño.

—Están certificadas las lesiones por las que lo denunció; ruptura perineal...

—Verá que los otros también ya habían sido violados y yo no se los hice. Se acercan a mí por mis magias, así los atraigo, para enseñarles a sacar palomas de un sombrero, son niños de la calle, hay muchos, a unos los dejo entrar a mi casa, empiezan a explorar su cuerpo, sacan sus pequeños miembros, se los miden entre ellos, les bajan los calzones a las niñas y yo me pongo a ver la televisión. Hacían sus cositas y se iban. En alguna ocasión me bajé los pantalones, me retaron a que jugara a espadazos. Era un reto de niños, yo tenía que demostrar. Ser mago es todo un oficio.

Criaturas de la sombra

De nuevo es de noche en la casa de Lucía; ahora insiste la chamaca que se llama Jaime, le pide un cigarrillo al reportero; en la mesa las viandas son moronas, un trozo roído de chorizo que las moscas revolotean entumidas.

La chica adopta postura de jovenzuelo en sus bermudas de mezclilla, el jersey de los Dallas Cowboys con ribetes de cochambre. Las hermanas tiritan arrumaqueadas viendo las rayas eternas del televisor, única luz con el fondo rasposo de un programa de cómicos. Cuenta las monedas que ganó en el día con la venta de los periódicos.

—Mi nombre es Jaime, dígame Jaime. Conocí al mago por otros niños que me hablaban de él. Una tarde fuimos a su casa y me confundió con niño, los muchachos le siguieron la corriente, entonces él me bajó la bragueta, nos fuimos a bañar a su tina; dejaba que los otros se asomaran. A ellos nada más los conozco por apodos: «el Negro», «el Aguas», «el Pirruñas», que está en el Tribunal de menores, porque dizque le robó una grabadora al mago y éste lo amenazó con avisarle a la policía, entonces se fue a robar otra a otro lado y lo apañaron. Una vez que fui a la casa del mago me encontré a un tal Quique encuerado, parado en la cama, quesque vivía allí, el mago me dijo que se lo tocara con la boca, se lo hice pero nada más un rato, luego me hice la disimulada, ¿verdad?, hice como que iba por un vaso de agua y me salí. En la puerta me topé con Mario «el Grande», me dijo que estaba viviendo ahí, que estaba aprendiendo magias, entró y yo me fui, total él iba a la lección.

Jaime o Lucía, Lucía Jaime, se ríe; morena, se desmelena su cabello corto, delgada, con la finura de un buen trazo al carboncillo, pide otro cigarro en la penumbra. Mientras su madre está vendiendo empanadas a los mineros por un camino que sólo sabe que lleva rumbo a la costa.

Mario «el Grande» y otros chiquillos habituales en la tertulia de «Oswaldini» viven en el Cerro de Cubitos, talud de una montaña salitrosa, donde campesinos de la huasteca se asentaron a esperar que los contrataran en las minas. Lo único que han perforado son hoyos para clavar los postes de sus casas y de cartón y polines carcomidos. Unos cuantos jacales tienen luz, no a todos les alcanza para el alambre del diablito.

Proliferan las criaturas de vientre esférico, los perros canijos, llegar a la casa de Mario es trepar en la oscuridad. No hay puerta para tocar, sólo una cortina rasgada. Asoma desconfiado el padre de Mario, no sabe nada de su hijo ni del tal mago. Lleva muchos años sin salir del barrio por cuidar a su hija, señala a la luz de una vela, el cuerpo famélico y paralítico de una niña envuelta en una cobija deshilachada.

Se forma un corrillo de escuincles a mi alrededor, llegan algunos vecinos, lo único que relumbra es «la Güera», hermana de Mario «el Grande», india albina, quinceañera, nacida entre las palmeras de Chicontepec, antes de que la familia emigrara a Pachuca con el sueño de ser mineros.

El asunto no es con Mario «el Grande», es con «el Chico», otro linaje del Cerro de Cubitos. Tiene diez años, en el vecindario no hay drenaje ni letrinas, el fecalismo es a la intemperie. Cuentan sus amigos que al volver de la casa del mago, el niño dejaba manchas de sangre cuando iba al baño en el piso polvoriento.

Estuvo la noche de la captura. Entre carcajadas y piquetes de costillas, la palomilla lo acosa para que hable y cuente lo que todos saben en la colonia, la madre tercia.

—Di lo que te hizo el mago, ándale.

—Me violó —refunfuña remolón con las manos en los bolsillos, sus compañeritos ríen. La madre interviene de nuevo.

—Por eso le digo que ya no salga a la calle, ya casi no ha salido—. Ladran los perros alertados por la boruca de los niños. Mario «el Grande» no aparece, dicen unos que ya anda por los pueblos de la sierra como aprendiz de mago, otros que se fue de minero, un microbús mete segunda a lo lejos para treparse a la montaña de salitre.

El adiós

Myrta es fichera en el cabaret, madre de familia y alguna vez pareja de «Oswaldini», una de sus dos hijas es del mago. El diálogo es a través del espejo de cromo humedecido, se pone diamantina en los párpados, tras bambalinas todo es triplay. La *boite de nuit* está en el centro de la ciudad de México, con el tono de las pistas en las que actuaba «Oswaldini». Están separados. A veces aparece y las lleva a Chapultepec.

—Es mago —me dice sin apartarse del espejo jaspeado que la hace ver con menos estragos, cuando habla se acerca al reflejo y sopla un vaho que no se condensa en el vidrio. Debe tener treinta años. Cuenta que de niña fue bonita, a media semana la clientela escasea, sus hijas ya se visten solas para ir a la escuela. Cuando le va bien las recoge al medio día. Sus madrugadas son oscuras, se está pasando de años. No sabía que «Oswaldini» estaba en la cárcel, tampoco le importa.

En la prisión el guardián se despereza, toca una campanilla, es hora de que el mago vuelva a su crujía, agarra el fusil amodorrado. «Oswaldini» saca un rey de bastos de la manga, lo estruja, me dice que en otro tiempo lo convertiría en una paloma.

—Los que me acusan son niños que duermen en la calle. No sé, sin techo, sin casa, ¿tendrán algún conflicto sexual? ¿Se entregarán a hombres o a mujeres? Los magos somos diferentes. La noche que me agarraron yo estaba listo para jugar a espadazos, no es un juego de sexo, o si lo es, al menos es mínimamente. Jaime solito se bajaba sus calzones para enseñarme que era mujer, es Lucía; no podía jugar a las espadas. Todos lo hacían con su boca y eso no es penetración. Soy el mago de los sueños. Los sueños no tienen pruebas.

En el expediente de los Servicios Médicos Periciales los niños acusadores aparecen con evidencias morfológicas: «desfloraciones antiguas y recientes, pérdida de tono del esfínter anal». Un doctor y un comandante me hablan al unísono, salpican las páginas del folio, el policía farfulla indignado, interpreto, quiere decir que lo escrito es literatura procaz de la fuente policiaca, árbol genealógico de perpetradores en los que hay abuelos, tíos, padrastros, amigos, un cortejo sin denuncia, donde el último eslabón es «Oswaldini», al que sí le cayeron.

Por la sierra o por los llanos vaga un enano anónimo que cumplió su cuota de violación por ser discípulo del mago. Una hija del ilusionista se viste para ir a la escuela.

Abuelo a perpetuidad

Era el más viejo de la banda y me lo cuenta orgulloso, en su condena centenaria. En este rincón de la penitenciaría, don Jacinto no pierde su garbo de tenedor de libros, ni sabe si él lo mató o fue su compadre. La balacera estuvo cruzada, lo cierto es que en la puerta quedó el cadáver del guardia de Panamericana.

Sacaron el botín, tenían dos autos, pero a uno de los choferes se le cayeron las llaves. Las bolsas del dinero estaban en la banqueta. Los seis asaltantes se treparon con los bultos en el otro automóvil. Durante el titubeo llegaron las patrullas y empezaron los balazos de nuevo. Cada quien huyó por su lado. Dejaron el botín. Poco después atraparon a don Jacinto.

Su compadre y cómplice era Alfredo Ríos Galeana. Prófugo desde hace años, se le sigue llamando el enemigo público número uno, de los más temidos en la picaresca criminal. Ex militar y policía, reta a la autoridad cantando en palenques con peleas de gallos. Se viste de charro, graba discos de canciones rancheras y nadie ha igualado su récord en asaltos bancarios. Dice don Jacinto que como su compadre sigue libre, se le traslapa el presente con el pasado y se volvió abuelo en la cárcel.

Don Jacinto Garza Dávila tiene 57 años, lo sentenciaron a cuarenta. Lleva once como presidiario. Espera salir antes de cumplir los cien. Recio, norteño de Monterrey, luce como apuesto ejecutivo en su pelo cano. Empezó a delinquir tarde, a los 46 años. El oficio lo aprendió en el Reclusorio Oriente, donde pasó nueve meses acusado de fraude. Salió absuelto, el juez no tuvo elementos para sentenciarlo.

Había sido gerente de una sucursal de Sumesa, en el Distrito Federal. Los patrones formaron un sindicato blanco, priista, que maltrataba a los empleados. Aunque estaba vetado, se lanzó como tesorero de su planilla y ganó a pesar de los trucos que la CTM usó en su contra. Los dueños le recomendaron que no se metiera en la política. Le restregaron que lo habían hecho ejecutivo aunque sólo tenía el cuarto de primaria. No lo atemorizaron. Llevaba 12 años trabajando para el supermercado y tenía buenas posibilidades de crear un sindicato independiente.

Dos meses antes de las elecciones le fincaron un fraude por 20 mil pesos. Su gerencia tenía ventas diarias por 300 mil. Lo encarcelaron durante todo el proceso electoral y lo soltaron cuando acabó. Le pagaron ese tiempo como si hubiera trabajado. De buena manera le explicaron que la cárcel había sido para evitar borlotes de los trabajadores. Se disculparon, pero le dijeron que no lo podían contratar de nuevo, por sus antecedentes penales.

No obstante su pericia administrativa, por su edad y por haber estado preso, era difícil hallar trabajo. En el reclusorio aprendió que había otras formas de ganarse la vida y decidió «graduarse en delincuencia», así lo cuenta. Además, los delincuentes algo le debían. Le tuvieron confianza desde que llegó a la cárcel. Por las noches y durante las larguísimas horas de ocio los hampones planeaban sus golpes, discutían dónde esconder el dinero de robos por venir y qué hacer con el de atracos anteriores. Don Jacinto les enseñaba cómo organizar a las bandas, organigrama mediante, y a distribuir las ganancias con justicia, cómo invertir en negocios redituables con seguridad y eficiencia.

—Si en los penales hubiera psicólogos, de verdad ya estaría libre. Yo tengo una historia de trabajo desde niño. En Monterrey trabajé en Troqueles y esmaltes. Cuando vine a la capital trabajé en Administradora Abarrotera S.A., vinos y licores en pequeño, compañía poderosa. De las tiendas había cinco que se llamaban Flores, seis Hormigas, cinco Locomotoras, nombres así. Yo me encargaba de la caja fuerte, imagínese si no iba a ser honrado, levanté las ventas. A los de provincia nos tienen mucha confianza acá en México, saben que no vamos a agarrar un veinte ni nada, vamos, que no vamos a agarrar lo ajeno, así me crié yo.

Caminamos por un prado, podría ser el andador de una escuela de contaduría; el hombre tiene algo de tenedor de libros, me remite a las tiendas de abarrotes donde trabajaba, en un escritorio bajo una luz cenital. Podríamos continuar así de no ser porque al levantar la vista uno se topa con la torre de vigilancia y los celadores con metralletas.

Su primer asalto fue a un negocio de materiales de construcción en Iztapalapa. Los bandidos le habían enseñado cómo agarrar el arma y perder el miedo. Luego, igual que si fueran registradoras de supermercado, manejaba las Thompson, AK-47, R-15 o las Uzi.

Ahora casi todos los muchachos que le enseñaron están muertos: «el Muchachón», «el Bato». Rosa y Lira anda prófugo. A éste lo conoció en el Reclusorio Oriente, fue su anfitrión en el hampa. Don Jacinto tenía un departamento de interés social en Pedregal de Carrasco. Lo compró por medio del Infonavit, cuando trabajaba en Sumesa. Cuando Rosa y Lira salió en libertad, le llamó por teléfono y don Jacinto lo invitó a comer a su casa. Nuevamente platicaron sobre la contabilidad clandestina. Don Jacinto dibujó cuadros sinópticos y gráficas de operaciones. El amigo regresó al poco tiempo con el mismísimo Alfredo Ríos Galeana. Ahí estaba en persona el hombre más buscado por la policía, dispuesto a incorporar a don Jacinto a la banda y seguir sus enseñanzas. El viejo sindicalista y eficiente administrador conocía las entrañas del comercio, sus tejes y manejes, la seguridad y el monto de las operaciones. Con su cuarto año de primaria, en Sumesa lo mandaron a estudiar mercadotecnia y relaciones humanas, cursos que duraron más de dos años. Los aplicó.

Su bautizo de fuego fue el asalto a la sucursal Bancomer de Huipulco. Hombre de familia, ese día salió de su departamento con un beso de su mujer. Murió un policía.

—Gané 200 mil 800 pesos de ahora, lo que nunca había agarrado en mi vida.

Don Jacinto, quien fuera hombre pacífico, destaca una y otra vez que el asaltante no nace, se hace, como quien va aprendiendo a poner duelas, por eso no temía por su vida. Era igual que el carpintero, al clavar una tabla aprende a no darse un martillazo, sólo que en vez de clavos aquí se trataba de balas.

De un viejo Volkswagen pasó a un automóvil del año, y otro que nada más le servía para pasear a sus hijos. Lo que no había tenido como gerente de Sumesa.

Además de buen tirador, el que fuera ejecutivo de supermercados impuso la mística empresarial en el asalto a mano armada. Fue necesario hacerlo cuando en los balances del negocio había tres homicidios calificados en el libro de contabilidad.

Recomendó echar para atrás el asalto a los guardias de Panamericana. Varias veces había ido con diferente aspecto a la oficina donde se depositaría la nómina. Tenía calculado el movimiento de la entrega. Se dio cuenta de que no saldrían ilesos por los pasillos. La caja estaba lejos de la puerta principal, que era el único escape. Ríos Galeana quebró la mística, ordenó la acción y todo se vino abajo. Un guardia bastó para bloquear la salida. Cayó abatido en el umbral. Como si fuera tirador de un pelotón de fusilamiento, en el que alguien lleva la bala de salva para no cargar con el ajusticiamiento, don Jacinto tiene la sana incertidumbre sobre quién fue el que ultimó al policía: él o su compadre. De todos modos los jueces le cargaron ese muerto y a dos más.

Y la banda se desmembró

—Y fueron cayendo o se mataron entre ellos. Y no es porque haya pactos de honor entre nosotros. A mi me agarraron en un departamento que teníamos en la colonia del Valle, donde planeábamos las operaciones. Ríos Galeana cayó un año después y luego se fugó del Reclusorio Sur. Yo estaba en el Oriente cuando se escapó. Estaba aún vivo el comandante Florentino Ventura; bueno, llega Ventura y me llaman a la dirección. Me dijo: «Mira Garza, yo sé que tú eres compadre de Ríos Galeana y conoces sus movimientos. Dónde se puede esconder, pa' dónde jala.»

—En esos momentos nosotros teníamos familiares que habían detenido, entre ellos un hijo mío, un sobrino y mi hermano. Pero insistió Ventura: '¿Quieres irte?'. 'Pues yo sí me quiero ir', dijo: 'Pues te vas a ir. Yo ya hablé con la Procuradora y te vas a ir. Si me dices que sí a todo lo que yo te digo, te llevo hoy mismo en libertad, te vamos a andar checando, pero nos vas a llevar directo a la guarida de este carajo.'

»Yo dije: 'Pues yo con usted no puedo hacer confianza, porque si no me mata Ríos Galeana, me van a matar ustedes. Prefiero estar preso muchos años, pero vivo, viendo a mi familia.»

Don Jacinto sí disfrutó el dinero. Viajó con su esposa por casi todo Estados Unidos. Conocieron Centroamérica, Sudamérica, Brasil sobre todo, cómo les gustó. Estuvieron en casinos, hoteles y restaurantes de lujo. Les compró casa a su hijo y a sus hijas. El ex gerente de una sucursal de supermercado vivió durante tres años como *chairman* de transnacional. En ese lapso hizo otra parte de su vida, quizás la más importante. Ser parte de la historia del hampa y también de la mercadotecnia. Le gustaría sacar a pasear a sus nietos aunque fuera en un Volkswagen 75, el primer auto que tuvo, andar por la calle como gente decente, pero si no se puede, no se amarga.

Alguna vez, en alguna semana, el paseo de sus nietos va a ser para que vayan a ver al abuelo recluído en una prisión.

—Luego continuará la historia con un tuve un abuelo que fue bandido, pero de a deveras. Quiso ser sindicalista y se convirtió en hampón. Murió en la cárcel.

Hambre

La pequeña tarahumara entró de súbito a la era tecnológica para no salir jamás. No había visto ni siquiera la luz eléctrica en su comunidad serrana. Ahora estaba enchufada a una computadora que apenas registraba los signos vitales. A su año y medio de edad nunca oyó un sonido electrónico hasta ahora que se adormecía con el monótono *bip bip* de los latidos de su corazón en el monitor, incubada en el Hospital Infantil de Chihuahua.

Es una de las víctimas del hambre que señorea la sierra Tarahumara, de las muy pocas que pudieron llegar aquí. Se desconocía el total de cadáveres, morirán más en el brote de miseria. El gobierno se negó a declarar el desastre en la zona, los partidos políticos se culpaban entre sí en una arrebatinga por administrar alimentos y medicinas enviados por la ONU. La hambruna tomó tintes de campaña ante las próximas elecciones. Los víveres se perdieron en una bodega, entre el escamoteo por la distribución.

La mortandad se atribuyó a la sequía que azotaba el estado. Especialistas universitarios dijeron que el fenómeno sólo detonó un pico estadístico. El hambre es parte de los usos y costumbres. Los niños crecen adaptados a la condición famélica que en estos días se desajustó. Se registraron doscientos niños muertos, sin los que no alcanzaron a cruzar por los desfiladeros, los que fueron enterrados por las veredas, los que no pudieron llegar a uno de los escasísimos hospitales ni apuntarse en la captura de datos. No era cosa nueva el asunto en esta serranía. Hace cuatro años hubo una cuota igual por diarrea y desnutrición que ahora fue rebasada.

La niña tarahumara es un cromo biafrano. Un médico diagnostica sin titubear desnutrición de tercer grado tipo marasmático. Desde un rincón lo veo describir el cuadro a unos alumnos. Por la falta de proteínas el cuerpo se hincha, porque la niña retiene líquidos inútiles, entonces hay que sacárselos y reponerlos con electrolitos, abrir para que se nutra, disecar la femoral y meterle un catéter, disecar el cuello para meterle otro túbulo en la yugular y vaciarle suero; tiene convertidos sus órganos en esponjas ingratas. Hay que amarrarle las manitas para que no se rasque, se rompería fácil la piel turgente.

Hay otros riesgos. Famélica al extremo, con el sistema inmunológico extenuado, una bacteria feroz, como la pseudomona que se da en los hospitales, la devora sin más. La niña está exhausta aun para llorar, hace pucheros en vano para derramar lágrimas de sus ojos resecos, de opacidad absorta. Murió en la tarde.

Desde hace tres meses el hospital ha recibido niños desnutridos. Los que llegan a la capital de Chihuahua son los menos, los traen organizaciones piadosas que trabajan en la sierra.

El hambre ha puesto a los tarahumaras en el mapa, estos indios se llaman así mismos rarámuris, los de los pies veloces, la étnia más numerosa entre pimas, tepehuanos y uarojíos; a imagen y semejanza en la marginación extrema. Han sido orgullo de carnaval deportivo. El presidente Luis Echeverría los exhibió para competir en maratones olímpicos, y sin más enterró el fracaso. Setenta y cinco mil tarahumaras en 50 mil kilómetros de barrancas profundas que circundan la región del hambre. Caseríos, regiones de refugio, como las llamara Gonzalo Aguirre Beltrán, para escapar a la voracidad del blanco o *chavochi.* En estas cañadas se asordina el eco del Ejército Zapatista de Liberación Nacional. No llega.

Expoliación

Zona de desastre en una región despojada ya de antaño, es pleonasmo. Los suelos de la sierra Tarahumara ya no son aptos ni para la agricultura del vivir mal. La otrora riqueza forestal benefició a los blancos a costa del hambre de los indios. Los árboles son jóvenes, los troncos apenas alcanzan el metro de diámetro; no pueden competir con los precios bajos de la madera estadounidense y canadiense, gajes del Tratado de Libre Comercio.

La maderera Celulosa de Chihuahua, del magnate Eloy Ballina, quebró después de extraer un botín astronómico. Ocurrió lo mismo con otras compañías. Explotaron a los indios que eran los leñadores, los hacheros. Les daban diez pesos por tumbar un árbol que con el valor agregado vale diez mil.

Por los árboles de buen calibre que aún sobreviven, hay contrabando y tala clandestina sin piedad. En un tramo carretero entre Boycona y Cuauhtémoc están a la vista los aserraderos proscritos. Emplean la sierra circular, prohibida, que desperdicia una pulgada de madera por donde serrucha.

Los indios tienen ahora una nueva y precaria forma de ganarse unos centavos; ser peones en los sembradíos de amapola y mariguana, en los valles y laderas de la serranía más abrupta de México.

De los suelos con raquitismo endémico apenas sacan unas cuantas mazorcas y algunas hileras de frijol. Si acaso ocho kilos de maíz por familia al año. Parte del grano lo fermentan como tesgüino, bebida alcohólica de poder eufórico que engaña al hambre.

En una casa de tablas en Rarámuchi, asoma por el vano oscuro de la puerta un hombre con daño alcohólico al que lo visten las garras. Casi a gatas, con un pie en el umbral, trata de saludarme. En el solar terregoso lo observan sus hijas pequeñas y harapientas, los mocos se les congelan con el frío. Cuando el papá logra ponerse de pie, orina sin tapujos, las niñas ríen, no hay letrinas ni luz eléctrica. Los tarahumaras ricos habitan en cuevas. Los horizontes de la historia se apelmazan en la lente del fotógrafo que me acompaña: Cro-Magnon, Altamira, los yacimientos de Atapuerca, la Tarahumara.

Creel es pueblo de blancos, buenos servicios y la estación del ferrocarril Chihuahua-Pacífico, por el que llega turismo de gran clase en busca de una travesía entre riscos y cimas que subliman el paisaje.

Ir de aquí a Los Magüechis, en la zona indiana del hambre, son cuando menos cinco horas por las brechas en un camión trocero, de los que sacan madera. Se avanza a tumbos en medio de los cañones, al borde de los desfiladeros. Por lo que resta de los bosques, asoman las cresterías de rocas, peñas que cargan piedras semejan vértebras de animales antediluvianos. Más allá está el más allá de los indios que no tienen más asunto que rumiar el destino.

La brecha se pierde a ratos y la troca rueda por el cauce de los arroyos. Los Magüechis son veinte jacales sin electricidad ni drenaje, desperdigados en las laderas. Una docena de hombres y mujeres pizcan maíz en plantas que no levantan el metro veinte y las mazorcas apenas diez centímetros, plantas desnutridas. Aquí está la sepultura de una niña de tres años que acaba de morir de diarrea, dice el padre. En este mundo, Bangladesh sin atenuantes, la diarrea es sinónimo de hambre en los niños. Se aplanan las vellosidades del intestino, que no absorbe ni un pedazo de tortilla y el agua escurre. No quisieron sacar a la criatura, son dos días caminando al hospital de Creel.

Los desnutridos son niños de ojos grandes. No es que les crezcan. La piel se enjuta. Lo mismo ocurre con las uñas de los muertos. Otra niña de cuatro años está agonizando en un jacal de troncos sin enjarrar. Se cuela el viento. Hay sólo una cama de tablones cubierta por una cobija de moscas, moscas en los platos de peltre desportillado, moscas revolotean en el fogón, un tambo petrolero cortado a la mitad que ahuma. La niña tiene esa tos que llaman de perro. Los mocos que le bigotean el labio son espesos. La madre muele maíz en un metate, su cara es el mosaico de una dermatosis ulcerada.

Por aquí no han llegado las despensas que ofreció el gobierno, ni las brigadas de médicos y enfermeras que prometieron los partidos políticos. El padre no quiere sacar a su hija en el camión trocero, está resignado a que muera. Para qué ir a Creel, luego cómo traer de regreso el cadaverito. Mejor quedarse aquí y enterrarla a un lado de su amiguita, cerca del despeñadero.

Aquí la epidemia de hambre no tiene el corte somalí. En la sierra Tarahumara hay un muertito aquí, otro allá, en Ojichichi o en Cusarare, en Guazapare o Tecorichi, las cifras que no aparecen, los que se desajustaron en la adaptación al hambre.

Sin evidencia

La recibieron como «chacala». Rosa Martínez Pérez acaba de ingresar al Reclusorio Femenil Norte. «Hiena y cínica» la llamaron los reporteros cuando la presentaron en la comisaría. La aturdieron los flashazos. No sabía de qué se trataba. Dice que ni siquiera vio el cadáver de su hijito.

«Chacala, buitre y desvergonzada», le gritaron las internas en un círculo a su alrededor, como eco de lo que publicaron los diarios.

—Yo nunca hablé con un periodista. Sólo me pusieron y me enseñaron detrás de un escritorio y los policías me dijeron que pusiera las manos así o para arriba; que pusiera cara de fiera, que me volteara, y un fotógrafo me dio un cuchillo y cuando lo agarré que no supe ni por qué; estaba muy asustada, me tomaron más fotografías y así salí en algunos periódicos, pero luego mi mamá me dijo que en otros decía que yo había matado a mi hijo a golpes. Ya no entiendo. ¿Usted es periodista?

Ni siquiera es un reclamo, se aleja del grupo de reclusas y cae de nuevo con la prensa. «Me pusieron...», involuntariamente usó el argot de la nota roja. No estaba en mi ánimo explicar lo que es «poner» ante las cámaras, el gesto de cada día en la página policiaca. Le pusieron un cuchillo tal vez mis compañeros con los que celebro en la cantina la nota que se publicó ayer. No tengo intención de explicarle que hay fotógrafos con la utilería en la mochila. Si el delincuente cometió un atraco enmascarado, sacan el pasamontañas o la media para la foto. Si el crimen fue con un martillo, no falta la herramienta para que la ponga un policía en manos del acusado y a gritos le ordene que ponga mirada torva; a tono con los titulares de mañana: «Engendro.»

Sin entrevistar a la mujer, con boletines de prensa oficiales, unos diarios publicaron que Rosa, de 19 años, mató a su hijo de 4 meses, porque era muy travieso y no soportaba su llanto. Que después de golpearlo con los puños le sorrajó un sillón en la cabeza; pero quizá no había un sillón disponible para la foto en la barandilla. Otros periódicos dicen que lo apuñaló y bañado en sangre lo llevó a un hospital de urgencias. El examen médico que presentó la policía determinó que la criatura tenía el cráneo desecho. Rosa fue aprendida por infanticidio. Cuenta que ni siquiera ha visto lo que dicen que quedó de su hijo. Lo que permaneció fue la fotografía con el puñal y los adjetivos.

Flaca y compungida, la mujer platica otra historia. Empleada de limpieza, sin haber terminado la primaria, vivía en una vecindad de Peralvillo. El día de los hechos salió a comprar verdura y le dejó al niño a su pareja, un velador con quién vivía en concubinato. Regresó una hora más tarde, la casa estaba desierta. Los buscó en vano, esperó dos días, al tercero salió a trabajar. Cuando volvió a la vivienda encontró un acta de defunción con el nombre de su hijo «muerto» de muerte natural. Fue a la dirección de la funeraria. No habían velado a ningún niño de esa edad. Una vecina le avisó que el velador había llamado por teléfono para darle un recado. Que por favor le dijera a Rosa que su hijo estaba muerto y enterrado. Esa tarde se presentaron los agentes con una orden de aprehensión. El velador la había acusado de matar al niño. En el hospital de urgencias no hay acta de defunción ni fue atendido un niño con esas lesiones. El amante desapareció.

—Yo creo que mi hijo está vivo —reflexiona Rosa en un murmullo mientras una celadora se la lleva.

El relicario de Jessica

La conocí metros arriba de la ciudad, en uno de los últimos pisos del manicomio, el dormitorio de las enfermas peligrosas y vestía una piyama azul. El psiquiatra me había comentado que tenía un caso típico de trastorno de personalidad con un brote sicótico. No sospeché que la enferma iba a surgir del vano de una puerta con la semblanza misma de Jessica Lange, tampoco que se agregaría un capítulo policiaco al expediente clínico.

Era norteña, de unos 25 años, con estampa de echar lances altaneros, como la actriz interpretando a Frances Farmer, la del filme, la de la historia sobre la actriz indomable sometida a vegetal de grama a fuerza del voltaje electroconvulsivo.

En las alturas del hospital psiquiátrico se recrearon las imágenes de aquella película en la que una actriz representa a otra, y ahora se unían en esta mujer, trinidad encarnada en la enferma real que me pidió un cigarrillo para empezar a charlar. Me vio, curiosa, para descartar que fuera médico o policía a distancia. Días antes estuvo último tras la barandilla de una comisaría, luego en el trayecto de una ambulancia rumbo al hospital psiquiátrico, donde le curaron las heridas de los nudillos.

No le dieron electrochoques como a Frances Farmer. Se reía contenta porque el doctor le dio permiso de fumar. Estábamos los tres en la sala de los médicos, paredes de mosaico, mobiliario escueto, apenas un escritorio, una vitrina con medicamentos y el archivero de expedientes.

Era de Chihuahua, se crió en las tolvaneras de un pueblo fronterizo, a horcajadas en la línea tortuosa de las dos culturas. Apenas acabó el sexto de primaria con una cadena de expulsiones por aventarles pedazos de gis a los profesores; la secundaria quedó trunca cuando los proyectiles se volvieron pedradas dirigidas a la bragueta y dibujaba en el pizarrón a los maestros desnudos.

Su gremio era el de los cholos, punks oscurecidos en las vías de ferrocarril. En las noches apedreaban indocumentados y les quitaban la cuota que iba a los traficantes de humanos. La familia la repudió hasta el escarnio. El día que hizo propósito de enmienda y llegó guapa a la boda de una prima, el padre le rasgó el vestido, la desnudó en medio de la fiesta, dice que había una fuente en un patio y ella tenía 14 años.

Se fue con una amiga de la cofradía de cholos por los rumbos de El Paso, paso del norte, la violó uno de la Patrulla Fronteriza, luego un indocumentado, se unió a una banda de música grupera, a veces le daban chance de cantar, pero casi siempre cargaba los instrumentos.

Platicaba que tuvo un hijo, luego otro y otro más, de padres diferentes. Abundaba en el mayor y el pequeño, interrumpía la plática, como si entre ambos hubiera un resquicio, como la soledad de un relicario.

Su figura rubia y sin sosiego era atractiva; a ella le gustaban los solitarios que cruzaban el desierto y en un páramo de cactus se detenían a descansar, a fumarse un toque de mariguana. Se quiso enamorar de un marinero para que se la llevara lejos, pero tuvo miedo que se fuera y la dejara, ella quería irse sin aguardar ningún regreso.

No le gustaban las esperas, tampoco le importaba que sus hijos preguntaran por ella, porque no iba a volver, estaban en casa de la abuela, y entonces callaba como si en su respiración se filtrara algo desde una hendidura.

—Me vine de allá con un trailero. Anduvimos por todas las playas del Pacífico, fuimos a Pichilingue, Topolobampo. Allá por Mochis manejé —la silla se convierte en asiento de trailer, volantea, cambia velocidades—. Dejé a mi amigo, cuando llegamos al «defe».

Jessica llegó a la ciudad de México a la zaga de un atardecer, dejó al trailero que ya no podía manejar pues traía un pie inflamado por la gota, no valieron los ruegos del hombre para que se quedara. Anduvo un rato por calles del centro, cuando se topó con el barullo de una plaza, se encendían los faroles, pardeaban los mariachis. La encandiló el neón de una marquesina con tumbadoras, timbales y maracas. Apuró el paso con su chamarra norteña de flecos que le había regalado el chofer, la mochila al hombro con un par de jeans y blusas tejanas de algodón, ajuar que también la había dado aquel último de los hombres porque ahora, en el antro, se le había aparecido otro, este sí, su verdadero amor, no como el padre de su hijo menor que la golpeaba. Como también lo hacía el del mayor.

Dice que el del antro tenía treinta años, cuando mucho, de bota atejanada, camisa blanca y saco negro vaporoso. La invitó a beber. Al rato se la llevó a un hotel. La pared le recordó a la de los cuartos de atrás, en los bares donde tocaba con sus bandas en el Norte.

—Me fui a vivir con él por las Vizcaínas. Mi novio les vendía esclavas chafas a los taxistas. Las pulía con mis cosméticos para que parecieran de oro. Empezó a ponerse mis botas, porque las suyas ya estaban gastadas, luego mi chamarra de barbitas. Una vez me golpeó dizque por celos, y yo que me iba todas las tardes a ver los aparadores de Allende a mirar los ajuares de novia, zapatos y un traje para que se lo pusiera el día de la boda, quería casarme por la iglesia. Después ya no me daba dinero. Todo se lo gastaba en droga, en coca. Yo no tenía para comer, él se había gastado lo que me dio el trailero. Y sí, le pagué mal, pero por hambre.

»Un día me salí y me conseguí a otro por dinero. Nos metimos a mi hotel, junto al cuarto donde vivía con mi pareja. Oí que llegaba y le grité para avisarle que le estaba poniendo los cuernos, porque en esas paredes todo se oía. Entró furioso, nos agarró encuerados y el otro salió corriendo tapado con una sábana. Nos pusimos a llorar, era muy empalagoso. Ya no sé si lo aborrezco o lo amo. Me pegó, volvimos a llorar de nuevo sentados en la escalera y fue cuando me salí corriendo. En la calle estaba su mamá sentada en una combi, me gritó ¡hija de perra!, empecé a caminar y en eso que me roban la bolsa, y me dio tanto coraje que agarré unas piedras, así, con las manos, y me puse a romper los vidrios de los carros que estaban estacionados, de los que pasaban... Llegó la patrulla y me llevaron. La cara me la embarré de sangre. Todo el camino iba cantando que estaba enferma de amor. Sigo...»

Platicó igual que si Frances Farmer regresara de su aislamiento en la oscuridad de una celda acolchada, después de un choque con insulina. El sudor goteaba en la humedad condensada de su frente. El psiquiatra absorto me pidió un cigarrillo, pero ella lo cogió con su mano delgada y temblorosa. La historia que cuenta sucedió en tres días.

El psiquiatra me llamó hacia un rincón. El diagnóstico apenas se estaba afinando, podía ser algo que no estaba bien clasificado. No era un caso para electrochoques.

—¿No son ya los tiempos de Frances Farmer?

—No.

Pero sí los de Jessica interpretando a una mujer en un manicomio.

Lloró abundante y generosa. Se levantó de la silla, su entereza se fisuró. El psiquiatra le preguntó si se sentía mal.

—¡Asesiné a mi hijo, al de en medio, cuando estaba recién nacido! Lo maté del coraje que sentía por el cabrón con el que yo vivía. Lo cogí de los pies y lo azoté en el fregadero —estrujó y golpeó unos papeles en el filo del escritorio—. Así lo hice, lo saqué de su camita y lo llevé al hospital, dije que se había caído. Le hice su funeralito.

Entró una enfermera y se la llevó abrazada. La piyama azul parecía escurrirse y sus pies deslizarse camino al dormitorio, decenas de metros por encima de la ciudad. En la historia clínica quedó escrita una historia que no había sido contada. Al día siguiente Jessica escapó del manicomio. Nunca la han vuelto a ver.

«Yo intenté matar al Presidente»

Un bloque de concreto, búnker a prueba de atentados, fue construido ex profeso para el autor del atentado. Asocio estas construcciones con el refugio del temor: el búnker de Hitler, el de Somoza. Después de que los tiranos caen, cuando la conciencia entra a estos reductos, son apenas un páramo de concreto, sótanos sin más arquitectura que las historias de polvo, pero este búnker había sido construido para recluir a un inconsciente. Estaba en la granja psiquiátrica Samuel Ramírez Moreno, en las afueras de la ciudad de México. Ahí fue alojado Carlos Francisco Castañeda de la Fuente durante 16 años, sin proceso, bajo la vigilancia de celadores, policías, militares y agentes de la Policía Judicial Federal. Lo pusieron en el pabellón 6, para el confinamiento de un solo hombre. Coincidencia de la nomenclatura burocrática con el Pabellón número 6 de Chéjov, y el loco solitario. Ya fue demolido. Los búnkers son refugio de presidentes. Este fue para confinar al que trató de matar al presidente Gustavo Díaz Ordaz.

Entrevisté a Carlos Francisco, el solitario converso, fantasma viviente del manicomio. Lo habían trasladado al pabellón 5, el de los asesinos inimputables. Otro búnker, pero éste no era clandestino, aunque la violación a lo más endeble de la decencia humana era la regla para decenas de enfermos. Demencia y soledad compartidas. Había más celadores que médicos y enfermeras.

Lo encontré en una galera larga y soporosa, más allá de los hombres desnudos que reptaban o veían al techo, aplaudían a mi paso y detenían sus manos antes de chocar, apretando con fuerza al aire. Carlos Francisco leía la Biblia sentado en el limbo de su cama, en un halo de beatitud como el que lo rodeaba en el pabellón número 6, la misma aureola que llevaba cuando intentó matar al presidente. Ya no era importante. Nunca lo había sido. El búnker fue sólo la iconografía pánica del gobierno, para forrar de concreto lo que encerraba a piedra y lodo: la matanza de estudiantes en Tlatelolco. Carlos Francisco no ocupa ningún lugar en los anales de la política. Su nicho en la historia está vacío. Díaz Ordaz ha muerto. Era uno más entre los internos sin cargo legal por el deterioro de la mente. De 63 años, rebasaba el cuarto de siglo encerrado, era bajo de estatura, rostro cuadrado, cuerpo compacto. Pensé qué tanto se debía su quietud beatífica a la cloropromazina. Cuando me le acerqué, se alzó con la Biblia como Moisés con los diez mandamientos. Sin que le preguntara me dijo vehemente, atropellado, con los músculos faciales que tiraban de los ojos, por el efecto del aloperidol. «El 5 de febrero de 1970 yo intenté matar al presidente Gustavo Díaz Ordaz en el Monumento a la Revolución, como a las 11 de la mañana. Tenía una pistola Luger calibre .38»

Se decía profeta, enemigo de la masturbación, que nunca se manchó con mujer alguna. En el expediente clínico aparecía que de joven y por tener granos en la cara un vecino le recomendó el onanismo y lo siguió al pie de la letra. A los 17 años el padre frustró las relaciones sexuales con la hermana. Al salir del búnker mantuvo coitos frecuentes con otros internos. Por no eyacular tenía arranques de ira. Los controlaron con azotes, manguerazos de agua fría y medicinas.

Insistió en que era apolítico y asexual. En el expediente encontré cartas con dibujos pornográficos que enviaba a Televisa, dirigidas a Gloria Trevi y Alejandra Guzmán. Las miraba en el televisor desvencijado de los guardias:

—Yo, Carlos Francisco, te amo; ven Alejandra Guzmán. María Magdalena levanta tu manto, enséñame. El que recibe a profeta como profeta recibirá recompensa. Evangelio de San Mateo, capítulo X.

La administración del manicomio confiscaba el correo. Se fastidiaron. Me contó un celador que eran los guardias los que se divertían con las cartas, hasta que se aburrieron. Tiraban a la basura el único rasgo de gentileza social que tenía el enfermo.

Desde el impenetrable pabellón 5, Carlos Francisco habló por primera vez a la prensa. Me contó los pormenores de un atentado que jamás vio la luz pública. Sin más señas particulares que sus ojos pululantes sobre los demás internos sudorosos, contó entre las sombras de este lugar de por sí asombrado.

—Fue por la matanza del 2 de octubre de 1968 que lo quise matar. Ese día vi pasar muchos camiones llenos de soldados por la esquina de la vecindad donde vivía con mi hermana Carmen, después de que mis papás se murieron. Era en Velásquez de León, interior 4. Yo había terminado la secundaria en una nocturna para adultos. En el 68 fui a dos manifestaciones y veía a los maestros y a los estudiantes, vi a los médicos con sus batas blancas.

El catedrático Heberto Castillo dijo por el micrófono: «Cómo quieren ustedes que sea el diálogo con el Presidente, ¿por radio o por televisión?», pero nadie salió a dialogar. Eso fue en julio y en agosto del 68. La matanza fue el 2 de octubre.

»Antes de eso leí el libro católico del autor Jorge Gram: *Héctor. La guerra de la Iglesia Mexicana contra el Gobierno de México y su Ejército Militar de 1926 a 1928;* y hubo miles de muertos. En la segunda hoja dice: 'Detrás de cada movimiento hay un hombre dispuesto a dar la vida para influir en el movimiento. Ese eres tú'. ¿Ese eres tú? Me preguntaron en la Federal de Seguridad, y moviendo la cabeza de arriba para abajo les dije que sí. Los policías habían ido por el libro a mi casa, porque en la maleta junto con la pistola llevaba seis hojas que escribí, donde se hablaba sobre ese destino. En el libro de *Héctor* había leído que José de León Toral mató al presidente Álvaro Obregón. Todo eso lo escribí en los papeles de la maleta, pero lo firmé como Gregorio Gómez Sánchez, porque yo me iba a ir a las misiones extranjeras.

»Todavía no tenía conciencia de que yo era un profeta. Pero había leído la Biblia de Nácar y Colunga. La leí rápidamente en dos meses que tuve de vacaciones. Me di cuenta que los profetas van ante los reyes de Israel para hablar en nombre de Dios cuando los monarcas están equivocados y así les corrigen sus errores. El Eclesiastés, capítulo 49, dice que los reyes de Israel cometieron pecado de negligencia. Por lo pronto pensé que si me atrapaba la policía, en vez de interrogatorio iba a haber un diálogo. Era también una oportunidad para que los policías hablaran con Dios a través de mí, como con los profetas de Israel.»

Antes del atentado, Carlos Francisco repartía en bicicleta alimentos de una tienda. Fue ayudante en talleres de autos y empleado de mostrador en una ferretería. Ahí empezó a ahorrar para comprar una pistola y matar al presidente. Un año lo pasó despachando tornillos y estopa hasta que juntó los novecientos pesos para la Luger .38. Se la vendió un compañero de trabajo. En realidad pensó matar a Díaz Ordaz al día siguiente de lo de Tlatelolco, después de leer *Detrás de cada movimiento...* No tenía dinero.

—Leí en un periódico que ese día del 5 de febrero de 1970 el presidente iba a ir al Hemiciclo a Juárez, luego al Monumento a la Revolución y después a la casa de don Venustiano Carranza, donde lo iba a matar. No se me ocurría otro lugar. Lo seguí por donde iba. Así anduve y cambié de plan. En el Monumento a la Revolución no me pude acercar demasiado porque había mucha gente. Me fui por detrás de una valla de guardias presidenciales. En Insurgentes y Gómez Farías se paró un coche negro enfrente de mí, de esos de gobierno, y allí iba el presidente Gustavo Díaz Ordaz con el secretario de la Defensa, general Marcelino García Barragán. Yo llevaba la pistola en una maleta y desde ahí, desde adentro de la bolsa, hice el disparo para que entrara por la ventana. Fue como a ocho metros de distancia y la bala pegó en la carrocería. Entonces, que se me traba la pistola y no supe cómo destrabarla. Tenía ocho balas.

»Un agente de la judicial gritó '¿Quién fue? ¿Quién fue?' Se me acercó un chofer de un coche de gobierno que estaba descompuesto con el cofre levantado y dijo que yo tenía una pistola. Como yo disparé desde una petaca, no sé cómo supo. Después de matar al presidente iba a entrar a un seminario de misiones extranjeras de Nuestra Madre, la Siempre Virgen María de

Guadalupe, porque de ahí lo mandan a uno a África, a Corea o a Japón. En vez de eso terminé aquí.

»Primero me llevaron a la Federal de Seguridad, a unas cuadras en la misma plaza. Me preguntaron '¿Quién te pagó, mandó u ordenó?'. Nadie, les contesté. Luego me tuvieron diez días en el Campo Militar Número Uno. Fue cuando me dijeron que cómo quería morir, si quemado o fusilado. Les respondí que en el paredón, como un último deseo. Me dijeron que me agachara, me pusieron una pistola en la cabeza y les dije que eso no era fusilar. No me temblaba ni la voz ni el pulso.»

Pasó tres años en una cárcel de gobernación, mientras construían la celda de hormigón en terreno del hospital psiquiátrico. Su lugar lo ocupó «la Tora», célebre multihomicida con más de un centenar de muertos en su haber. Némesis de los custodios, en las cárceles mató a cuanto celador estaba a su alcance, una veintena. «La Tora» falleció casi anciano, de muerte natural. Fueron los dos únicos moradores de ese búnker del que hoy sólo existen los cimientos. «La Tora» sí es famoso en los anales del crimen.

El expediente de Carlos Francisco Castañeda de la Fuente es un florilegio de la locura. Cuadro psicótico crónico, esquizofrenia, ideas delirantes de tipo crónico y religioso. No hay documentos legales. Entró sin juicio ni proceso en el infierno constitucional. Los partes oficiales son psiquiátricos y consideran 1970 como el año que enloqueció. No hay nada jurídico sobre el atentado, pero sí muchas cosas inéditas sobre la complicidad de los médicos. Cuchicheando, los celadores dicen que lo volvieron loco en el búnker. La historia clínica revela anormalidades de conducta que se trasladan a la adolescencia y la niñez. El jefe de Hospitalización creía improbable que lo hubieran desquiciado. Con las circunstancias de la época, habría sido más fácil desaparecerlo que construirle un pabellón especial.

—Realmente fue en el búnker donde me di cuenta que era profeta, en ese búnker de cemento que construyeron sólo para mí. En esa tumba recordé al Apocalipsis, capítulo XXI, versículos 1 al 5, donde habla de los 144 mil elegidos y elegidas del Dios santísimo. Me dije que era yo de ellos, aunque sé que no soy Dios, pero hablo por su boca. Cuando salí del búnker en el 89 y me trajeron al 5, me di cuenta que había gente, había pasado como veinte años sin ver a nadie, sólo a los guardias. De repente me encuentro con ciento y pico de personas y un anticristo de nombre Javier Beltrán que mató a su padre y a otros aquí. Por eso lo tienen encerrado en las celdas que hay atrás. Si tuviera una ametralladora se metería al Vaticano a matar al Papa. Está aliado con malos sacerdotes que están derrumbando sacrílegamente el orden de Dios.

»Oigo voces cuando no tomo los medicamentos. Casi nunca hay y cuando hay los tiro a escondidas. Se dan cuenta y me los dan a fuerza como hace rato. Parece que gozan. Son una mortaja para el profeta. Oigo una voz que me dice —es mi madre—, que me pregunta quién violó a mi hermana. Mi hermana desapareció cuando me agarraron. Le ayudaba a su madrina a hacer tamales.

»Había un interno aquí de nombre Jorge Humberto Castillo Echeverría, con una gran barba y una bufanda, muy alto, parecía sacerdote. Una vez oí un grito entre toda esta gente que estamos aquí y se la pasa gritando, pero distinguí la voz, era Satanás que me ordenaba darle en la madre a Jorge Humberto; fueron días terribles, una lucha terrible para no matarlo y no lo maté. Nunca he matado a nadie.»

Del solitario confinamiento en el búnker pasó al hacinamiento carcelario que lo acabó de trastornar. Era uno más en el enjambre humano del que en vano se trataba de apartar. Inútilmente encorvado, el hacinamiento le impedía enderezarse.

La loca y los cocodrilos

En las redacciones policiacas se exhuman fantasías o escriben obituarios, sin permiso de los deudos. De tarde en la redacción el jefe de la mesa me enseñó una nota: «76 cocodrilos devoraron a una anciana en Catemaco. Padecía de sus facultades mentales.»

Se acercaba la hora del cierre, poco tiempo para argumentos, tiempo apenas para una burla al periodismo provinciano. Le dije que era probable que estuviera en un lugar donde los animales pueden ser contados, en los cocodrilarios de la UNAM cerca de Catemaco.

Decía la nota que la anciana estaba mal de sus facultades mentales. Imaginé una loca medieval en el trópico, algún tipo psicosis o Alzheimer, pero difícilmente podría caminar por lo menos tres kilómetros, subir un cono volcánico entre huisaches y ortigas, bajar a la orilla y arrojarse a la laguna. ¿Tendría hijos? En los pueblos protegen a los locos. ¿Era rica? Los cocodrilos de la UNAM están bien alimentados, son de la familia *Crokodylidae*, subgénero *moreletti* que no ataca a los humanos. Sin hambre, no son agresivos. Podría ser un homicidio.

En las redacciones policiacas se inventa, difama o divaga, el adjetivo viaja en patineta. Un colega en el escritorio de junto sacó un ánfora de brandy envuelta en papel estraza, la extendió anticipándome un viaje. En la nota roja los muertos son fastidio o recompensa. En Finlandia los preserva el hielo, los guarda la memoria. En el trópico se pudren y se olvidan.

Por conjeturar en voz alta, a la media hora llegó el boleto para el último vuelo a Minatitlán. De fotógrafo iba uno de los mejores en hechos de sangre urbana. En el aeropuerto se distinguía en la cola del mostrador por su pantalón blanco, camisa hawaiana de palmeras, la mochila con la cámara y la suficiencia de un peinado alto y con spray. En el camino a Catemaco las palmeras del colega se esponjaban con el viento salobre que entraba por la ventanilla del taxi. En la costa se doblaban los palmares y en el fondo de la noche, el mar encajado a lo lejos.

Catemaco es tierra veracruzana de brujos. Llegamos a la plaza del pueblo con la oscuridad soporífera de una reyerta a balazos. Los zanates se agitaron a graznidos entre los disparos, la pólvora estaba mezclada con olor de retama, huele de noche y madreselva. Un viejo asomó junto a su carrito de jícamas con los vidrios hechos trizas, maldijo a los policías locales que en pleito con los del estado, se disputaban el botín por proteger a los brujos que tenían el fervor de políticos y artistas.

El palacio municipal quedó astillado en puertas y cristales. La oreja del comandante estaba partida en dos por un bienaventurado proyectil que no le entró en el cráneo. El humo de la pólvora no se difumina rápido en el trópico, pero ya empezaba a sedimentarse en un policía con un tiro en el abdomen. Los agresores huyeron.

Camino al hotel los pocos transeúntes rehuían las preguntas. La riña entre los gendarmes venía de antaño. Entre los artistas que frecuentaban la ribera estaban Luis Miguel y Thalía, daba igual, se trataba de celebridades con dinero. No faltaban políticos que llegaban en helicópteros del gobierno. Los policías vendían protección a los brujos que se disputaban a los consagrados. Sólo con pisar el pueblo había brotado una noticia: «Guerra de Brujos en Catemaco». La envíe por teléfono desde el hotel. El lago estaba hundido en tiniebla opaca.

El desayuno fue pausado en un restaurante al aire libre, junto al lago, con mesas de esmalte cervecero. En una pileta enrejada yacía un cocodrilo más grande que el charco. Salía medio cuerpo a evaporarse, con las fauces abiertas entre un gemido y bostezo, entre latas de cerveza, bolsas de plástico y la cola enroscada a la fuerza entre las paredes.

—No me sirve —dijo el fotógrafo. Necesitaba un cocodrilo para ilustrar lo que aún ignorábamos.

Un taxi nos llevó a la Estación Biológica de Los Tuxtlas, encargada de los cocodrilarios. El paisaje de acahual, selva cercenada desde hacía años, se tornó de pronto en una sombra de bromelias y encinos, palo mulato y chicozapote. El director de la estación nos mostró una colección de insectos enormes, disecados, sobrevivientes del diluvio universal. El laboratorio rezumaba cenefas de musgo en las paredes, el científico rehuía el tema de los cocodrilos hasta que poco a poco, protegiendo a sus reptiles y casi a manera de confesión, con esa languidez de los biólogos de la selva, explicó que a nadie atacaban. Eran subgénero *moreletti*, bien alimentados con presupuesto de la UNAM.

Si alguien había caído en el lago, como se enteró, algún animal pudo haberle dado una mordida, pero nada más. Era un franciscano. No parecía haber desviación de fondos en la partida de alimentos.

La primera conjetura, el homicidio, coincidía, la de la locura se cumplió poco después. Al regreso anduve por las calles chatarra del pueblo tropical. Llueve e inmediatamente todo se convierte en polvo y charcos, un escenario de *Colateral Damage*, en el que se fueron los actores y se quedaron los extras.

—¿Quién es la difunta de los cocodrilos —preguntaba.

—«Chica la Loca» —respondían niños y ancianos. Señalaban con risillas una casa de tabique y techo de asbesto, como si la demencia en esas latitudes fuera un mal semejante al paludismo, algo común y corriente. El día estaba azogado como el lago.

La tarde siguiente, el comandante nos hizo una reconstrucción de los hechos en el cocodrilario de la UNAM, donde fue encontrado el cadáver. La pick up patrulla se quedó al pie del pequeño volcán. La cuesta era de medio centenar de metros. Una docena de policías cargó una lancha de hule aceitoso y parchado, bajó entre huisaches y mala mujer hasta el fondo del lago, adentro del cono, calvario para una anciana loca que decidiera arrojarse a los reptiles.

Junto a un letrero oxidado que advertía sobre los cocodrilos, el comandante contó que al otro lado del lago, un campesino que quién sabe lo que buscaba, encontró el cadáver en la orilla y dio aviso. Un cabo con fisonomía de malaria platicó la historia, que no era la historia, de cómo habían cruzado en la lancha y tuvo que lazar el cuerpo. No se podía acercar por el hedor, el comandante interrumpió silencioso para amonestarlo, el cabo tartamudeó e hizo más azarosa la narración. Se resumía en que al remolcar el cuerpo de la anciana en el agua quedaban restos de putrefacción. Nunca asomó un cocodrilo. El fotógrafo tomó rostros de gendarmes, les pedía que pusieran cara de intriga, no lo consiguió. En un matorral vi un trapo con holanes y alforzas, manchas de ese óxido que a simple vista no puede ser más que sangre. Era parte de la blusa de «Chica la Loca». El policía apareció en una foto junto a la prenda olvidada. Tenía que hacer algunas aprehensiones. Los cocodrilos no atacan así.

De noche en la comandancia, el pericial de la autopsia resume:

—Mordida anfractuosa en articulación acromioclavicular, por animal de dientes grandes (sic). Herida longitudinal en hipocondrio derecho por la que protruyen hígado e intestino delgado. Causa de la muerte: infarto del miocardio.

Mañana siguiente, lavado de ropa en el hotel, la camisa de mezclilla la entregaron con una huella de la plancha. Mensaje en la administración: «Envía más información de los brujos. 'La Loca' ya perdió actualidad». Más tarde Fito Verdón, el brujo, narró la historia de un monje que apareció un día en la costa y lo inició en el conocimiento de las plantas. Aventó un conjuro con un ademán, y al descorrer una cortina de terciopelo verde raído apareció entre humos de alcanfor un Belcebú azabache de madera. Me dijo que tenía periodistas entre sus adeptos. Le recordé al nigromante —ya había averiguado— que estaba indiciado porque uno de sus discípulos le dio un balazo a Jorge «el Malo», brujo de una veddette, que Fito quería acaparar. Se publicó en interiores. Mientras tanto, el comandante aprehendió a tres presuntos responsables del asesinato de «Chica la Loca». No se publicó.

Reprobado

Por la mañana, viajamos a Santiago Tuxtla donde se hizo la autopsia. Junto a la prisión, el cuchitril del forense rezumaba formol. Caldos en cubetas de plástico desbordaban vísceras acartonadas. El médico leía el expediente sobre un escritorio desvencijado de madera, a un lado de la plancha de mármol con costras de humores y un serrote oxidado. Según el forense, que estaba nervioso, la señora estaba muy podrida y murió de un ataque.

—Al ver chico animalote la señora se asustó y se le paró el corazón. Ya estaba muy viejita.

—¿Y las laminillas de histopatología?

Dijo que no se había hecho un diagnóstico microscópico, porque no tenía microscopio. Comenté que aun con el corazón corrompido y a una semana de la muerte, era factible estudiar el tejido, porque los trombos de colesterol y la pared de los vasos no se descomponen tan rápido. Que el corte en el vientre no correspondía con la mordedura de un cocodrilo y además... Lo imaginaba copiando en los exámenes de anatomía, con una bata igual de percudida que la que llevaba puesta. Eso no se lo dije, en cambio:

—Se me hace que está en un problema doctor. El tajo del abdomen es tan limpio que alcanzó quizá la aorta, la cava o qué sé yo, así no muerden los caimanes. —Las moscas rezumaban, hizo como que no me oía espantándolas de sus orejas. El fotógrafo también hacía aspavientos.

Faltaba el móvil, los presuntos asesinos estaban en veremos. El fotógrafo les hizo unas tomas en la cárcel, rápido, en el calor. Con la camisa arrugada, sus palmeras se marchitaban. Faltaba más, mucho más, en ese lugar donde las sepulturas son un horno bajo tierra. A «Chica la Loca» la habían sepultado en una fosa común con dos sacos de cal. Sólo el forense, el comandante y su media docena de policías, que eran de otros lugares, habían mirado la carroña. La ausencia de la loca del pueblo daba por cierto que estaba muerta, porque nadie la vio más caminar entre el relumbrón del mediodía y la sombra de los laureles en la tarde.

El fotógrafo estaba un poco ciscado; brujos, policías y un cadáver invisible, necesitaba un cocodrilo para afianzarse y el del restaurante no bastaba, se le miraba acongojado a través de la lente, pero ¿qué diferencia había entre otros motivos que fotografiaba? ¿Humanos o animales? Había fotografiado muchos a través de las rejas de cárceles y comisarías. Yo había escrito 20 000 leguas de crímenes, pero esta vez la tinta de la pluma se escurría, sudaba en mi libreta de taquigrafía. El fotógrafo se sumió en el vapor del café que le sirvieron en la plaza. Nos fuimos cuando se dio cuenta que la mesa era de mármol y el mesero tenía un delantal oxidado.

El zócalo rebozaba de pájaros al atardecer, la gente paseaba, ni huella del zafarrancho policiaco. Fuimos a casa de la finada «Chica la Loca», humilde, abierta al calor; el hermano contó la historia. Fue hace cincuenta años, cuando las obras del ferrocarril, que llegó un empleado y enamoró a la Francisca, la belleza del pueblo tenía 20 años, era fina y agraciada, alegre flor de magnolia. El ferrocarrilero era de la ciudad de México, enjuto y taciturno. Tuvieron dos hijos y un día desapareció con las criaturas, niño y niña. «Chica» los esperaba todas las tardes en un muellecito de la laguna, iba a la estación del ferrocarril de Santiago Tuxtla. Se volvió callada, se fue retrayendo poco a poco, su fe se iba haciendo brumosa como la neblina del lago.

La fotografía

El fotógrafo quería un cocodrilo viviente, nos dijeron que a unos kilómetros, en una ciénaga a la orilla del lago se podría encontrar algunos animales libres. El taxi nos dejó en una entrada de pasmo: ceibas y guanacastes, chicozapotes, hierba santa y retama de canícula. Avanzamos por el sendero estridente de grillos y el pasmo golpeó con fuerza, cuando dimos con una terraza, un bar de carrizo, mesas de madera rústica. En el tronco de un encino, fotografías enmarcadas de Sean Connery en la filmación de *El curandero de la selva*. De repente apareció una nereida con sayal blanco de algodón. Íbamos a la búsqueda de un cocodrilo para la historia de una anciana que no había sido devorada por cocodrilos. Pedí un *Cutty Sark* y me lo trajo la muchacha, cayeron dos hielos y se congeló la historia de una vieja asesinada. Otra joven que salió detrás del mostrador le sirvió al fotógrafo un *Bloody Mary* con Absolut y apio coronado. El lago estaba esplendoroso. Un cuervo cruzó graznando. De una vereda surgió «Caco» Rodríguez y el dueño del lugar, que se llamaba Nansiyaga, y sí, era un *resort* ecológico. En la noche había una ceremonia a la Madre Tierra en un temascal colectivo; desnudez y lodo para unas turistas de Dinamarca; el fotógrafo se entusiasmó porque estábamos invitados.

«Caco» era ecologista. Señaló una vereda, dijo que nos llevaría a un pantano con cocodrilos. Saludamos al pasar a tres campesinos que chapeaban el matorral. Los golpes del machete se perdieron con el canto de las cigarras. Apareció la ciénaga, los ojillos de un animal flotaban en el agua densa, negruzca. Así no le servía al fotógrafo que anhelaba al cocodrilo entero. En la playuela había dos amates y un bulto de paja silvestre, un nido de cocodrilos. El sol calaba en el cenit. Le dije al fotógrafo que subiera a un amate. Calculé mi irresponsabilidad y perturbé el nido, saqué un huevo, sentí que algo se movía adentro del cascarón. Moviendo la mano lo pusé frente a los ojillos en el pantano y la cocodrilo se dejó venir en una cólera de fango. Alcancé a subirme al otro amate, el fotógrafo tenía al animal en pleno a unos centímetros de mis pies con aire suficiente para la fotografía. La madre bufaba con tal enjundia que movía las ramas, el aliento de su garganta era deletéreo, y la dentadura toda, una sarta de colmillos, un cepo de marfil. Tal vez el final de la historia lo escribiría el mismo corresponsal que aquella tarde envió una nota a la redacción, sobre una anciana mal de la cabeza, que había sido devorada por cocodrilos.

Estos animales son veloces en la tierra, más cuando protegen el nido. Podía brincar y distraer a la cocodrilo, pero el fotógrafo estaba embelesado con sus encuadres. Le grité a los campesinos en ese fragor del animal, entre cigarras, grillos y el graznido de un cuervo solitario.

El más correoso apareció, se llamaba Bruno, y lleva el crédito en esta parte del reportaje nunca publicado. Cortó con el machete una horqueta. El fotógrafo, agazapado, no dejaba de disparar la cámara, el campesino incrustó el palo en las quijadas, hombre y fiera se liaron en un combate hasta que la madre cocodrilo fue replegada al pantano.

En el bar del *resort* nos semblanteábamos con los campesinos salvadores. Bebimos el mejor *Cutty Sark* del mundo, rayando en el primer círculo de los infiernos tropicales. El fotógrafo estaba austero, brindé porque tenía fotos para *National Geographic*, no dijo nada sobre la cámara. Intuí una vaguedad fuera de foco entre la atmósfera urbana a la que estaba acostumbrado y el diafragma en la profundidad de campo, entre la luz de las vecindades, comisarías y la exposición en la orilla de una ciénaga. Se le veía estoico en su camisa impecable. El lodo y el calor no le hicieron mella, el aliento de los bramidos no lo despeinó.

Se fueron los hombres magros, se hicieron sombras en el bejucal. Al atardecer apareció un cortejo de doncellas con túnicas de algodón, incensarios en su regazo. En la espesura se oía el tañido de un caracol, las turistas danesas se dirigían en fila al temascal, invocaban a la Madre Tierra, entraron al domo de adobe, las nereidas iban con antorchas, oscurecía, el fotógrafo era el último en la fila. Tendría una civilizada Noche de Walpurgis tropical. Aun con el fresco el clima era bochornoso. Un fulgor tenue de relámpagos destellaba tras los volcanes que encierran al lago. Decliné la invitación apelando mi condición de *agging hippy*, sin mencionar el hastío de los años 60, cierta aversión a la «mexicanidad indiana» y al incesto con la Madre Tierra. Me eché vestido en una caleta, el crepúsculo dejó pasar una procesión de chiquillas prehispánicas, el *Cutty Sark*, el primer *tea clipper* con casco de acero se mecía en su muelle de la ribera del Támesis, en las tierras de Greenwich. En la costa veracruzana tres asesinos alcoholizados marchaban sobre la arena encañonados por los rifles de un contingente policiaco, al mando del comandante.

Preparativos del destino

«Chica la Loca» no perdió del todo su encanto en la borrasca de melancolía. A veces le decía dicharachera a los vecinos que juntaría dinero para irse a la ciudad de México en busca de sus hijos. Hicieron la carretera y con ella entró el ADO, una promesa que rompía el aislamiento de ese pueblo lacustre de brujos y caimanes. Su tristeza abrumadora se tornó en una amable psicosis, alucinaba cómo iban creciendo sus chamacos, lavaba ajeno, barría mientras se iba apergaminando. Así le pasó medio siglo por encima. Cosía su ropa, faldas amplias, coloridas de retazos, holán sobre holán, amponas igual que sus blusas. Mujer iridiscente, al mote de «Chica» le agregaron «la Loca». De los alambritos de la luz que caían, se hacía collares que torcía en mil adornos y enhebraba piedras, conchas le traían de Sontecomapan, porque el océano estaba cerca, lo oía, le traía en ese viento espeso noticias de sus hijos a través del manglar. En la sabia del chicozapote creía leer sus cartas.

En una bolsita que colgaba de su cuello metía las monedas y billetes, para comprar el boleto del autobús, pero nunca juntaba todo, cuando ya había un montoncito compraba aguardiente y se lo bebía sollozando a un lado de la laguna. Nadie la vio desaparecer, decían que apareció muerta lejos, en un cráter de la UNAM repleto de cocodrilos. Se oyó el rumor de una difunta que podría ser «Chica la Loca», que ya no se encontraba junto al lago donde se dormía cantando canciones de hacía medio siglo. Se decía que enterraron a la muerta en una fosa común y le vaciaron cal, que la habían devorado unos cocodrilos. La blusa que recogí con la punta de una vara, no estaba desecha por la mordedura de un animal, sí ensangrentada y rasgada con el tajo de un cuchillo, la pudieron haber echado agonizante al cocodrilario. El resto de la blusa era lo único que había dejado la mujer, con su historia de amor. Vestirse bien para que sus hijos la vieran, presumida.

Por la mañana nos presentaron a los verdaderos asesinos en la cárcel de Santiago. Dos hombres y una mujer. En la celda transpiraban el aguardiente que compraron con los últimos ahorros de «Chica la Loca». El jefe de la banda harapienta era un soldado raso oaxaqueño, desertor, con el antecedente de dos homicidios por riña, el otro, un asaltante de poca monta y la mujer, un ama de casa desempleada, con hijos, adicta al cemento, a la espuma parda de la heroína de ganga mal cocinada. Traía una falda de holanes multicolores cosida con esmero.

Se toparon una noche con «Chica la Loca», cuando la anciana cantaba en el muelle y bebía aguardiente de caña, alegre, con su blusa y faldas desplegadas por la brisa. Se la llevaron a empujones monte adentro hasta la orilla del cráter y la aventaron, rodó por la cuesta espinosa de huisaches y acacias, la desnudaron; el jefe la violó, le clavó una faca de estibador, fue a dar al agua, algún cocodrilo le dio una mordida, y corrientes suaves la llevaron flotando a la otra orilla. El trío regresó con la bolsita y unos cuantos billetes, de los que «Chica la Loca» juntaba para su pasaje a la ciudad de México. El comandante bufaba sudoroso a un lado de los acusados, la mujer clamaba por sus hijos que estaban... no sabía dónde. Los goznes de la reja crujieron. A los otros presuntos homicidas que habían detenido, no los soltaron. Ahí se quedaron para otra ocasión. La herida en la oreja del comandante supuraba por el calor.

El fotógrafo tomó rumbo al aeropuerto. Me quedé un par de días más. Me habló para decirme que unas fotografías estaban sobrexpuestas y las otras fuera de foco. Fui a tomar cerveza en el restaurante junto al lago, con el cocodrilo en el charco. Visité la fosa común donde echaron a «Chica la Loca». Nada identificaba el montón de cal, nunca hay nombres en el salitre. Volví al pequeño lago volcánico y encontré un collar trozado de alambre, cobre con guijarros y conchas de mar enhebradas. En la soledad del paraje sentí como si ya estuviera viajando al periódico, una parvada de loros cruzó volando. Tiré la joya al agua.

Al regreso en el avión, algo merodeaba el pensamiento. La sobrecargo me sirvió el whisky como si intentara preguntar cualquier cosa, se le notaba la porfía por hallar una interrogación flotando en el aire acondicionado del avión casi vacío. Debió ser por mi aspecto de regresar de un viaje sin retorno del que salí hacía ya mucho tiempo. Entré a mi departamento que tenía un vago olor de historias del pasado que se iban sedimentando entre tanta utilería de vacíos, nichos sin ocupar a los que ahora agregaba la luz mortecina y desolada del lago. Nadie había reconocido el cadáver de «Chica la Loca». En ese mundo salobre, de nigromancia y curanderos de la selva, podría ser que la anciana compró el pasaje del autobús y a estas horas andaría buscando a sus hijos en los barrios de la ciudad.

En cada argolla se balancea un corazón

Un sábado al medio día entré a un lupanar de La Merced con el comandante García Villalobos y sus guaruras. Arremetieron blandiendo las .09 mm y el M-16 en ristre, tiraron de las cortinas que tapaban los cubículos de triplay, horas a las que acuden albañiles y peones a gastar un día de salario.

En el envión del desconcierto, los hombres quedaron desnudos, aterrorizadamente avergonzados. Algunos tenían vetas de pintura, salitre y jabón en el torso y los brazos, vestigios como los que deja la marea cuando se retira de la arena. El aseo antes del burdel. Una mujer se envolvía en una mortaja de papel de baño, las otras gimoteaban mudas en el pavor. El comandante iba dizque por un proxeneta. Sólo había un mocito asustado.

El barrio de La Merced tiene dos gargantas. La profunda son estos galpones, lupanares improvisados, galería estabular, locutorios de medio metro con catre. En el pasillo había un tambo con agua puerca para la higiene *post coitum*. Es territorio canalla, el de las jovencitas traídas de los pueblos con engaños, que no regresan. La mayoría es indígena y vive enclaustrada, las familias quedaron amenazadas en su terruño. Son menores de edad. La padrotería está jerarquizada y el capo mayor de la desventura es el que distribuye las ganancias y la policía recibe una parte.

La garganta superficial está en la Avenida Circunvalación, la vida alegre y airada entre puestos de fayuca y pregones de yerberos que venden pomadas de Hong Kong. En una cuadra de 50 metros hay otro tanto de daifas recargadas en los comercios. La lycra es un tapiz que abulta los cuerpos. Algunas tapan los aparadores para ser el escaparate. La escena puede ser cualquier día y empieza temprano por la tarde.

Araceli, de 17 años, tiene de la mano a su hija de dos. Se acerca un obrero, la muchacha le chifla a su mamá, que espera clientes un par de negocios más allá, frente a una tienda que vende ajuares de novia, azahares, lazos, arras, corazoncitos rojos en almohadilla blanca. La abuela andará por los 30 años, coge a su nieta de la mano y se la lleva a comer esquites. Se meten a una vecindad en Roldán, le encarga la criatura a la bisabuela. Fue la primera en llegar hace años para trabajar como sirvienta, desde su pueblo en la sierra de Pinal de Amoles. Se volvió prostituta y ahora es matriarca, que no «abadesa», de una microempresa familiar. La vieja ya no trabaja, a los cincuenta años se libró de tener que bregar. Vive con lo que ganan su hija y la nieta. De piruja pasó a nana de su propia estirpe.

Araceli se encuentra de nuevo con su madre, que espera en vano aunque sea a un albañil. Le fue bien a la joven que es bonita. Cobra 75 pesos por faena, da 20 a los inspectores del gobierno de la ciudad. Espera un par de clientes más para ir a ver a don Francisco en la tele. Cuenta el dinero con su mamá junto al aparador de las bodas. Mañana irán con la bisabuela a ver al panda a Chapultepec. Es una ventaja contar con la anciana pues le sabe a los asuntos del talón. Han logrado echar fuera a los proxenetas. En su cuarto de la vecindad con geranios en el corredor, el Santo Niño de Atocha es el único hombre. Lo tienen rodeado por floreritos de vidrio y helechos de plástico, para que siempre esté ahí sentadito y las cuide en la calle o mientras preparan la cena y hablan de los gajes del día. Lecciones de recato, amonestación y baños de asiento con agua de romero.

No es cosa nueva. Antonia Mora las describe en *Del oficio*, escrito a principios de los setenta, cuando la madre se metía a la accesoria con un cliente y la hija se quedaba a jugar con los amiguitos:

«—Ven guapo. Ven güerito. ¿Vienes?

»—¿Cuánto cobras Antinea?

»—Bien desnuda uno cincuenta; sin desnudar sólo un peso.

»Cerraban el trato y pasaban al cuarto donde había un pedazo de trapo que hacía las veces de toalla y un pequeño plato con agua para lavarse al final. La niña tenía que lavar el pequeño sexo del niño para que éste se fuera satisfecho.»

La hija de Araceli todavía es pequeña, ya aprenderá, con la ventaja de tener a la mejor bisabuela del oficio, ecos de *Silver dagger*, canción anónima que rara vez cantó en público Joan Baez:

> No me cantes canciones de amor
> puedes despertar a mi madre
> está dormida justo a mi lado.
> En su mano derecha tiene una daga de plata
> me dice que no puedo ser tu novia.

En Garibaldi se despereza un fenómeno nuevo. Junto a las viejas huilas ya faenan las nietas de los hijos de la calle, tercera generación. Ejercen sin horario ni juegos, veinticuatro horas de letargo cansino y los vapores del tíner. La tarifa es de 20 pesos cuando más. Las chicas de los alrededores, veinteañeras, son náyades en la corte de Príapo en el burlesque. Andan por los trescientos pesos. Complementan el ingreso posando en revistas porno estilo *Gatitas* o *Fantasías de azotea*.

Rozando los confines del dominio travesti, las prostitutas se refugian en las calles oscuras de la colonia Roma. El servicio sexual de las «vestidas» ha mermado los ingresos, la casa, el vestido, la salud y el sustento. Matilde reza para que esta noche le caiga un cliente. Es puta callejera a la que el marido tolera. Es un mecánico en la ruina.

Tiene 40 años, diez en el oficio. Los hijos mayores se fueron. No se habla de trabajo cuando los ve. Los pequeños aún van a la primaria. Hay que comprar los útiles. No saben que su mamá es daifa. La señora siempre regresa a su departamentito antes de las seis de la mañana. Los despierta y peina. Cuando hay les da el desayuno y los lleva a la escuela, fresca, radiante, como si se acabara de levantar. A pesar de su trabajo no les alcanza para el gasto, no sólo por estar entrada en años, me cuenta que hoy los clientes prefieren a los travestis:

—Las «vestidas» son una plaga. Nos quitan todo, hasta la calle. Aquí estamos medio solas. Yo no tengo padrote, vengo aquí de arrimada, las otras muchachas me dejan, aunque sí les tengo que dar a los policías. Yo empecé tarde en esto y por necesidad, pero a todas esas muchachitas que andan por aquí ya no les va bien. A veces no gano ni para un taxi que me lleve a la colonia obrera, a tiempo para llevar a mis hijos a la escuela.

»Y aquí entre las muchachas hay gente muy preparada, enfermeras que como trabajan un día sí y otro descansan y en vez de descansar se dedican a esto. Otras son hijas de familia y dicen que son meseras. Aquí hay gente buena, mentira que digan que todo en la prostitución es malo.»

Con el desplazamiento de la mancebía hacia los travestidos, las cuotas permanecen fijas y las prostitutas tratan, con frecuencia en vano, de duplicar sus esfuerzos. Cobran 250 pesos por servicio. Cien son para el proxeneta y otro tanto para la policía. También compiten con «chichifos» y «mayates», lucha desigual en la que ellas llevan la peor parte. El enemigo de la homosexualidad es más fuerte y sus padrotes más fieros.

Selene opina:

—La situación es ya muy de crisis. Una temporada vino la moda de hacer «chous» con parejas, gente bien, el señor y la señora, unos eran esposos. Nos recogían de la calle a mí y a otras, nos llevaban a un departamentito, a veces de lujo y nos ponían a hacer cosas. A mí no me gustaba, lo hacía por necesidad, otras compañeras sí lo hacían hasta con la señora. Ahora las señoras también se van con las «vestidas», a saber qué harán.

La entrevisto en una cárcel. Selene no quiere salir de la prostitución. Lo que quiere es quedar libre. Purga condena por tratar de robarle la bolsa a la agente del Ministerio Público un día que fue a firmar. Estaba en libertad bajo fianza por otro delito de robo.

Tiene 30 años, parece la abuela de su hijo de trece que fue a visitarla. Es producto temprano de sus labores, cuando no tenía experiencia. En su uniforme blanco de presidiaria, enfunda la adiposidad de las comidas baratas. Salió todavía niña de Guadalajara, después de robar la casa de un gobernador, no sabe cómo se llama. Era sirvienta y huyó. Selene casi es analfabeta. Hacía mucho que no veía a su chamaco. Cuando trabajaba en las tardes se lo llevaba para que hiciera su tarea sentado en la banqueta, mientras ella caminaba o se iba al hotel.

—Pero ya quiero volver a andar de «camellera», de puta ambulante, pues. Me queda poco tiempo.

Camino en círculos de sobrevivencia itinerante. En estos puertos, escalas, no se cierra ningún aro que no lleve algún pendiente, como en la arboladura de los viejos bergantines, argollas de *Silver dagger*:

Ve a cortejar a otra muchacha que sea tierna
hay esperanzas de que pueda ser tu esposa
Estoy prevenida
decidí estar sola toda la vida.

Mi padre es un diablo apuesto
tiene una cadena de cinco millas de largo
En cada argolla se balancea un corazón
tiene una cadena de cinco millas de largo.

En la gaveta de «el Chorrillo»

Multihomicida a los 19 años, forjador y fundador de la banda «Los tiernos», su semblanza termina en el Servicio Médico Forense. A las tres de la tarde fue hallado sin vida. Su cuerpo desencajado colgaba de la regadera en un baño del Reclusorio Oriente. Al cuarto para las diez de la noche el cadáver era material de autopsia.

La ambulancia arribó al estacionamiento del Servicio Médico Forense, muelle de los muertos con violencia y los cadáveres desconocidos. Se abrieron las puertas y apareció «el Chorrillo» con los pies por delante, como salen quienes mueren en prisión, adagio carcelario. Yacía en un charco de sangre.

—No es de él —me dijo el ambulante—. Es de todos los muertos del día de todas las delegaciones del D.F. Hasta en su muerte andaba en la sangre de otros.

«El Chorrillo» ya era leyenda entre los muerteros. La ambulancia olía a ese tufo agridulce de salmuera añeja, de muertes acumuladas en un mismo lugar. Se lo llevaron a la plancha.

En la morgue y con sosiego, linterna en mano, el forense alumbró el cuerpo. En los depósitos de cadáveres siempre hay nubosidad en la luz neón, un vapor ajeno al de las veladas literarias donde se discuten novelas policiacas y también hay bruma, pero que no necesita de linternas para platicar sobre la armonía de lo truculento. Aquí en la morgue nadie piensa en la invitación de Thomas de Quincey a la excelsitud del crimen: «Ha llegado la hora del buen gusto y de las Bellas Artes.»

—No hay duda. Aquí está el surco oblicuo en el cuello, incompleto, hacia la derecha. Si lo hubieran matado la huella sería horizontal. Se colgó —explicaba el forense.

La esfera en la estética del horror gira en las tertulias y en la filosofía, no en las morgues, donde la palabra es la satrapía del epíteto de lo horroroso, no del horror, y lo *gore* se coagula de verdad. La nota roja abreva en el adjetivo.

—Lo descolgaron rápido —comentó el doctor— pero la lengua asoma. Sólo está un poco amoratado en los dedos de las manos y en los pies».

Era un cadáver esbelto de 1. 70, corte punk en el cabello erizo, negro, campesino. Las manos en garra y en el antebrazo derecho un gran tatuaje de *Guns N' Roses*. Una calavera con flores y un revólver. Anhelos, mezcla de tinta y polvo del margen de la ciudad, en un lago que se desecó.

Seis meses atrás mató a su hermanita. Fue un Día de Reyes y se regaló una cadena de otros catorce homicidios, casi uno por cada año cumplido, fue en ese San Miguel Teotongo, colonia de inmigrantes, invasores lumpen y salitre apisonado con espejismos de campañas políticas.

Román Zaragoza Reyes, «el Chorrillo». Mantenía a su madre desde los trece años con el botín de los atracos a tiendas y transeúntes, en el oscuro barrio de tolvaneras. Con la banda de «Los tiernos» que fue jefaturando se agregó un añadido más al territorio. Cuando mató a su hermana, doña Leonor Reyes apoyó maternalmente a su hijo. Contó que limpiaba esmerado su revólver calibre .22 y por accidente se le fue un tiro. El muchacho confesó: «Le di en la cabeza y se murió luego luego». Salió libre a continuar la saga, en el juego de la mordida y corrupción. No resultó.

Con su lugarteniente Manuel Meléndez Montes de Oca «el Bolillo», de la misma edad, mató a un granadero que lo quiso extorsionar. Asesinaron a una pareja de narcos al menudeo, porque no les quisieron vender mariguana. El marido sacó una Mágnum .357 pero «el Chorrillo» disparó primero. Se llevaron el arma del muerto. La usaba el amigo. «El Chorrillo» sentía más confianza por su viejo revólver. En medio año les siguieron tres delincuentes adversarios y un desconocido que se resistió al asalto. Bajo un puente de la autopista México-Puebla se toparon con un pandillero rival, «el Vago», que iba drogado en compañía de un arquitecto. «El Chorrillo», principal ejecutor, les disparó a ambos. Fueron a dar a la cajuela del Topaz que llevaba el profesionista. Les dieron el tiro de gracia. Una firma para delimitar el territorio que empezaron a usar desde el segundo crimen.

Con «Los tiernos» asoló las colonias. Su bitácora siguió con cuatro jóvenes enemigos de otras bandas y un policía preventivo, sólo porque tenía uniforme, todos en una noche. Con la muerte del arquitecto ya se había empezado a mover la autoridad. El asesinato quíntuple, aceleró la aprehensión. Harto de pagar su cuota de protección, un vendedor de hamburguesas atestiguó y dio señas del paradero de los cabecillas. Un fuerte dispositivo de judiciales cercó a los jóvenes en un jacal de tabicón cerca de Chalco. Los recibieron a tiros, se acabó el parque de los muchachos y se los llevaron a la prisión. Al poco tiempo cayó «el Chaidas», cuando tenía sometido al chofer de un microbús, con una 38 especial. Han aparecido más muertos. La respuesta está en las tolvaneras que el viento levanta en San Miguel Teotongo.

Cuando se les declaró el auto de formal prisión, «el Chorrillo» confesó los crímenes. Sacó un acta de nacimiento para probar que era menor de edad y no podría ser juzgado en esa instancia. La juez denegó el documento por tratarse de una fotocopia con renglones manchados e ilegibles. La sentencia fue de treinta años para ambos, por homicidio calificado sin derecho a libertad. Se entristeció «el Chorrillo», dijo su compañero, cuando los separaron en el Centro de Observación y Clasificación. Todo había sido por no dejarse extorsionar.

Hemingway decía que los buenos escritores sólo compiten con los muertos, los reporteros de policiaca rivalizan con los cadáveres. No disputan nada con los escritores de misterio. Son excepción los que se desenvuelven entre la mortandad de lo ordinario y han escrito. Thomas Harris, creador de Hannibal Lecter, fue editor asociado en asuntos criminales de *Associated Press*, en Nueva York, pero estaba graduado en inglés, en la Universidad de Texas, un salvoconducto para las invitaciones de Thomas de Quincey: «Tan pronto como una nueva atrocidad de este género es anunciada por los anales de la policía europea, la sociedad se reúne para hacer la crítica, como lo haría a propósito de un cuadro, una estatua o cualquier otra obra de arte.»

No fue el caso de «el Chorrillo», que luego de matar a su hermana, salió libre para ser extorsionado y mató al chantajista. No era una pieza maestra. Además, en México las reflexiones no se dan en torno al relato policiaco, sino a la incertidumbre y torpeza de la investigación pericial que rodea a los crímenes, a la huída de los asesinos, y genera toda suerte de conjeturas. El delito es tan abundante que resulta abrumadoramente soporoso. El misterio está siempre, no requiere ser convocado, y es vulgar, tal vez por eso escasean las novelas de suspenso. Y no todos los muertos son como los de Raymond Chandler: «El médico policial examina el cadáver que tiene una barba recién afeitada (deja al descubierto una piel no atezada), manos artificialmente maltratadas, pero que es el cuerpo de un hombre adinerado, de vida ociosa, residente desde hace tiempo en un clima fresco.»

Es una invención de floritura.

—Tardó entre cuatro y siete minutos en morir —dijo el forense mientras su bisturí crepitó en la piel de «el Chorrillo» para examinarlo—. Digamos cinco. Al final se convulsionó y tuvo una erección. No sé cómo no se dieron cuenta los custodios. ¿Por qué le dieron esa cobija que rasgó tira por tira hasta hallar el hilacho más resistente para ahorcarse ?

Casi todos los diarios publicaron móviles de venganza.

Después de haber salido de la celda número tres, «el Chorrillo» entró a la gaveta cinco. Cuando el mozo la abrió, se achicharró una mosca en la parrilla de luz ultravioleta. Su última muerte fue la suya.

—¿Que cuáles fueron los hallazgos de la autopsia? Venas y arterias amoratadas, la tráquea fracturada y el cerebro hinchado. Este es el fin —concluye el médico legista—, la semblanza de alguien que no debió nacer.

La buganvilia

Atardecer de flor forense a unas cuadras de la casa del poeta, Guadalquivir y Pánuco. Cerca de donde vivía Octavio Paz apareció el bulto, cuando pardeaba la tarde en un día de guardar.

La redacción estaba muerta. Fue el escáner en el rincón de la sección policiaca el que interceptó el mensaje. Los redactores escribían con desaliento, los demás escritorios semejaban las mesas de una lavandería cuando se recogió la ropa y se doblaron las sábanas. Los legajos de papel estaban quietos. El reportero de guardia se levantó a cubrir la nota. Me agradeció que fuera en su lugar. Me había figurado la escena.

Thomas de Quincey decía que la moral condena el asesinato, pero no la estética que convierte la atmósfera en personaje. Octavio Paz escribió en el último número de *Vuelta*: «Las escenas... continuamente repetidas no sólo justifican y embellecen la violencia sino que nos acostumbran a ella y en cierto modo nos insensibilizan.»

Esa bolsa de basura que apareció el Sábado de Gloria dio una luminosidad marrón. Estaba solo entre la rutina de los gendarmes, con la tintura del color de la muerte, que después de la rabia del crimen, deja las ondas de la calma.

A las seis de la tarde un par de policías vio el paquete en la esquina desierta. Pensaron que eran restos de comida, latas vacías, pañales inmundos. Uno dijo que pesaba. El otro lo fue tocando palmo a palmo y le pareció que las salientes podían ser un codo, cadera, rótula o una cabeza.

Llamaron al jefe, llegaron judiciales, media docena de curiosos convocados por los destellos de un par de patrullas. Regresaban de misa, se detuvieron con la bolsa de la panadería en el regazo, de la mano una chiquilla. Un perito rasgó la bolsa, cuadro que presagiaba a Francis Bacon. Apareció otra bolsa transparente sobre un rostro y, más allá, huevo de Dalí, estaba sumergido el cuerpo en la profundidad del polietileno. Al lado, una «litúrgica buganvilia.»

Seguí a la ambulancia fúnebre. Un forense en la morgue, entre bostezos, arrancaba mechones del pubis, del cráneo hirsuto de corte militar, la última pincelada de la estética del homicidio: un soldado con un surco morado en el cuello y una huella escarlata en el abdomen. Uno de esa tropa que los fines de semana merodea por los antros donde señores «decentes» van a ligar. A veces los «chichifos» militares matan al señor, otras veces son ellos el muerto. Al joven lo ahorcaron atado a una silla. Muerto y asesino anónimos en la noche de un día de guardar.

Secreta mortificación

En la Parroquia de San Miguel se reúne todas las noches una docena de gente rara. Por un callejón oscuro las sombras de los habituales se escurren por la puerta con el letrero «Alcohólicos Anónimos», aunque no son bebedores, aprovechan el lugar y el enigma del secreto.

«Mi nombre es Reinaldo. Soy homosexual» dice de pie el que acude por primera vez. El resto aplaude como aceptación y bienvenida. El otro, esmirriado, se sienta reconfortado por la mirada de los otros.

Preside la sesión un joven fuerte con cabello de corte militar. Habla implacable en el salón. Asume su arrepentimiento con marcialidad. Gesticula cuando narra sus experiencias sexuales sin tapujos y hasta la escatología. Abunda en sus experiencias dentro de los baños públicos. Describe el asco como si fuera penitencia, con la firmeza de un legionario. Tras él cuelgan en un pabellón los *doce pasos* y se destaca un ajuste: «Admitir que somos impotentes ante la homosexualidad y nuestras vidas se habían vuelto ingobernables». «Llegamos al convencimiento de que un Poder Superior podía devolvernos el sano juicio.»

A un lado están las tradiciones: «Nuestro bienestar común debe tener la preferencia a la recuperación personal y depende de la unidad de Homosexuales Anónimos». «El único requisito para ser miembro de Homosexuales Anónimos es querer dejar de ser homosexuales.»

Su edad va de los 16 a los 70 años. Son empleados de gobierno o compañías privadas, estudiantes, vendedores y profesionistas, clase media abatida. No hay obreros. Tampoco mujeres.

La cordialidad es requisito. Aunque no está escrito en ordenanza alguna, se debe reír amablemente, cuando los compañeros se confiesan en voz alta. Así responden cuando el decano del grupo reitera y revela desde el podio su gusto desde que era niño, por jugar a la comidita y a las muñecas. No es afeminado, quienes tienen amaneramientos los contienen, pero en las sonrisas hay complicidades. Lo femenino se decanta en el fondo de las confidencias. Los ademanes obvios de la jotería se guardan por voluntad propia en los secretos de la cofradía.

—En la tribuna se trata de hablar con sinceridad y muchas veces eso cuesta trabajo. Hay que entender que nuestra labor no está encaminada a las personas que se sienten bien y lo disfrutan. Allí desde luego no tenemos nada qué hacer. Nos dirigimos a los que se sienten como nosotros, que quieren salir del sufrimiento implícito en la homosexualidad.

Así piensa César, hombre maduro, pionero del grupo. Me invita a que sin miedo suba a la tribuna, se atribula cuando le digo que no soy homosexual y sí un reportero anónimo, una sombra de las redacciones. Toma distancia, ha sido blanco de los ataques activistas del Círculo Cultural Gay, que lo ha llamado fascista. Le han ido a gritar que no se vale poner en el mismo lugar alcoholismo y homosexualidad.

Se acerca Luis con el ánimo humilde en medio del recinto, con algo de liturgia a la vez que de oficina pública. Tiene 21 años, es empleado de gobierno, y la carga de no haber acudido a las juntas desde hace un mes, lo que lo hace proclive a reincidir.

—Le doy gracias a Dios por practicar la abstinencia sexual. No siento que me estoy reprimiendo. Yo conocí Homosexuales Anónimos, porque tenía también los estigmas del alcohol y la drogadicción. En año y medio que llevo de recuperación no he bebido ni me he drogado, pero al principio no había podido con mi homosexualidad. Al dejar la droga y el alcohol sentí más necesidad de tener relaciones homosexuales. Me di cuenta de que era un cambio de obsesión.

Con el principio de «hoy no bebo mañana sí», Homosexuales Anónimos surgió en la ciudad de México a principio de los ochenta. Fue a iniciativa del padre Daniel Nolasco, hombre recio, sexagenario. En la confesión de sus fieles jotos detectó sufrimiento y decidió reunirlos en un grupo de oración. Al ver que la angustia era mitigada y que al conversar mostraban arrepentimiento, decidió recoger y adoptar las fórmulas de Alcohólicos Anónimos. Homosexuales Anónimos está bajo la patente *Alcoholics Anonymous World Services*, con sede en Nueva York. La filial mexicana presta el local de San Miguel, donde sesiona con horario separado. El cura me platica:

—Este no es un grupo gay ni un club de homosexuales. Lo que se requiere para empezar es cierta voluntad para dejar esas prácticas, que es lo que la Iglesia condena. No vamos a cambiar la naturaleza, porque esa manera de actuar y pensar ya se trae desde atrás.

»Se puede decir en un principio que la homosexualidad es una enfermedad, aunque eso es muy difícil de explicar. Si yo no soy adicto al alcohol y me emborracho una vez, cometí un error, puse en peligro mi vida. No pasa, pero se cometió un pecado. Si lo repito una y otra vez llegaré a una adicción, a la enfermedad. Por eso se impone la abstinencia, como un camino de salida que escoge el que acude aquí. En eso Dios nos ayuda con su presencia. Lo hace en lo que llamamos junta de grupo.»

Con esta metodología y marco teórico, Jorge Serrano Limón, presidente de Provida A. C. afirma que su organización ya ha recuperado algunos homosexuales. Apoya a Homosexuales Anónimos por las semejanzas para acotar el alcoholismo, «vicio y enfermedad a la vez, que requiere de tratamiento para salir adelante y superar la desviación. Aunque no se rehabilita». Serrano Limón es partidario de las soluciones drásticas. Me platicó que cuando estaba en la preparatoria y estudiaba con los amigos en casa, echaba pólvora en los ceniceros para aterrorizar a los fumadores. A uno se le incendió la ropa.

Testimonio de Luis: «Esto no es algo que yo hubiera escogido. Si le rasco a mi pasado me doy cuenta que se debe a mi ignorancia sexual. Cuando era pequeño nunca tuve una guía que me dijera lo que es el sexo. Cuando empecé a tener sensaciones no sabía lo que eran los homosexuales. A mí me usó una hermana mayor que tenía como diez años. Ese fue mi despertar sexual. Luego empecé a tenerle miedo a las mujeres. En la secundaria empecé a acercarme a gentes de mi sexo, para que me hicieran sentir que valía algo. Y que no se enteren los vecinos ni los familiares ni en el trabajo. Es parte de la terapia. Ese es nuestro mayor secreto. El anonimato es una garantía. Le da confianza a los que tienen una maraña en la mente y quieren externar lo que sienten. Abrirse en capa o canal, como decimos aquí, a definir más la homosexualidad, con todas las fantasías que llevamos dentro. Saber que pertenecemos a un grupo anónimo nos da tranquilidad.»

Irrumpe José María Covarrubias, del Círculo Cultural Gay, que ha invadido el recinto. Jotea desparpajado. Algo del olor, bruma de incienso y cantos de la liturgia se filtran de la parroquia contigua.

—Es una mutilación —clama el dirigente gay sin medrar la resistencia de la tertulia, del cura que enrojece virado hacia el púrpura para responder con muina contenida—. Que si este tratamiento puede ser una mutilación, pues sí. Es como cuando al obeso se le dice que no puede comer de aquí o de allá. Si el homosexual busca salvar su vida, bien. Si no, es libre de seguir comiendo lo que le guste, de seguir poniendo su vida en el peligro de la lujuria, en todas esas cosas que vemos en los periódicos.

Sale por una puerta hacia la parroquia, la azota, regresa para cerrarla con cuidado. El grupo evade a Covarrubias, hace una ronda que se recoge en meditación. Antes del trance uno voltea para musitar:

—Sabemos que somos jotos y jotos nos vamos a morir.

El hijo de *The Doors*

—Yo quería ser como mi papá, Jim Morrison, por eso me gusta la música de *The Doors* y quiero cantar como él. Eso lo sé desde que tenía dos meses de edad, cuando mi mamá María de los Ángeles Pineda de Morrison me dijo que me tenía que portar bien, que ya no le hiciera a las drogas. ¡Ya me compuse, mamá, y te voy a cantar ésta! ¡Es para ti! A ver Noé, la música.

Y Noé, flaco hasta la caquexia, tumbado en una cama del dormitorio infla los cachetitos y empieza el acompañamiento: «Turún tutún, tu tu tu tu tún...», que le da la entrada a «el Morrison»: «Don filu ayaes ou gou gou. Ou sau de güilous.»

Canta *Keep your eyes on the road, your hands upon the wheel*, el *Blues de la cabaña*, de *The Doors*, pero «el Morrison» no sabe inglés. No lo ha aprendido a lo largo de sus 17 años de edad. Su infancia y adolescencia han sido vagar de Garibaldi al Mercado de Jamaica, a los tiraderos de Santa Cruz Meyehualco. Sigue cantando. Por la ventana pasa un muchachito flaco y trigueño. Cruza aleteando el patio del sector varones, en el Hospital Psiquiátrico Infantil. Viste piyama azul desabotonada. Plumaje en su figura de azulejo, trata de levantar el vuelo en el sol vespertino de Tlalpan, a finales del invierno.

El sanatorio parece estar vacío; el reportaje es una ocurrencia, fue la tarde sabatina la que me llevó, no es ocio, tal vez *leisure*, *spleen*, lo opuesto al *carpe diem*. El guardián no me pidió identificación, me dejó pasar como si fuera un psiquiatra, un celador quizás del Tutelar para Menores en busca de una presa que huyó.

En un jardín acicalado me encuentro con un médico, no muestra sorpresa, nos sentamos a platicar en el arriate de una casuarina. Enfrente está el pabellón donde cantan Noé y «el Morrison», los separa un desfiladero psicológico. «Azulejo», trigueño y espigado, revolotea en torno a un seto de juanitas y retama.

—Es un paciente agudo, los tenemos separados de los enfermos farmacodependientes como...

Víctor Manuel Márquez Pineda, alias «el Morrison». Se asoma a saludarnos desde el otro lado del abismo. Es tosco, lo pelaron con una jícara y se ve inevitablemente punk. Sus brazos se agitan espásticos e insistentes por el efecto de los medicamentos. El daño neurológico es irreversible tras siete años de inhalar solventes. Cursa con lesiones en el lóbulo frontal del cerebro. De ahí su inhibición y desparpajo. Tiene desnutrición y retraso mental con lesiones secundarias. Tal vez el parto estuvo mal atendido, no tiene familia. Cuadro clínico de males sobrepuestos dentro de la mente en una cartografía alegórica.

—Pero, no es una alucinación lo que le pasa a este muchacho —continúa el doctor—, tampoco es producto de su daño cerebral. Es una fantasía social, una forma de compensar su abandono. Si se le contradice o se le dice que Jim Morrison está muerto, se le generaría una angustia tremenda. Su mente está en un lugar, que lo distancia de la realidad, donde puede fantasear, tener la tranquilidad que desea y eso significa ser hijo de Jim Morrison, con una canción que no entiende, pero lo que busca sí lo comprende y muy bien. Está implícito en *The Doors*.

La mielina

Si una gota de solvente cae dentro de un receptáculo con manteca se hará un agujero. Es una analogía burda para ilustrar el daño que causan estas sustancias. Los nervios y ejes de las neuronas están recubiertos por mielina, una sustancia delicada rica en lípidos. La atacan a mansalva los tóxicos diluyentes que se emplean en la industria. El doctor Augusto Fernández Guardiola, del Instituto Nacional de Psiquiatría, describe el escenario:

—Principalmente se encuentran alteraciones en el sistema del cerebro encargado de las emociones, de conservar la memoria y estabilizar la conducta. El otro sistema afectado es el cerebelo. Tiene grandes neuronas que reciben información de los sentidos. Regula los movimientos y su finura. Cuando se alteran no hay coordinación, la marcha se dificulta, es imposible estar en la escuela. Ni siquiera es posible desenvolverse. Los nervios de las extremidades se inflaman. Es baja la mortalidad por inhalantes. Estos niños mueren atropellados, de inanición o los asesinan. La vida vegetativa o reptante es frecuente y larga.

Afuera

Por aquí cantaba «el Morrison» en su inglés, en las noches y entre los mariachis, los turistas no comprendían que entonaba *Light my fire*. Bajo la fronda de un fresno en Garibaldi se acurruca una palomilla de niños y niñas. Aferran en sus manos estopas con solventes. Las pegan a la boca y ¡zaz! les cae un policía gallardo. A manotazos esculca a una chavita. Le desabrocha la chamarra de mezclilla luída. Le arrebata un pomo de Frutsi con cemento. Cumple su tarea. Se aleja a zancadas. Atrás, en San Camilito un policía ebrio fuera de horas de servicio, pero aún con el uniforme, tolete, placa y una raqueta de tenis, trastabilla con una prostituta renga, con muletas y una pierna magra e inerte.

Se acerca otro policía. Sin que le pregunte dice que él no es de los que transculcan a las niñas. Se apellida Cariño (sic). Ya una vez lo regañó un Ministerio Público por eso. Las niñas se meten el pomo de Frutsi entre las piernas y se lo sujetan con la vagina.

—Rara vez nos llevan a la delegación —Margarita Luna, de 17 años, sonríe con las escaras de sus labios, tiene estirado el pómulo con quince puntadas, herida reciente, charrascazo de un compañero irascible—. Nos suben a las patrullas. Si no traemos dinero, de lo que nos dan los turistas en la plaza, nos sueltan bien lejos de aquí y nos dan toletazos. Algunas pasamos a veces con ellos. Dicen que no les gusta que les hagamos sexo oral, porque los raspamos. Tenemos los labios partidos. Algunos nos dan dinero. Otros el activo para la «mona» o lo que sea que le quitaron a otros chavos. Les gusta enviciarnos.

Mona: estopa empapada de solventes, principalmente activo, mezcla potente que contiene tolueno. Un cuarto de litro cuesta unos pesos. La serie de inhalaciones tiene un efecto que dura entre 20 minutos y una hora. Otro tóxico socorrido es el cemento de zapatero, más todavía el que contiene FZ10, un poco más caro. Se respira en bolsas de plástico, el «bolsazo». El tíner es accesible. Todo se consigue en el callejón de Zapateros. Un tráfico de enervantes sin narcotraficantes.

A menor cantidad de impurezas el precio es más alto y los efectos de la ponzoña disminuyen. El tíner que usan las aerolíneas tiene únicamente acetona, hexano, benceno y tolueno. El de una tlapalería contiene más de 20 tóxicos en alcoholes, acetona, trementina y residuos de pintura. Miles de veces más barato que la heroína, la cocaína o la marihuana.

Las han probado. No faltan turistas que les den una muestra. A veces se los llevan a un hotel, a alguna casa por ahí. Hay quienes los bañan y les toman fotografías. Otros los prefieren mugrosos o mugrosas. Les ponen música de *The Beatles*, *The Rolling Stones*, *The Doors*...

De regreso

«Voy a cantar con mi padre en Televisa, porque mi papá y mi mamá ya regresaron. Jim Morrison me dejó porque le entré a la drogadicción y él ya no le hace a las drogas. Me dice: pórtate bien.»

Y «el Morrison» me arrebata la grabadora y el micrófono para entonar al Tri —solo, sin el acompañamiento de Noé—, para identificarse con el cantante de rock que anhela ser: «Ese niño nunca ha tenido padre, nunca ha tenido familia, ese niño no conoce el amor.»

Bitácora del suicida

El detective Arkady Renko sostiene que el último recado de quien se va a quitar la vida, no se escribe en un pedazo de hoja rota o maltrecha. Es redactado con esmero en una página acicalada (*Polar Star*, Martin Cruz Smith).

Una joven de 15 años se colgó, desengañada por el novio. En el mecate había una nota en papel fino escrita con primor. Pidió que no se culpara a nadie de su muerte y que la cremaran. Que sus restos fueran lanzados al Valle de México desde la cumbre del Ajusco al atardecer de un día soleado. Que sus padres llevaran una grabadora para que sus cenizas flotaran con la melodía *Vuela, vuela*. Los médicos del Servicio Médico Forense aún recuerdan el mensaje y tararean la tonadilla cuando lo platican.

«Toda la vida te amaré, 'Pirripitis Punk'. Perdóname». La nota impresa en bold de 16 puntos estaba prendida del pantalón con un alfiler del pañal de su hijo menor. Casado, 35 años de edad, cuatro hijos, desempleado. El día de su muerte comió sereno y se encerró en su cuarto a tomar una siesta. Cuando su esposa, la «Pirripitis», y dos de sus hijas lo fueron a despertar, colgaba de la ventana.

En el argot forense les llaman testimonios póstumos, lo que sale a la luz después de la muerte.

«Tita y Mitis: Las amo profundamente. Espero que me perdonen y luchen en esta vida que les espera, pero yo aprendí que la delicadeza se consigue por los valores sentimentales, no por los valores económicos. Amo a su madre que tienen, por sus valores como persona sana. Tita, ayuda a tu hermana, que en el lugar que me encuentre voy a estar con ustedes. Su papá». Tenía 35 años. Desempleado. Las hijas lo encontraron en la escalera colgando de una bufanda de colores.

Hay una carta entre las favoritas de los legistas, en el florilegio postrero del Servicio Médico Forense. Se trató de un burócrata obcecado que durante 60 años cumplió a cabalidad su rutina. Se voló el cerebro de un tiro. Su escrito está dirigido al C. Ministerio Público. Desglosa puntilloso su estrechez económica, que lo lleva a quitarse la vida. Pide que no se culpe a nadie. Firma y remata: Sufragio efectivo. No reelección.

Cuando fue a recoger el cadáver de su amigo dijo que la soledad lo había matado. Era huraño y esquivo. Tenía 40 años. Había dejado de ir a dar clases en una universidad. Sus aficiones eran el cine y la lectura. Junto a su cuerpo colgado de la regadera dejó la nota que se repite monótona, tenaz, un espasmo de gramática premortem: «No se culpe a nadie de mi muerte. Fue mi propia decisión». La policía describe un teatro de los hechos húmedo, con vetas de musgo en las paredes del baño. Oscuridad. Cortinas cerradas cubiertas de moho. Pilas de papeles y libreros con libros también enmohecidos. Se encontró una libreta con la etiqueta a mano «Bitácora del suicida» y en las páginas el manuscrito:

«Para qué escribir si ya pronto (ojalá que no) moriré

por muchos motivos: consuelo, exploración de mí mismo, búsqueda de una posible solución a mi problema y también (ya que difícilmente puede uno asumir su propia muerte) lanzamiento de redes, se trata de ver si es que hay alguien cualquiera que se animase a acompañarme, cómo podría hacerlo si estas notas son personales, no sé en términos fácticos si estas notas saldrán de aquí, pero la actitud mágica es imposible de desterrar, la ilusión de que alguien llegue a conocer estas notas, pero incluso aunque ello pudiera darse, tu edad y tu descomposición física difícilmente harían atractiva tu muerte para el próximo, para ese extraño imaginado; a veces estallo en llanto pero me detengo cuando veo lo inútil de hacerlo, a veces penetro de manera inesperada en el secreto de la conducta humana, el saber que me proporciona es desconsolador e incomunicable en el sinsentido, el sentido sólo existe si hay futuro, perspectiva. Me acuerdo de Nietzsche en rechazo a las ilusiones incluyendo quizás las del porvenir.

»Parece imposible encontrarle significado a las cosas, la enfermedad le resta pertinencia e interés a la exploración. Uno permanece en dicha actitud sólo si la muerte se oscurece o se eclipsa, reapareciendo el desgano, se apodera de ti lo que es presumible pero poco consolador. De repente se me abren abismos pero no alcanzo a (ilegible). Mi pluma y mi capacidad expresiva no alcanzan a apoderarse de la idea que fluye para perderse por siempre jamás.»

El cadáver fue encontrado, dice el parte policiaco: «En avanzado estado de putrefacción, con una coloración negruzca en toda la superficie del cuerpo, sobre todo en la región pélvica; hongos y abundante fauna cadavérica.»

El zoológico del horror

En las jaulas de segregación detrás del escenario los marsupiales se arrastran con el sistema nervioso hecho añicos. Dentro de un calabozo apretado, un oso polar con una pata delantera amputada rasca el piso una y otra vez con el miembro que le resta. Bate record de anestesias que le destrozaron el hígado. En cajas donde apenas cabe su cuerpo eternamente ovillado, las víboras son torres espirales que se enroscan unas sobre otras a la fuerza.

Los cuidadores tienen un solo baño de mosaico percudido para lavarse a chorro de agua fría cuando termina la jornada: quitarse el estiércol y ácaros que se les pegaron en los uniformes luidos, hechos garra. Los veterinarios tenían prohibido sacrificar a los animales desahuciados. Los muertos eran almacenados como escombros.

Es parte del legado de Mariaelena Hoyo Bastién, la de amor y paz a los animales y el fuete para los trabajadores. Veterinaria por usurpación, dejó la dirección del Zoológico de Chapultepec. Hay auditorias pendientes y acusaciones por acoso laboral y abuso de autoridad. Se hizo célebre en la televisión. Ávida por las cámaras, llevaba al orangutancito «Toto» a programas, cenas íntimas y acontecimientos de sociedad. Enloqueció al mono que era propiedad de la nación y no tenía por qué salir de la jaula. Alfredo Romero, responsable de la sección de bosque tropical, me platica con enojo:

—Va a costar volver al animal a su condición de animal. Le cambió la conducta.

El simio humanizado hasta lo grotesco es un activo de la herencia distorsionada que recibió la administración del PRD. Por primera vez el gobierno de la ciudad de México había sido electo por el voto, sin el designio presidencial, como un partido de oposición. Encontró un desastre en el Zoológico de Chapultepec: manejos turbios de dinero y prepotencia, revueltos con 2,500 millones de años de vida en evolución sobre la Tierra, en una colección de 2,000 ejemplares.

El aviario Moctezuma está cerrado al público desde hace años. Lo azota una plaga que ya ganó la batalla de la adaptación. En sombras que traen recuerdos medievales, veo como asoma la cola de un faisán por la madriguera de una rata. El cráneo de un papagayo está a un par de metros, devorado por alguno de los mil y un roedores que dominan el parque y festinan con pechugas de guacamaya. No entran humanos, es un nicho de jungla darviniana. Cuando las ratas acaben con los pájaros, se comerán a las crías de su propia especie, en rituales de canibalismo. Por cada rata que miro hay cien más. Si las envenenan se tapan los drenajes.

La historia pública dice que Mariaelena amamantó en su cama al orangután «Toto» con calostro humano del banco de leche del Hospital de la Mujer. Lo hizo actuar desvelado en comerciales y publicidad. Madre adoptiva, cobró regalías que no aparecen en la contabilidad oficial. El amor a los animales fue la bandera que ondeó el zoológico durante 14 años que soportaron a

Hoyo Bastién. Fue despedida la noche en que nacieron dos osos de antifaz, alojados en una incubadora descompuesta. Acudió a programas cómicos de la pantalla para quejarse, conmovió al público, mientras un joven veterinario alimentaba cada dos horas al par de oseznos de una especie en peligro de extinción. Entre cada biberón, el profesionista dormitaba en el sillón descompuesto de un hospital improvisado. Los protegía de los monos y zorras que intercambian gérmenes con felinos o halcones. Las infecciones cunden sin respetar las especies y aquí lo promiscuo de la zoología fantástica se convierte en realidad.

A la señorita no le gusta la ciencia

Entrevisto a Marielena Hoyo afuera de una estación de radio. Por el ruido de los autos, la funcionaria despedida alza la voz iracunda:

—La Veterinaria significa un poquito el sacrificio de animales para aprender, estar dándole a un burro o a un perro, abriéndolos y a mi ese tipo de cosas no me atraen. Cuando uno escoge la carrera generalmente tienes una edad en la que no sabes lo que quieres.

—¿Qué edad tiene?

—¡Cómo se lo voy a decir, una soltera no lo dice, si no, se queda. Soy como el chita que corre muy rápido, pero a cortas distancias.

Estudió en el Instituto de Estudios Periodísticos, al que los periodistas de la brega no recuerdan. Carlos Marín, entonces periodista de *Proceso*, da por bienvenida la nueva. Nunca supo de tal escuela. Con ese currículum obtuvo el cargo de directora del Zoológico de Chapultepec.

Agradeció el nombramiento en un lujoso folleto: «A todos los seres humanos que hicieron posible mi sueño, mil gracias, en especial al Presidente Carlos Salinas de Gortari, por su entusiasmo y cariño; a mis padres, hermanos y a ti, gracias por su apoyo y comprensión; a mis compañeros, el mayor reconocimiento, a Dios la gloria y a los animales, todo mi amor y dedicación.»

El Arca de Noé hace agua

Alentado por el nuevo gobierno de la ciudad de México, un grupo de empleados del zoológico se rebeló. En uniformes raídos, restallaron sus demandas en la Asamblea Legislativa. Las quejas cayeron sólidas en la basura orgánica: maltrato por igual a los animales y a los humanos.

Cuauhtémoc Cárdenas, nuevo jefe de Gobierno, no quería tomar posesión con un conflicto laboral en un sitio visitado al mes por cien mil y pico de personas. A Martí Batres, quien preside a la mayoría perredista, no le interesaba el zoológico. En cuanto a los animales sólo le incumbían los «Zorros», «Jaguares», «Potros»... motes de los cuerpos policiacos que asolan la ciudad.

Continúo la charla con la señorita Hoyo luego de su programa semanal *El Arca de Noé*, en Radio Red; la que fuera funcionaria dice:

—El ingeniero Cárdenas está en todo su derecho de renovar a su personal.

Pero en el teléfono abierto de su cabina radial no contradijo a un radioescucha que le pide a Santa Clos un paquete de odio para el jefe de la ciudad de México.

Los simpatizantes de *El Arca de Noé* suplican que regrese. Ella se niega, pues «Cuauhtémoc, águila que cae (sic), es un personaje rencoroso, sobre el que no vale la pena abundar y es quien impide su regreso.»

Reafirma tener encono y dolor por haber sido destituida. El público ignora que tras bambalinas se hacinan animales ciegos o mutilados, que hay profesionistas con la carrera trunca.

—Necesito unos libros para aprender más de los animales que cuido —le pidió Alfredo Romero, con estudios técnicos.

—Para que los quiere si no sabe leer—le dijo la Hoyo.

La fascinación de lo oculto

La ex funcionaria hizo boato de la remodelación del zoológico. La educación salió perjudicada.

—¿Qué le parece el zoológico? —le preguntó a un visitante.

—Maravilloso.

—¿Vio al lobo mexicano?

—No.

—¿Y al lémur de Madagascar? ¿Aprendió algo? ¿Dónde queda Madagascar? ¿Se enteró que los lémures son la única fauna nativa de esa isla, separada de África hace 40 millones de años, edad que coincide con la aparición de los mamíferos?

—Quién sabe, pero el zoológico es excelente.

—¿Qué miró?

—Mucha gente.

Una señora de Yucatán escribe empecinada en el buzón de sugerencias: «Que regrese Mariaelena.»

—¿Ya conocía el zoológico? ¿Qué vio?

—No, ni vi nada, pero la anterior directora quería tanto a los animales, lo anunciaba tanto en la televisión.

En *El retablo de las maravillas,* Cervantes describe un escenario en el que la fábula se hace realidad. En un telón blanco, los espectadores ven lo que describe un par de empresarios tunantes y el que no lo viera era bastardo. Todos lo ven.

—¿Qué le pareció el ornitorrinco? —le pregunto a un señor de porte norteño con su prole de chamacos.

—Una chulada.

—¿Cómo es?.

—De buen pelambre y alzada. No se le veía muy bien, las jaulas son grandes y tienen mucha roca y maleza.

En el Zoológico de Chapultepec no hay ornitorrincos. Casi no existen las fichas que identifican hábitat y animales.

Niños, a quienes se les encarga una tarea, copian de un pedestalcillo, una redacción más clara para un lector del *Rinoceronte*, de Ionesco, que para un escolar.

«La jirafa se alimenta de las partes altas de los árboles, el elefante, de las ramas.»

—¿Y las ramas no están arriba? ¿Un elefante puede estirarse? —le pregunto a una niña que anota lo que sea, porque se lo ordenó la maestra.

—No, pero aquí dice que come ramas.

La niña ni siquiera piensa en Dumbo, el pequeño elefante que podía volar. Me alejo, pienso en *El hombre elefante*, de David Lynch.

Las siete y media de la mañana. Cualquier día. Dos animaleros palanquean con barretas para mover la puerta de tres toneladas. El motor se lo robaron en la administración de la señorita Hoyo. Traccionan con bíceps y cuadríceps, la elefanta ayuda, de un golpe zarandea la puerta y allana el camino a la pista donde pasará el día.

Sobrevive a una remesa de seis que arribó en los años sesenta a la estación ferroviaria de Buena Vista. Escaparon, una de sus compañeras cayó abatida en un safari policiaco. La nota roja publicó que había matado a un transeúnte alcohólico que vio elefantes rosas y le jaló la cola.

Oropel y boñiga

Zoológico de logos y marcas, la remodelación le costó a la ciudadanía 45 millones de dólares, así dice Mariaelena, autora del *big dream*, escenografía en la que alternan cascadas con McDonalds, Domino's Pizza, flautas, quesadillas... Junto al elenco de yaguarundis esquivos, teporingos temerosos, un rinoceronte con artritis, media tonelada de mierda de un trío de hipopótamos, que hay que vaciar a mano cada semana al costo de trece mil pesos, con el contrato de una compañía privada. La máquina trituradora de excremento nunca funcionó y se oxida.

Los padres de familia sudan, cargan a la criatura en un marsupial sintético sustituto del rebozo, bolsas Nike de piratería, cangureras. Los demás críos berrean arrastrados de la mano.

La remodelación no tomó en cuenta el calor y la fatiga de los que tienen que recorrer un kilómetro de la estación más cercana del Metro, para caminar otros mil metros en los vericuetos que exhiben animales que rara vez se asoman en las jaulas que simulan el hábitat natural. El piso donde están los dromedarios es de cascajo vil. Les lima las pezuñas y sangran. Igual pasa con las cebras.

Diecisiete hectáreas fueron el experimento del arquitecto Ricardo Legorreta y su bufete, bajo la venia del regente Manuel Camacho Solís y, más tarde, de Oscar Espinosa Villareal.

El «maestro» Legorreta es un experto en hoteles. Creó el Camino Real; pero en Chapultepec, los caminos se torcieron. Entre las compañías que contrató están Shepard y Larson, que fulguran en el universo hospedero de fauna en cautiverio. Remodelaron Chapultepec para que los animales eludan a los visitantes en su *via crucis*.

Donde los reptiles no reptan

Vibra el cascabel de una serpiente áspera y escamada de metro y medio, en su caja de medio metro cuadrado. Ni para enroscarse apenas. Fuera de exhibición, las cajas se apilan en un pequeño cuarto. Comparten el encierro zincuates y cobras. Un raro camaleón yemenita mueve con asincronía sus ojos de mirar sartriano. Se mimetiza en la tiniebla que bordea el halo de la luz neón.

Las iguanas andan por el piso, buscan en vano el sol. Cincuenta quelonios mata-mata se enciman en un chapoteadero infantil de vinilo. Comparten la suerte un par de centenares de especies para las que nunca llegó el confort de las bestias.

El herpetario está inconcluso y ya se bota el yeso escenográfico, el aire acondicionado propio de un hotel asfixiaría el metabolismo delicado de los reptiles. Es una caverna inmensa con nichos vacíos donde resuena la voz de Juan Alfonso Delgadillo Espinosa, biólogo de la UNAM.

El científico entró con la ilusión de especializarse en reptiles cautivos. Hoy sólo puede cuidarlos para que no fallezcan, los valúa en más de 200 millones de años de evolución. Nunca tuvo la oportunidad de ir a un congreso, de publicar sus observaciones, igual que el resto de sus compañeros, pues la investigación no era parte del zoológico y reafirma las palabras de la ex directora: «La biología es una cosa distante.»

Gato por liebre

No todos son el orangutancito «Baby Toto». Hay animales ancianos, más del 60 por ciento de los primates arribó a la tercera edad. Si una de las funciones de un zoológico es la reproducción, no se cumplió el objetivo en los últimos 14 años de Chapultepec. Si acaso se renovaron algunos ejemplares, fue con desechos que regalaron zoológicos, como el de San Diego.

El mismo árbol genealógico de «Toto» no es de la estirpe del orangután que en malayo significa señor de los bosques, de las selvas de Sumatra y Borneo. Puede ser simpático, pero no es de buena ley cromosómica. Por eso los regalan. Chapultepec exhibe híbridos, subespecies. Los lobos mexicanos están mezclados con perros.

—¿Esos son escuincles? Que no se la jalen, es un fraude —y hace un gesto de ¡bah! un espectador avezado.

Los muestran como xoloizcuincles —del náhuatl, perro con arrugas—. Lo que se exhibe son dos canes de orejas gachas y pelaje roñoso.

Cadáveres

«Nunca tuvimos oportunidad de contar con computadoras, consultar Internet» dice Aurora Ramos, patóloga veterinaria que diagnostica en un microscopio de los años treinta. Carreras frustradas de jóvenes científicos es también parte de lo que hereda la administración del ayer.

Sus manos delicadas abren un refrigerador en la pared. Avisa que no me acerque demasiado. Advertencia, *vade retro,* por el hedor, Satanás dio una machincuepa a mi espalda. El azufre es más pulcro.

La ex directora ordenaba que «se amontonaran los animales sin que les hicieran autopsias». Truena la manija de acero, tras la puerta hay capas de vapor ártico apergaminado, una cebra abierta en canal con las vísceras en carámbanos.

Entre las tripas, cadáveres de zarigüeyas, pavorreales, chivos, la fauna que a diario cae en el zoológico. Morgue polar de escarcha sucia, tolvaneras gélidas en el hocico de un antílope, glaciación que secuestra anhelos de los veterinarios.

En otro cuarto se empolvan fetos y fauna deforme, se acumulan en un anaquel, escenografía de *Alien*. La doctora me lleva al traspatio. Al fin puede hablar sin los temores del castigo.

—Otros cadáveres eran chamuscados en esta parrilla, así a cielo abierto y ni siquiera se quemaban bien. A una elefanta la tuvimos que trozar a hachazos, nada más parecía que se asaban los pedazos; la señorita Hoyo no nos dejó que hiciéramos la autopsia. Todo era igual, lo mismo con los antílopes.

Detrás del asador está un bosquecillo. Más allá, Los Pinos, donde vive el Presidente de la República. Llegan unos camiones de la basura a recoger cuatro contenedores que mezclan poliuretano de los empaques de la comida chatarra que dejan los visitantes, estiércol, entrañas y pellejos de lo que no se quemó.

—Se equivocó el proyecto. La planeación empezó al revés, en la escenografía —dice con enfado el veterinario Jorge Guzmán—. Debió ser primero el hospital, el cuidado a los animales, su reproducción, la salud para los que lo visitan y trabajan dentro.

En los archivos encuentro documentos de hace siete años, donde la Secretaría de Salud revela que los animaleros han estado infectados por toxoplasma y toxocara, parásitos que se llevan a casa cuando lavan su ropa y que son agentes abortivos. Jamás se hizo un estudio epidemiológico ni se dio tratamiento.

El drenaje de la morgue confluye con el que va al depósito de alimentos para todo el bestiario. Los humores tóxicos drenan por los cárcamos de toda la ciudad. En el patio de las oficinas se amontonan detritus de animales y visitantes, las palomas se nutren de la basura y riegan sus deyecciones con tifoidea, al menos por las colonias contiguas de Polanco, Tacubaya y en la casa presidencial.

En medio de pavorreales, el viejo Casimiro Victoria saca de la basura los envoltorios de comida. Los abre, me ofrece una rebanada mordida de pizza. Agradezco, él la come pausado. Separa latas, plástico y cartón; de los huesos que alimentaron a tigres y hienas. El sexagenario pepenador mazahua carga su diablito que lo doblega y sale en la penumbra del bosque a vender en la ciudad su mercancía.

Animaleros

Animal keeper es el cargo de quienes cuidan los animales en los zoológicos de primer mundo. Un curador como los que protegen y restauran obras de arte en los museos.

Egresan de carreras de ciencias naturales, tienen maestrías en conducta animal, zoología, botánica, reproducción, intercambio de especímenes en todo el mundo. Cuidan la pezuña de un Yak o la pluma de un quebrantahuesos. Estudian en escuelas de prestigio como el *San-*

ta Fe Community College o el Moorpark, de California. Se especializan en toda la gama del reino animal: peces, reptiles y hasta en invertebrados. Para ser contratados se requieren cinco años de experiencia como estudiantes y voluntarios en algún zoológico.

En el organigrama de un parque desarrollado, el director comanda un equipo integrado por un curador general, jefe de veterinarios y técnicos, curadores educativos, coordinadores de investigación, de conservación, biólogos, directores de operaciones, responsables de suvenires, visitas, actos especiales, publicaciones, membresías, asuntos públicos y gubernamentales.

El salario mínimo es de 3,000 dólares al mes y supera los 10 mil en los directivos. En la ciudad de México apenas y promedia 2,000 pesos. La señorita Hoyo Bastién me dice que gana cuatro mil pesos. El licenciado Ernesto Campbell, nuevo administrador, la refuta y sin establecer la suma, afirma que es mucho más. Cuentas hasta hoy secretas del gobierno de Oscar Espinosa Villareal.

Ser animalero, curador o veterinario en Estados Unidos es pertenecer a organizaciones científicas, descubrir nuevas especies: un antílope en la selva vietnamita, un canguro arbóreo en Nueva Zelanda, conservar y reproducir las que se extinguen, ya sean osos de antifaz andinos o tigres del sur de China. Reforestan, cuidan las plantas, controlan plagas y reparan el hábitat. Asisten a cursos y dan conferencias, siempre en colaboración estrecha con las universidades.

El modelo mexicano

Con un salario de 4,100 pesos al mes, nueve años de experiencia como veterinario en Chapultepec, José Luis

González habla en el umbral de una reja. Detrás sestea un tigre blanco.

—En México no existe ninguna especialidad para ser veterinario de zoológico. Uno tiene que formarse por su cuenta, comprar libros, pagar cursos y hasta desinfectar la ropa.

—Además, en la administración de Marielena Hoyo no había respeto por nuestro trabajo —interviene el doctor Jorge Guzmán—. La directora se metía en todo, pero jamás puso una biblioteca. Bloqueó el proyecto de reproducción de lobos mexicanos. Fueron cruzados con perros, se puso en mayor riesgo esta especie que está ya casi extinta.

—Yo quité las jaulas de tres por tres —me dijo enfática la señorita Hoyo, con gritos por encima de los decibeles del tráfico. Se refería a los grandes espacios donde los animales se ocultan de la mirada de los visitantes, pero en las galeras hay una desesperación bestial. La venada con tres patas se azota en una mazmorra de tres metros por tres. Golpea la puerta y quiere escapar por la rejilla. El ruido sólo es escuchado por los que tienen acceso a los patios traseros del zoo.

—Después de que destituyeron a Mariaelena, revisamos a los animales. Nos prohibió verlos durante el conflicto, cuando nos empezamos a quejar —dice Jorge Guzmán—. La orden era no matarás.

—No hay jaulas de dos por tres —insistía Mariaelena Hoyo, pero en un calabozo los barrotes contienen a un oso polar inmenso que no puede estirarse. Tiene un brazo amputado, con el otro simula una caminata. En su instinto pisa el Ártico vestigial, pero vehemente rasca, golpea una tarima y se da topes contra la reja. El codo está lacerado por una úlcera de 30 centímetros de diámetro. En su tratamiento, que no curación, ha recibido 180 dosis de anestésicos, que le han petrificado el hígado. Así lo quería la ex directora. No está en exhibición al público, como muchos animales que yacen enfermos en las ergástulas del Zoológico de Chapultepec.

En otra trastienda, cinco wallabis ciegos, especie de canguro, reptan en vez de brincar. Un microparásito les ha llenado de quistes el cerebro. El *toxoplasma gondi* se aloja en sus retinas. Los animaleros los arrastran a diario hasta un pequeño patio para que se retuerzan un poco bajo el sol. Están desahuciados. Los ojos salen de sus órbitas como un huevo cocido y azulado.

Cuentan los veterinarios que el autoritarismo de Mariaelena Hoyo era fantástico. Reprodujo la violencia intrafamiliar en los primates. Una chimpancé fue la víctima.

La mona había sido criada en el seno de una pareja humana sin hijos. La vestían con faldas, blusitas, tobilleras y su diadema. Comía en la mesa de los señores e iba a fiestas infantiles. De pronto, sus amos tuvieron una hija y Greta fue desplazada al rincón, el paterfamilia le propinaba brutales golpizas hasta que la confinaron en el zoológico.

Por órdenes de Mariaelena fue a dar a la jaula de un chimpancé que resultó golpeador, tanto, que de un guamazo dejó paralítica a la mona por una embolia. Estuvo un año recuperándose en una jaula de un metro por dos. Medio repuesta, la volvieron a meter con el macho, de otro golpazo quedó en estado de coma y murió.

En vez de mandar el cuerpo a la UNAM para su estudio, Mariaelena la enterró en un prado y la cubrió de flores. Yace adentro de la necrología fantástica del bestiario de Chapultepec. La ex directora nunca fue sancionada.

Espigada asesina

Lo mataron con la serenidad del paisaje beatífico. En el terreno no había huellas de reyerta. Aquel hombre elegante no hizo nada para defenderse. La bala le entró por la nariz y se alojó en la base del cerebro. Alcanzó a ver la boca del revolver calibre .38, la nubecilla de humo a metro y medio de su rostro y cayó fulminado en medio del bosque, entre dos pinos, al pie del Pico del Aguila en la serranía del Ajusco.

Al atardecer del día siguiente, un pastor halló el cadáver de quien fuera un acaudalado publicista. Una rendija se abrió en un cofre de crímenes adentro de una tienda de antigüedades, con el modus operandi de unos jóvenes amantes. Ella, de clase muy alta, jefa de una banda de asesinos y secuestradores bisoños. Él, policía auxiliar raso. Maria Teresa Pearl Flores —alias Terry— y Eutiquio Jiménez Hernández. La policía judicial del Distrito Federal se dilataba sin pistas para esclarecer el homicidio del Ajusco, sorteando las presiones de la familia. El muerto era yerno de un político influyente.

Meses después, un día a las seis y media de la tarde, la señora Ana María Ballesteros y su pequeña hija salían en un auto color champaña, de su residencia en Lomas de Tecamachalco.

—Esto es un secuestro —dijo el joven mientras le apuntaba por la ventanilla con un revolver pavonado y cachas de nacarina— contrólese y no les va a pasar nada.

Eutiquio las aventó en medio del asiento. Por la otra puerta se trepó Juventino Fermín Reyes. Salieron veloces rumbo a las Lomas de Chapultepec. Terry Pearl iba cubriendo la fuga en un Ford azul último modelo. Eutiquio chocó dos veces contra autos estacionados. El compinche se bajó en el Periférico con la bolsa de la señora, tarjetas de crédito y una buena cantidad de dinero en efectivo. En el tráfico Terry perdió al auto champaña golpeado en el motor, que se enfiló con las víctimas rumbo a un hotelillo que Eutiquio conocía en un paraje agraz de la Huasteca.

El combustible se agotaba, iba entrando a la autopista a Pachuca. No le dio tiempo de llegar a la gasolinería, y el radiador silbaba a punto de estallar. Se detuvo junto a la cuneta y bajó a revisar el percance. Se asomaba al motor metido en los vapores cuando la señora huyó cargando a su hija. Corrió a media carretera, se paró frente a un trailer que se detuvo casi encima. Fue tras ellas Eutiquio, las jaloneo, lograron escalar la cabina. El secuestrador se frustró con la fortaleza del chofer que blandía inmensa llave inglesa.

El trailero encontró una patrulla. La policía de Hidalgo se movilizó y un par de horas después encontró al raptor en la Central Camionera de Pachuca. Pedía limosna para regresar a la ciudad de México. Madre e hija se salvaron. A pesar de haber planeado un rescate millonario, Terry había ordenado aniquilarlas.

Se formó la banda

Eutiquio tenía 26 años de edad. Inmigrante del campo, se reclutó en la Policía Auxiliar. Lo mandaron a cuidar la galería Windsor, en la Zona Rosa, de Carlos Pearl Zorrilla, riquísimo anticuario de origen inglés. Eutiquio se deslumbró con el oro en los jarrones de malaquita, los bronces victorianos, el Hércules de mármol luchando con un león. Pero lo que más lo encandiló fue una figura esbelta, plena de feminidad, bella y muy blanca: Terry Pearl, la terrible Terry, que tenía 24 años.

Se había hecho de un arsenal con éter, algodón, picahielos y quería secuestrar, pero no hallaba el modo. Tenía una lista muy selecta de sus presas en la clientela de la galería de su padre. Un directorio con nombres de invitados a las fiestas de la familia, gente encumbrada. Le faltaba un cómplice que manejara armas de fuego.

La señorita Terry había estado casada. Intimó con Eutiquio. Le platicó de su ex marido y los celos calaron en el policía. Se le entronizó un demonio que lo obligaba a darle un escarmiento. Lo fueron a buscar a Valle de Bravo. No lo encontraron. De regreso, un autobús les chocó el auto. Eutiquio se bajó pistola en mano y le robó al chofer el dinero del día. Suficiente para volver al pueblo turístico, encantador y pasar un par de días a lo grande en un hotel apartado junto al lago. Dejaron el auto averiado y regresaron en taxi a la ciudad de México. El chofer iba con un acompañante. Cuando iban por el entronque a Temascaltepec, se le ocurrió a Terry quedarse con el vehículo. Eutiquio los bajó en descampado. En ese atardecer brumoso del pinar, ella fumaba cuando escuchó, sin inmutarse, los disparos. Los taxistas cayeron con sendos tiros en la cabeza.

Miss Pearl tenía problemas de efectivo, había llegado al límite del bolsillo paterno de sus tarjetas. Para conseguirlo llenó a Eutiquio con un surtido de fantasías. La vida disipada de Valle de Bravo había sido apenas una muestra. Seguiría Cancún, Acapulco... Al joven lo trasladaron de la galería para ser chofer de la familia. Fue sustituido por Juventino Fermín Reyes, gendarme que se iba a casar. Andaba urgido de dinero y se incorporó a la banda.

Diagnóstico

Cárcel para mujeres en Tepepan. Terminó un partido de voleibol. Terry Pearl despidió fragor en el encuentro. Por su altura, superaba con sus brincos a la red. Mediodía. Espigadísima, con pelo castaño muy corto, tiene de lejos la pinta de un muchachito. La sentenciaron a 39 años de prisión, apeló la defensa. Hoy purga una condena de 10 años como inimputable, con trastornos de conducta que le quitan responsabilidad criminal. Los psicólogos de la cárcel no están de acuerdo con el diagnóstico. Consideran que el encierro es un tratamiento disfrazado e inevitable por los vericuetos de la justicia mexicana, la venalidad de los jueces, el rango social de las familias de las víctimas que no escatiman en gastos para mantenerla presa.

Viene hacia mí, se enjuga el rostro con una toalla, su desparpajo es el de una tenista en un abierto de Surrey, no de una presidiara que juega voleibol. A lo lejos se miran las torres de vigilancia, los celadores de negro con fusiles. Wimbledon en Tepepan. No me habla de los homicidios, sí de su carácter rebelde y de los estudios de medicina naturista en Inglaterra. Del frenesí y los riesgos de la velocidad en buenos automóviles. Destrozó uno al tomar a toda prisa la curva del restaurante San Angel Inn.

Estudios psiquiátricos oficiales la revelan como una mujer con inteligencia superior a la normal. Personalidad perfectamente integrada. Hábil y calculadora, consciente de sus actos. Los peritos particulares afirman que carece de conciencia, juicios de valor y control de impulsos. Ganaron.

Los archivos policiacos describen a Eutiquio absolutamente subordinado a Terry, la jerarca superior. Fue sentenciado a 39 años de prisión por homicidio y privación ilegal de la libertad. El cómplice Juventino purga 17 años por encubrimiento. Ambos en plena capacidad de sus facultades mentales.

Terry se ha vuelto poeta:

Miro todo atrás.
Me siento libre,
libre de mente y cuerpo
he quedado desligada de ti.
Ya no me siento sola.
Ya puedo andar sin miedo,
Ya puedo sonreír sin pena,
ya puedo mirar de frente,
tu manipulación mal intencionada
quedó sólo en el ayer,
tu deseo malévolo que me encadenaba a ti
quedó en una sombra lejana,
ya no me puedes herir,
ni dañar, ya no siento tu angustia,
a mi corazón lo curé
y le di amor,
a ti sólo te digo adiós.

El crimen es insidioso

El atraco de la señora del auto champaña les produjo un botín magro para sus fines. Terry pagó sólo una parte de sus deudas. Pero ya estaba cebada con sangre y dinero. Tenía la impronta de los taxistas en el bosque, el publicista entre los dos pinos. La senda del crimen se desenrollaba como una cinta. Ejecuciones en parajes brumosos de cromo estilo victoriano.

Seis meses antes del rapto fallido de la señora y su hija, Terry y Eutiquio sacaron al azar nombres de su lista de acaudalados, como si fuera obituario. Había dificultades. Por el auge de los secuestros en la ciudad, los ricos andaban con carros blindados y escoltas. Una tarde circulaban en su Ford azul por el Periférico Sur y vieron un auto de lujo plateado. El conductor no estaba en el menú de los secuestrables, aunque parecía adinerado y vulnerable. No dudó Terry. A una seña, Eutiquio se le cerró a la víctima, que iba a una comida a la casa de sus suegros. El policía auxiliar sacó su charola y pistola en mano le gritó: «¡Policía judicial!» El hombre se orilló al carril lateral. Era un publicista próspero y pacífico, con dos hijos pequeños y ningún enemigo.

Eutiquio subió al carro. Sin dejar de apuntar le ordenó que se dirigiera al Ajusco. Comenzaba una tarde más de la luz tristona invernal y parda de la ciudad. El paso de las señales, fantasmas carreteros, marcaban los últimos instantes, mientras subía por la cuesta entre el pinar y los encinos. En el Juzgado 4° de lo Penal habría de quedar la declaración de Eutiquio donde revela que el hombre suplicó que le quitara todas sus pertenencias, que no lo matara. Sin oponer la mínima resistencia, el publicista caminó con pasos de agobio por un zacatal, seguido por el verdugo. El mandato de Terry era contundente e inapelable. Matar para que no los reconociera.

La chica aguardaba en el Ford cuando reverberó el disparo en el paraje desolado de la montaña. Apareció Eutiquio entre la maleza. Una cruz y una cadena de oro se mecían en una de sus manos. En la otra apretaba 500 dólares y tarjetas de crédito. El policía se arrancó en el auto plateado. Lo seguía Terry. Allá quedó un cadáver mirando al cielo, con un hilo de sangre a cada lado de la nariz. La familia lo había reportado como desaparecido. Lo reconocieron en una plancha de la morgue.

La pareja de asesinos le quitó el teléfono y las luces traseras al auto robado. Eutiquio lo remató. Con las tarjetas de crédito consiguieron un buen botín que despilfarraron en seis meses. El negocio funcionaba y la sangre corría, pero no era suficiente. Aun con tanta abundancia de datos, movimientos bancarios clandestinos, huellas dactilares y la muerte del yerno de un político poderoso, la policía fue incapaz de descifrar el acertijo. Fue hasta la captura de Eutiquio y la fuga milagrosa de la mujer y su hija en la carretera, cuando la influencia cayó sobre los cómplices y apenas rozó a Terry. La justicia del país es puja de subasta.

Cuando el joven policía fue capturado en la Central Camionera, habló y delató. Hundió a Terry y al otro cómplice. Confesó los crímenes. La pistola que portaba era la misma de todas las muertes. Terry dejó la galería para evitar sospechas, sin saber que había sido delatada. Trabajaba en relaciones públicas dentro del Hospital Español. Y un día: «Policía Judicial Federal» dijo el agente Roberto Muñoz Valdez, cuando fue por Terry. ¿Por qué la Judicial Federal? Porque la señora del auto champaña era influyente y más rica que el suegro del publicista y recurrió a lo más granado de las autoridades, aunque el delito correspondía a la ciudad de México.

Eran las tres de la tarde cuando los policías irrumpieron en la maternidad del Sanatorio Español. Confesó al enterarse que su cómplice y amante la había delatado. Entregó las tarjetas de crédito que robó. Las ocultaba en la coladera del baño en el cuarto 1253 del hospital. Cumplió su cuota de encierro. En la subasta de la justicia, mentalmente sana, la espigada Terry salió libre.

El incendio

Al medio día la lumbre devastó doscientas chozas urbanas de damnificados, sobrevivientes de los sismos del 85. Años a la espera de vivienda digna, quedaron más miserables que en el terremoto. Fue en el corazón de Tepito, la humareda me atrajo, se divisaba hasta los confines del Distrito Federal. Un helicóptero sin matrícula levantó más llamas y ardieron de nuevo los escombros. Se rumoró que fue provocado. No hubo pérdidas humanas, sólo mil perjudicados de nueva cuenta.

En Constancia y Toltecas, orillas del Centro Histórico, fuera de cualquier protección civil, el asentamiento precario estaba en 3 mil metros cuadrados con 500 familias. Casas de madera y cartón, desechos de obra entre tanques de gas, material inflamable, una toma de agua y dos extinguidores que donó la Delegación Cuauhtémoc. «No servían», me dice un joven que hurga en un charco del agua que dejaron los bomberos. En un paliacate amontona las monedas prietas de su cochinito que reventó calcinado.

—¿Y si fui yo? —se acerca con pena don Márgaro, anciano solitario, colocador de mosaicos, venía mirando un poste tiznado de su jacal—. ¿Y si fue mi veladora?, ya nomás estaba la pura basecita, así, lo que queda. A lo mejor pasó una de las ratas grandes, o chicas, y la tiró.

Pudo ocurrir o no en el jacal. Las consejas se inflaman. En el predio deleznable vivían comerciantes en mínimo, ambulantes, plomeros, desocupados a la caza de sustento, familias, niños, hampones de baja ralea. Durante cinco años pagaron cuotas de 200 pesos mensuales por familia, 100 mil pesos mensuales. Al monto se suman cooperaciones para fiestas y mejoramiento que nunca vieron los moradores de la colonia perdida. El valor del predio es una millonada. A cargo del dinero está el Comité Tú y Nosotros por Tepito, dirigido por Mario Vázquez, Mario Blanco, Concepción Luna Bobadilla y Juan Guzmán, militantes del PRI. El primer Mario está acusado por acoso sexual. La joven Teresa Ortega lo denunció harta de las invitaciones a tomar una copa. La echó con todo y chivas del campamento. Los líderes están dispuestos a rendir cuentas. Imposible. Todos los documentos estaban en el predio y se chamuscaron junto con los ahorros.

—Por desgracia se quemaron, señor. Esa es una de nuestras mayores desgracias, —me dice mortificado Mario Vázquez—. Todo lo teníamos en una de las oficinas donde se incendió. Se quemaron todos los archivos.

Aparte hay 7 millones de pesos que quinientos demandantes de vivienda le dieron a Ernesto Hernández Ramírez. Este líder se escindió del Comité por considerar que los dirigentes eran unos pillos. Los damnificados se confiaron. Dinero y documentos también se incendiaron.

Hay divisiones por el liderazgo. La Delegación Cuauhtémoc solicitó la enajenación. Es tierra de nadie. Las autoridades no aplicaron plan alguno de contingencia.

Después del incendio algunas gentes se fueron a meter a un albergue improvisado, una casa pequeña en Zarco 238. En la madrugada doy zancadas en un pasillo a la intemperie, embaldosado por durmientes y sarapes. El suelo está húmedo por la lluvia que cayó en la noche, sale vapor con el calor de los cuerpos. Llantos de niño y ronquidos distorsionan la grabadora de reportero. Huele a damnificado. En bata Guadalupe Medina, disidente de Tú y Nosotros por Tepito, alega con otra mujer que el incendio fue provocado. Ya habían mandado hacer unas auditorias. Un hombre legañoso se despereza en una cobija de acrilán con una estampa del Toro Valenzuela. Interrumpe tiritando:

—Perdón, yo sí puedo contestar. Yo estuve allí cuando pasó esto —pide una tasa de atole, nadie se la lleva—. Estaba yo pintando, me dedico a arreglar juguetes eléctricos. Estaba yo arreglando mis cositas cuando uno de mis hijos, que tengo ora por allí dormido, me dijo: 'papá, se está quemando uno de los campamentos', como les llamamos a las casas. Yo siempre trato de tener agüita. Salí y entonces vi a las mujeres tratando de apagar el fuego, que estaba leve, nomás estaban ardiendo las cobijas de atrás, tendidas en el campamento de la Chinita. Aventé la poca agua que tenía. La acostumbro para regar por el calor. Cuando corrí por más agua, no había en la llave y las llamas estaban encima de mí. No me quedó más que correr con mis hijos.

Los desdoblados

Una señora que no contenía la ira, dijo que la llave y la tubería del agua estaban rotas. La quemazón ocurrió cuando mucha gente salió al trabajo, toman al helicóptero como una prueba del incordio para atizar el fuego. En balde lo azuzaron a gritos y cachuchazos. Hasta piedras le aventaron. El fuego corrió por todos lados.

Le comenté a un bombero lo del tubo de agua. Su grey es parca en el escenario de los hechos. De tanto encontrarnos en siniestros, ya éramos amigos. Es indio mayo. Lo conocí en la construcción de un fraccionamiento de lujo. Los ingenieros le habían ordenado a un hombre analfabeta y desnutrido, recién llegado de Zongolica, que fuera a poner dinamita en un talud. Voló junto con los cimientos de lo que iba a ser un puente. Después del Día del Bombero juntaba un itacate. Nos íbamos a su casa en Peralvillo a tomar brandy presidente y oír a Olimpo Cárdenas, con un anecdotario de nota roja. En una inundación, buscaba entre los restos y me dijo:

—¿Sabes que hay en las tragedias de los pobres...? Monotonía.

Se levantó el casco, tenía tizne y sudor en la frente. Con sus botas y pasos de plomo, buscó la tubería entre escombros de lámina enchapopotada, platos estrellados de vajilla termocrisa, un triciclo con las ruedas chamuscadas, pocillos de peltre enegrecido y encontró el tubo. Estaba segueteado en varios tramos.

—¿Sabes que hay en debajo del sarape con el que pintan al indio recargado en el cacto? No es flojera como quisieran, es grima, es lo que se ve en este incendio. Grima.

Reportó el tubo cortado. Nunca le hicieron caso.

Entre los precaristas, estaban los «desdoblados» del predio que se incendió, damnificados por una paradoja de insuficiencia. En los años 70 el priismo echeverrista construyó unos multifamiliares. Están frente a lo que quedó del campamento. Les llaman los «palomares», casilleros de 40 metros cuadrados. Las familias crecieron, los hijos no pudieron encontrar empleo ni vivienda. Se quedaron arrimados con la reverberación de la explosión demográfica.

A la tercera y cuarta generación no les quedó más remedio que ocupar el campamento para las víctimas de los temblores, en los huecos que restaban. De esta suerte bajaron a tumbos por el tobogán de las serpientes y escaleras en la gradería social.

Nadie dormía en los palomares la noche del siniestro. En la vivienda de don Pato se amontonaban los triques que sus hijos y nietos sacaron de los escombros. Un ropero con dos lunas de formica con hollín, torcido y alabeado, como la silla de bebé, el colchón con más resortes que tela, el florero con estampa del Callejón del Beso, las flores de plástico carbonizadas. El olor era picante, con la familia arrejuntada y los sarapes tiznados.

Afuera de los palomares había cerca de treinta familias en los pasillos. No cupieron en los departamentitos donde nacieron. De allí habían salido a vivir en el campamento que ahora se les quemó. Pernoctaban separados por cajas de cartón techadas con plástico. Llovizna y cala el frío.

Una muchacha emaciada, con una parálisis de larga evolución que la inmoviliza hasta el cuello, miraba un montón de escombros que trajeron para recuperar algo valioso cribando el hollín. Había muñecos retorcidos, baterías que reventaron con al ácido en ebullición.

Los alrededores

Una vieja inglesa, turista despistada que salió del Centro Histórico, me comenta que este lugar le recordaba en algo al Londres de su infancia, cuando los bombardeos alemanes. Pasó junto al predio incendiado y anduvo por las calles aledañas, donde no hubo quemazón y el paisaje urbano es decrépito por naturaleza.

El edificio de Alfarería 67 está herido de muerte, con esa enfermedad de las cosas inertes que conservan vida porque alguien las habita. Don Manuel Garrido de 61 años había apartado un lote en el predio incendiado. Lo perdió con todos sus ahorros y ahora el edificio en el que ha vivido desde niño, amenaza con venírsele encima. Las cuarteaduras de los sismos se volvieron grietas. La entrada conduce a un socavón. Un polín detiene una trabe arqueada en el pasillo. La escalera se tambalea a cada paso. En el primer piso una luz tenue ilumina la penumbra. Es la ventana de un departamento. Se ve una secadora y un sillón de belleza. Vive una muchacha con su padre. Quiere ser estilista, estudia, practica con las vecinas, se gana unos pesos. Suben temerosas al segundo piso dos señoritas de edad, me avisan que las paredes están pandeadas.

Junto al edificio había un terreno baldío. Un edificio se derrumbó con el terremoto de hace años. Nunca llegaron los dueños. Vecinos de edificios a medio arruinar fueron sacando los escombros e hicieron viviendas de cartón y madera desechada. Hay una docena de barracas que guardan un polvorín inflamable. Aunque son expertos en tragedias, no se han percatado que el edificio de don Manuel está ladeado hacia su lote. Si se cae en la tarde, apachurrará al medio centenar de niños que juega o hace su tarea en el patio. En la noche, las hecatombes son pardas.

El fenómeno de los damnificados se reproduce a velocidad tumoral. En Hortelanos 279 otra docena de familias se metastatiza. Los tendederos rebosan tenis infantiles multicolores, disparidad con el tinte de las tablas y el cartón. El suelo es un enredijo de mecates, una malla difícil de librar en caso de incendio. En los techos hay una telaraña de cables eléctricos y diablitos que en cualquier momento pueden desatar una descarga. Nunca se han parado los inspectores que registran los puntos críticos de la ciudad de México. En un rincón está la letrina colectiva, los vecinos no saben a dónde se vacía. Junto hay un calentador de combustibles para la regadera. La cubre una cortina de plástico revestida con hongos. Guadalupe Medina husmea por estos predios para ver si se puede asentar. Perdió todo en el incendio de Constancia y Toltecas. Don Manuel Garrido le dice que en su edificio hay un cuarto de azotea. Se le va a caer pero no a incendiar. Guadalupe se queda meditabunda y al rato dice «lo que sea.»

La piel es un lienzo

El hombre garrudo, alto, perfil peyorativamente lombrosiano, cara enjuta, frente y ceño abultado, barba cerrada, se acerca conminatorio a mi libreta y sonríe. Se quita con el índice un filete de baba y simula embarrarla, le hago a un lado la mano, sin el mínimo aspaviento. Los celadores cerraron la reja con candado. Martín Sandoval Flores Cruz, de 32 años, alias «el Biznaga». Bate récord y se ufana, como el preso de la ciudad de México que carga más años de condena: 131. Está acusado de homicidios con agravantes, violaciones tumultuarias y en persona, robos, crimen organizado y portación de armas para uso exclusivo del Ejército. Antes de llegar a la penitenciaría de Santa Marta Acatitla, estuvo en el Reclusorio Oriente. Allí le encontraron psicotrópicos que le agregaron otra sentencia. Su voz es gutural con un remate sibilino y sibilante; desde el abismo.

—Me empecé a tatuar por allá en el setenta y tantos, cuando estuve en la correccional. Los que se sentían más picudos eran los que traían más tatuajes. Ora hay maquinitas, cualquiera se tatúa hasta la cara a colores. Los míos están tal vez un poco feos, pero por lo menos me los hizo gente que, «psss», pensaba, en el sentido de que eran más que otros.

Los tatuajes del «Biznaga» son su carné de identidad. No tiene más papeles ni fotografías que las de su ficha de presidiario. Saldrá de la cárcel cuando cumpla 163 años, casi cien más que la canción de *The Beatles*: *When I'm Sixty four / You'll be older too.*

Cumple al menos con dos requisitos de la tríada alevosa de la psicología carcelaria mexicana: drogadicto y tatuado; la homosexualidad no aparece en el expediente. En la cara anterior de un antebrazo y justo antes del pliegue del codo, está el rostro de la muerte encapuchada, un albornoz que baja hasta la muñeca y cubre la piel. Reverbera motivos de alimañas, signos únicamente legibles para cofrades convictos, chivos con alas que revolotean.

—Mi piel es para la cárcel, no para los balnearios. Esos que se ponen dragones nalgones sirven para verga.

«El Biznaga», ríe y se sigue riendo de los tatuajes que ha visto en algunos de los cadáveres que lleva en su haber. Entró varias veces a la prisión con los mismos relojes que les quitó a sus víctimas y: «Sólo el ganchudo merece ser tatuado. Al entrar aquí te lican con el reloj, tu tatuaje, el tuyo y saben que eres ganchudo. No estás en la ¿pasarela le dicen? de la disco.»

Habla en corto adentro de una celda desocupada al final de un pasillo. Los custodios se largaron presurosos. La serpiente en un brazo se mueve sobre la piel cuando los músculos del brazo se enjutan correosos. En la cicatriz de un balazo en el cuello se tatuó el ojo de un demonio ciclópeo y colérico.

—Reconozco que soy contrabandista de armas. Por eso asalté la casa del diputado del PRI, Salvador Robles Quintero. Tenía muchas armas. Me agarraron los federales que no actúan en el «defe», a menos que tengas alto grado como lo fui. Yo pensaba que iban a ser los judiciales del Distrito que, psss, son unos niños para mi, los hubiera acribillado, ¿acribillado se dice?-. Dice bajando la voz, anudada en su garganta-. Pero los federales sí saben trabajar. Incluso me preguntaron si les hubiera aventado una granada. Yo les dije que sí, tenía una de las que me regaló un general que asalté. Luego hubiera salido con una Luger. Incluso me dijeron que tenía mejores armas que ellos. Y eso que eran dieciséis elementos los que me apañaron en mi casa.

»Yo la verdad no soy un violador, tengo hijos, una esposa linda a la que quiero mucho. Soy un asesino y hay otros asaltos de los que nunca me pudieron sacar nada. Les dije que de mi boca no iba a salir palabra alguna, así me mataran, 'psss'.»

«El Biznaga» habla del asalto a mano armada como un ramo de los delitos donde se ufana de ser un profesional; el mejor. En su carrera logró juntar cerca de cien millones entre pesos y joyas. Dice que buena parte se la repartieron los judiciales y nunca las presentaron como pruebas:

—Desaparecieron junto con quince armas de alto poder, producto del asalto a la casa de Robles Quintero y otros atracos más. Las guardaba como trofeos y no estaban a la venta.

»Yo era el asaltante perfecto, mi única arma era una .357. Nadie se me iba en un asalto. Las armas largas las tenía sólo como recuerdo de mis proezas. Asaltaba todo lo que me venía en gana. Hay un momento en el que todo en sí es de uno. Yo he platicado con delincuentes de baja ralea y la verdad es que no cometen asaltos. No le saben. Yo con una pistola me meto a donde nadie se imagina, matando a un sinfín de individuos.»

Nació pobre, en Contreras lumpenizada. Estudió la secundaria. Colocador de vidrios anduvo en la reparación de edificios dañados por los sismos del 85, casi niño. Así anduvo atisbando en hoteles y oficinas, residencias en las Lomas o El Pedregal de San Ángel.

—Supe que tenía algo de malo y lo aproveché. Me aprendí de memoria los sistemas de vigilancia y a calcular riesgos.

Solitario, de su primer asalto se llevó un muerto y 3 millones de pesos en joyas y efectivo. A los 18 años ya había asesinado también a un judicial, el primero. Huyó de la ciudad pero regresó dispuesto a volverse millonario. La corrupción era la mejor de sus cómplices. Entre los comparadores de chueco había policías judiciales. Al principio amenazaron con matarlo si no les daban toda la mercancía. Los empezó a matar. Se volvieron intermediarios de políticos importantes. Compró una casita en el Pedregal de San Nicolás, un barrio mediano. Ascendía. Formó una banda selecta y aceptó algunos policías, pero bajo sus órdenes estrictas. Unas veces asaltaba en grupo, otras, solitario. Sus compas andan libres. No han ido a la cárcel a llevarle ni un cigarro. Vale madres, no piensa delatarlos, y del dinero... nunca lo disfrutó:

—Vivía enclaustrado para no cometer el mínimo error. Como soy drogadicto, me ponía tomado con coñac y fumaba mariguana, me echaba un pericazo, oía música de la Sonora Santanera, de la Matancera, en un aparato de sonido que muchos ricos hubieran querido tener, limpiaba mis armas, pero de viajar, eso no, ni a Acapulco, ni a un balneario de Cuernavaca. No tenía mucho mundo. No tengo más papeles y fotografías que las de la cárcel. No es que no tenga sentimientos ni nada, sino que simplemente que fui y soy el más tenaz y audaz en el ramo que me desempeño. Mi mayor proeza es haber asaltado a un general retirado del ejército, de apellido Santibáñez. Me encontré con muchísimas armas y muchísimo dinero. Eso nunca lo mencionó mi boca.

Ahora piensa en cómo se va ir ajando su piel con todo y tinta. Se desvanecerá su vasto carné de identidad y volarán sus demonios mientras va cumpliendo su condena.

La letrina más grande del mundo

La búsqueda de cadáveres flotantes condujo el reportaje al lado sucio del corazón de las tinieblas. Hay hipótesis del periodismo negro que se tuercen en lugar de confirmarse.

Las evacuaciones de la ciudad de México van a dar a la presa Endhó, en el cercano estado de Hidalgo. Alimentan al lirio que la tapiza y reboza moscos. Es un reservorio de enfermedades que parecen atascarse en el medievo, que diezman a la población ñha ñhu, u otomí, de la ribera. Su piel, sobre todo la de niños, es un Gólgota de ronchas. El ganado es un hato de ciegos.

Más que como Endhó —piedra sumergida en el idioma autóctono— la presa es conocida por motes escatológicos. Aquí la llaman la letrina, el excusado o la mayor bacinica del planeta. Las aguas negras del Distrito Federal y el área metropolitana desembocan sin haber pasado por plantas de tratamiento. Todo lo que obra la gran ciudad llega con detritus de empresas y fábricas. Las aguas cenagosas matan cualquier forma de vida excepto las bacterias tóxicas, el lirio que prolifera monstruoso contra natura, donde anida y se reproduce el mosquerío.

A un centenar de kilómetros de la ciudad, por los cauces del Gran Canal, Drenaje Profundo y el Río del Salto,

2 mil 200 millones de metros cúbicos residuales llenan año con año las 1 200 hectáreas de la presa. Desde el aire el vaso cubierto por el lirio semeja una gigantesca pradera de verdor intenso, a la que irriga esta agua plena en deyecciones.

Paradójicamente, este valle que fuera uno de los más pobres del país, el que diera la imagen de indios famélicos y tilma raída, abrumados por el suelo polvoriento entre huisaches y mezquites, tiene una producción agrícola superior a la media nacional. El agua de la presa con todo y su ponzoña genera millones de pesos en 90 mil hectáreas de irrigación por medio de 500 kilómetros de canales. De esta agricultura viven 60 mil ejidatarios indígenas y pequeños productores aclimatados a la pestilencia, a los insectos que en los crepúsculos nebulizan el paisaje como un lúgubre aerosol.

La presa Endhó fue construida a principios de los años cincuenta para irrigar los suelos miserables del Mezquital, y la bonanza fue la némesis. Hace 20 años se conectó a los drenajes de la ciudad de México y anexas. La materia orgánica abonó las tierras, también al lirio, planta de ornato traída de China en el siglo XIX, para adornar los estanques de la burguesía afrancesada del porfiriato. Invadió el embalse convertida en plaga. Los moscos se crían en los bulbos. El lirio que aquí crece es monstruoso. Una planta que se da en aguas limpias tiene raíces hasta de tres metros de largo, las de Endhó crecen apenas un par de centímetros, han perdido sus vellosidades y el bulbo está cubierto por un fango untuoso, negro, estercóreo. No requiere de grandes raíces. El nitrógeno y el fósforo para su nutrición le llegan en abundancia con la materia orgánica que abunda en los desechos. En su proceso darviniano de adaptación, ha dejado de ser un vegetal gracioso. Se ha tornado en una masa fofa que no se esfuerza ni siquiera en sostenerse por encima de la superficie del agua. Perdió las burbujas de aire que le permitían flotar con su dignidad propia en el reino vegetal. Ahora la enorme cantidad de lirio apeñuscada es una pasta compacta, boya descomunal de vida aberrante. Los lugareños le llaman «El monstruo de la laguna verde.»

Bajeles al ataque

Combatir al lirio es también una estrategia contra los moscos, una especie de mito de Sísifo vernáculo, Belerofonte aniquilando a la Quimera. El doctor Van Helsing y sus conjuros *versus* Drácula. El puerto de ataque se encuentra en el paraje Las Buganvilias. De aquí zarpan lanchas con maquinaria modelo Retador de una compañía privada. Llevan al frente cuatro metros y quince centímetros de cuchillas afiladas que rotan para despedazar sin descanso a la planta. El lirio normalmente se reproduce en 28 días. Aquí las heces le dan crianza en una semana. Aumentan de volumen a una velocidad de 0.07 kilos por metro cuadrado al día.

Y empiezo la navegación por este océano excrementicio. Así debe ser la Laguna Estigia. Voy en el Retador 7 con viento en popa. Tremola una bandera mexicana deshilachada. Un joven timonel orgulloso mueve palancas. Tienen como empuñadura perillas de acrílico con flores, arañas, una mujer y patitos iridiscentes. A barlovento va un chamaco. El grumete vigila el motor diesel que trepita con el esfuerzo.

El bajel de siete metros de eslora despedaza lirios. Debajo de la quilla pasan los trozos de la plantas. Aparecen sobre el agua lodosa como una estela verde ribeteada por espuma blanca, lucidora, que rápidamente se vuelve parda. Se navega por un mar de residuos en el que todo es veneno. El hervor es la jabonadura de los detergentes que arrojan los lavaderos de la ciudad.

Las aguas turbulentas son un fermento. Surca el Retador 7 por los millones de veces de jalarle al escusado, afloran nubes de moscos, olores de miasma, lirios descuartizados a flote sobre un líquido marrón donde sobreviven bacterias y vida larvaria. El cuerpo de agua estaría casi yermo de no ser por la flora y fauna nociva, hierven larvas doquiera que se levante lirio. Una hembra de mosquito culex desova 150 huevecillos por puesta, 170 especímenes en 250 mililitros de agua, cuando bastan 50 para preocuparse. En aproximadamente medio vaso hay 120 bacterias coliformes por 10, elevado a la novena potencia. La presa contiene 180 millones de litros de agua. El número de microbios puede llegar a 21, 840 por 10 elevado a la potencia decimonónica. Cifra capaz de diezmar a todos los humanos del planeta Tierra.

Acompañan a la contaminación botellas de plástico, cabezas de muñecas. Se hunden los objetos que pesan, como las llantas. Los cadáveres de animales y gente flotan, aparecen de vez en cuando. Es también labor del grumete vigilar que a los cuerpos no los destacen las aspas.

Velo fúnebre

En la ribera de Santa Ana Ahuehuepan los animales ya ni ojos tienen, sólo llagas en vez de piel. Se rascan la comezón de los piquetes en las trancas, en las espinas de los huizaches o se revuelcan en los mezquites.

«¿Cuando se van a lograr?», se pregunta don Sotero Montiel Alonso, anciano ribereño. Son apenas las siete de la tarde de finales del verano. La gente se recoge como si cada día fuera un día de guardar. Nadie asoma en los pórticos ni va a la plaza. Es pueblo amurallado de patología endémica. Retoñan las crisis cuando los crepúsculos empiezan a tomar tinte marrón con los mosquitos. Las personas se sumergen dentro de la melancolía habitual con la que se describe a los indios.

Al principio estaba limpia. Los campos ocres y agrietados se jaspearon con los amarillos del jilote en el maíz, del girasol y el nabo, el verde del totomoxtle y la alfalfa. El indio se alegró y luego se volvió a entristecer. Con la plaga se opacó la dicha. El gobierno les dio una presa, al rato se las conectó a las aguas negras, abono a precio escatológico. El volumen de la deyección citadina fue un alud anegado. En la Tierra Prometida cayó la tercera plaga bíblica: «Y hubo mosquitos sobre los hombres y sobre los ganados. Todo el polvo de la tierra se convirtió en mosquitos.»

Las ganancias fueron acaparadas por políticos e intermediarios. El ingreso de la mayoría equivale al salario mínimo. Una buena tajada se va en comprar insecticidas para las casas y establos.

La cortina de la presa retumba al paso de 15 mil litros de agua puerca por segundo que se distribuye por todos los canales. Se pliega en cordilleras de espuma de 10 metros de altura que se extienden al pavimento de los caminos. Día y noche hay una neblina efervescente que ha matado a más de un conductor, con el parabrisas poseído. El fenómeno se extiende por kilómetros. Hay agua, pero no para beber ni bañarse y la sed es otra plaga. Los otomíes parecen tener un destino con malos augurios.

«Nos llaman otomíes pero no es así. Somos ñha ñhu que quiere decir la lengua verdadera» cuenta un campesino. Espanta la aureola de mosquitos que le zumban y rezumban. El cronista Sahagún dice que los aztecas llamaban otomí al torpe. Los replegaron con ira hasta lo más desértico del Valle de México. Ahora subsisten en tierras de bonanza con la vida en la ebullición de mismas y mosquitos que nacen medievales por generación espontánea.

Cae la noche. Un campesino se deja picar por un mosco de 3 milímetros. En segundos se infla el vientre del insecto, se enrojece a contraluz de una linterna. Una hembra *culex* puede volar 10 kilómetros de regreso a su nido, con una carga en las entrañas del doble de su peso. Así llegará a los lirios. La sangre le sirve para ovular y reproducirse. Es transmisor de fiebres, como la del Nilo, presente en México. La región de Endhó no ha sido estudiada por entomólogos. El campesino se saca el agujón. Fumamos.

Las víctimas ñha ñhu carecen de estrategias defensivas. Se encierran, pero no a piedra y lodo. No tienen la costumbre de instalar mosquiteros. Es asunto de usos y costumbres. Por las grietas y quicios entran los mosquitos a las viviendas. Por las noches las paredes son un tapiz grisáceo en movimiento contínuo. En la casa de tabicón que habita don Sotero hay un cuadro de paisaje alpino. En el lago se para una nube de moscos. No se mueve ni con el humo de la espiral de *Raidolito* prendido en una tapa de hojalata, sobre una mesita endeble con carpetita de plástico. La fauna se ha vuelto resistente a los insecticidas que venden las farmacias, tiendas y tlapalerías. En este hogar los usan, aunque no funcionen. Ya no meriendan sopas ni frijoles caldosos. Se fastidiaron de quitar la nata de mosquitos ahogados en el plato.

En el rezumbadero de la sala entra la nieta de don Sotero en brazos de la hija. En un descuido, Sandy, de dos meses, quedó con un cachete a reventar por las ronchas. Concluye el anciano ñha ñhu, el de la lengua verdadera: «Ya ni nos importan los animales, pero la Sandy sí. Es nuestro tesoro. Qué vamos a hacer con ella, si se la van a comer los moscos.»

Devociones de una monja

Lo llaman El Pueblo, es la prisión, escenografía de *back lot* por la que pululan reos, esposas, hijos, las presas de la cárcel vecina de mujeres y la madre Antonia, la Toña.

Es un ámbito norteño, con reflejos de espejismo por el calor de las fritangas y braceros en las calles. Lo cercan cuatro muros que no dejan entrar el viento del océano Pacífico, apenas a unos kilómetros. Es la penitenciaría de Tijuana. Vine a tomar un descanso.

La madre Antonia es conocida como el «ángel del Penal», ángel sin alas, al menos no se le notan, pero camina ligera hacia la enfermería. Pasa a un lado de la reja. Detrás de los cuerpos y manos que se aferran a los barrotes y se columbran a contra luz, son las siluetas de El Pueblo.

La pequeña clínica es una amontonadero de colchones serpentinos de orines. Junto a una cama, la mujer menuda, de rostro amanzanado y anteojos de vidrio grueso, se ve frágil enfrente del hombre con el tórax deformado. Le cuelga una sonda, hace tres días, la madre Antonia le sacó tres litros de agua de las cavidades del pulmón. No hay medicamentos. La monja los conseguirá. No se puede suspender el tratamiento. Toña regaña al médico de turno por negligente. La Iglesia es suplente en el Estado laico. La mujer del hábito negro y la cofia blanca, vestigio de aquel tocado con alas de cisne de las Hermanas de la Caridad, le pide pan y frijoles a un reo que ayuda en la enfermería. Es la dieta de los reclusos, es la suya.

Habla español fluido con acento inglés. Antonia Brenner, estadounidense, hace diecisiete años llegó a México a trabajar con presos; dice que los lugares donde crecieron, los formaron de otra manera: «El ambiente es como un artista que talla madera y es a través de los reos como está al servicio de Dios y en cada uno ve el rostro de Cristo». Viene a colación León Felipe, el poeta ateo: «Sólo el Virtuoso puede ver un día la cara de Dios». El poeta se fue por el mundo a llorar su desdicha, la Madre Antonia se vino a la peni de Tijuana a consolar presos en desgracia.

El relajo

Construido en 1960, El Pueblo aloja a 2,500 internos, el doble de su capacidad. Como en el resto de las prisiones mexicanas, la mayoría está por delitos menores: fraude y robo. Sesenta hombres que ameritaron la preliberación esperan desde hace meses que los suelten. Las voces dicen con tono no demasiado soterrado que cada día entre más droga, alcohol, armas y que sólo hay unos cuantos capos que ni siquiera son luminaria de los carteles.

El penal es famoso por sus trifulcas y motines a balazos. Camino por pasillos que son calles, el tercer inframundo de una *kasbah*. Detrás de un puesto, un señor se inyecta heroína. Vende artesanías tristes, collarcitos de chaquira, pulseras de hilaza y un barquichuelo dentro de una botella de brandy.

Se me acercan reos para denunciar violaciones a los derechos humanos, anoto, al rato se aburren. Trato de encontrar a alguien con un fez y narguile, pero al voltear una esquina me encuentro con una cevichería. Las paredes están pintadas con medusas y huachinangos, un barco pesquero y pequeño, con tripulación de marineras inmensas, en bikini y sombrero tejano. En un callejón que parece vecindad tepiteña con aires napolitanos, sin perder los vericuetos marroquíes, salen al mismo tiempo cumbias y corridos de narcos, de múltiples altavoces. En calles y callejones hay casas de bloque y tabicón, molduras doradas y vidrios con chaflán. Quienes las habitan son propietarios en terreno federal. Su valor puede alcanzar 50 mil dólares, moneda de uso corriente. Los presos viven con sus familias. Cuando salen libres venden la casa. Hay lista de espera.

Cuatro manzanas componen la colonia penal. En medio están las celdas de castigo para los presos en segregación; dos hileras separadas por un pasillo en que los chamacos juegan al avión y al bote pateado. Hay niñas que ya fueron violadas.

Los más pobres viven apeñuscados en las celdas de un edificio aledaño. Son los que cayeron por raterías; los albañiles, campesinos o mojados que en una escala para cruzar la frontera fueron sorprendidos arponeándose con la espuma de la heroína, los desechos de la droga que se cocinaron mal. Purgan decenas de años por enredarse en nuevos delitos, homicidios ahí adentro, robos a las casas de los ricos. Viven rodeados de tendederos. De los mecates cuelgan pañales, faldas, delantales y toallas.

En El Pueblo todo se vende. Tras la reja de una casa, igual a las que ponen las tiendas y vinaterías contra los ladrones, se consigue fayuca: *compact*, celulares, equipos de sonido. Unos chinos ilegales pusieron una fonda de comida cantonesa. Su competencia son unos paisanos que sazonan con gusto pequinés, guisan antojitos mexicanos y ofrecen bisquets con café.

A diario van de visita las internas del reclusorio femenil colindante. Visita conyugal a discreción. Visten pants multicolores, alegran los restaurantillos, les ponen música en las rocolas. Unas se divierten en las mesas de la calle. En el interior comparten alcoholes.

No hay uniformes. Las castas anuncian su condición y delimitan su grado de autoridad y territorio. Deslumbran entre los desarrapados, quienes van con cadenas de oro, tipos fortísimos que asientan con lujo la pisada. Botas de piel de tiburón, víbora de cascabel, zincuate y avestruz. Son narcos. Reparten dinero y canonjías. Son devotos del clero. No faltan curas que les bautizan a los hijos en la capilla. Andan entre la multitud con un séquito que les abre paso.

Este lugar es una estación, cuando el diario circular anda por caminos donde la razón se desmadeja. Sin necesidad, ahí estaba como un descanso en este viaje a Tijuana. ¿Venir a tomar un respiro al penal de Tijuana? El periódico me había enviado para seguir las pistas del párroco Gerardo Montaño, que llevó a los hermanos Arellano Félix a una entrevista con el nuncio apostólico Girolamo Prigione. Escándalo político agotado por analistas y reporteros. En el periódico querían vínculos de la Iglesia con el narcotráfico. Nada, y la nada es jaqueca en las jefaturas de las redacciones. El morbo es una artesanía y esperaban una obra de arte. El cura se había refugiado en Estados Unidos. No tenía el menor interés de seguirlo por monasterios en el desierto de Tucson, tampoco quería entrevistar prelados y funcionarios para conseguir la noticia de lo *bobo*, una nota obesa para la primera plana.

Montaño ofició en la parroquia Guadalupe del Río. Cuando entré estaba desolada, con piso de granito, bóveda de crucería con vidrios de plástico y concreto armado. Había un órgano eléctrico. Se me acercó un joven sacristán, su retraso mental podría caber en la categoría de «adiestrable», con «dificultades para reconocer las convenciones sociales». Puso una pista electrónica de cumbias y se puso a tocar el aparato. Se adaptó de inmediato con la vista hacia el sagrario, cambió el fondo a los acordes de mandolina, bajo continuo y con tesitura nasal, a la que ayudaba una operación imperfecta de paladar hendido, cantó:

Cordero divinal por nuestro sumo bien
inmolado en Salem, en tu puro raudal.
De gracia celestial, lava mi corazón,
que fiel te rinde adoración.

Hace una pausa para platicarme que el cura Montaño había estado vinculado con el narco desde niño. En el seminario fue compañero de Federico Benítez López, director de la policía que fue ajusticiado por sicarios. Trasladó capos del narcotráfico hasta la ciudad de México, para que los absolviera el embajador del Vaticano. Una beata se da cuenta que hablamos del párroco y me llama mustia, desenredando un rosario. En murmullos de saliva, me dice que el órgano fue un regalo de... no lo puede decir. Voy a la sacristía. El sacristán sigue:

Suavísimo maná, que sabe a dulce miel
ven y del mundo vil, nada me gustará
ven y se trocará del destino cruel
con tu dulzura la amarga hiel.

Hojeo el libro de actas, encuentro que Benjamín Arellano Félix y su esposa apadrinaron un bautizo. Aparece la firma del padre Montaño; entra una monja y sin darme oportunidad de saludar me quita el libro y amonesta:

—Sí, sí. Yo entiendo que entregando dinero a la Iglesia, es una forma de mostrar la bondad de sus corazones, que su intención con Dios es muy grande. Esos señores son muy fuertes con sus oraciones.

Más adelante la madre Antonia me iba a decir:

—Si el padre Montaño llevó a los Arellano a México, fue por un acto amoroso. En las reuniones de obispos he dicho que no acepten limosnas de los narcotraficantes, no porque los amen menos, el amor de Dios tiene que ser parejo y gratuito.

Un día antes visité el Seminario Mayor de Tijuana. Apenas se habían terminado las obras de la reconstrucción bajo las órdenes del padre Montaño. Calculé 3 millones de dólares. El cura Mónico Margarito, autoridad de la diócesis, me dijo que no era para tanto, si acaso era millón y medio de dólares. El dinero vino de aportaciones y esos datos son anónimos.

El sacristán seguía tocando. Recordé el órgano Silberman, en Magdeburgo, donde aún vibra *Gelobet seist du, Jesu Christ*, en los últimos días de Dietrich Buxtehude. En el claustro del convento medieval había huellas de arañazos. Se dice que los pobres limpiaban su cuchara en las columnas, después de comer la sopa que les daban los monjes. La leyenda cuenta que el diablo se afilaba las uñas.

No conseguí nada que fuera noticia. Entre ir con mis colegas de Tijuana a beber un ron en la Avenida Revolución o ir al penal, escogí El Pueblo.

La baliza carcelaria no se mira por ningún lado, no se aparecen torres con focos rojos ni celadores con fusiles.

Son las dos de la tarde, regresan los niños que salieron para ir a la escuela. Vago hasta el atardecer. Desde los fumaderos de opio en Londres, el narcotráfico adquirió una atmósfera entre profana y litúrgica. Pasa un hombre con pulseras de zafiro y esmeraldas, viste una camisa púrpura de seda holgada que enmarca una cruz de oro en el pecho erizado de vello, su tórax parece relicario de cuaresma.

Cae la tarde, los niños se reúnen para el evangelio frente a una capilla y cantan:

> En la arena he dejado mi barca
> junto a ti cruzaré otro mar.
> Tú has venido a la orilla
> no has buscado ni a sabios ni a ricos
> tan sólo quieres que yo te siga.
> Señor, me has mirado a los ojos,
> sonriendo has dicho mi nombre...

Se acompañan con mandolina y panderos. Pasa la madre Antonia, y los niños se persignan, mientras el hombre de la camisa púrpura se agacha reverente:

—Los conozco a todos —me dice la madre—. La mayoría nacen en la sierra, en la pobreza, pero estos son los capos menos conocidos, los *don capo* son otra cosa. Estos de aquí no han ido ni a la universidad, pero se sienten *don capo*, son los que les pagan a los campesinos cincuenta pesos para que siembren mariguana, en vez de los cinco pesos que se ganan por sembrar tomate y además le dan zapatos a la gente. Ellos vivieron lo mismo. Algún capo los mandó al hospital cuando estuvieron enfermos y lo vieron y ¡oh!, qué guapo es con sus botas tan bonitas y su modo de ser y su tejana y... sus pistolas —y la voz de la monja apenas es audible en las últimas frases, jadea un poco— y también sé cómo viven, el daño que le pueden hacer al pueblo y dónde y cómo mueren.

La sigo en su paso apresurado hacia el final de El Pueblo, lleva una veladora en sus manos, se mete por un socavón apagado. Es la morgue. En la penumbra yace un muchacho que murió de tuberculosis. En medio de los pies le enciende una veladora. Puede ser de Guerrero o de Michoacán. Quería ser narcotraficante, se contagió en la cárcel. Va a la fosa común.

La cesárea

Alertada por los vecinos en una ciudad tranquila de la provincia, la policía llegó a la puerta de la morada en una vecindad. Habían salido gritos de dolor que mortificaron la tranquilidad matutina de la barriada. Salió una mujer, cercana a los 40 años, con sus ropas tintas en sangre. Arrullaba a un recién nacido bañado por jugos del nacimiento.

—Fui la que grité —le dijo al gendarme—. Me desgarraban los dolores del parto. Ya nació. Me voy al hospital.

Azotó la puerta de una patada y caminó por el pasillo. Todo en orden. Nada raro que una mujer, viviendo en casa semejante, pariera solitaria.

No se percataron los policías que dentro de la vivienda estaba una comadrona en el baño. Miraba con ojillos de capulín maligno al cuerpo de una mujer tendida en el piso ensangrentado. Manchas y arroyos hemáticos en las paredes.

Esa mañana desapareció Araceli Alvarado de Arias, quien tenía nueve meses de embarazo. Diario iba a la misma tortillería. Fue aumentando su vientre de volumen. Sin que se diera cuenta, dos mujeres la vigilaban desde un automóvil rojo de buen modelo.

Un día se formaron en la cola. Vieja una, madura la otra, se volvieron habituales. Con frecuencia le ofrecían ropita para el bebé. La futura madre la aceptaba con mortificación de pobre. El marido era un obrero al que apenas le alcanzaba para el sustento de tres críos menores de diez años. Así lo platicó el cónyuge al denunciar en la comisaría la desaparición de su mujer. La última vez que la vieron fue en la lechería. Se había ido con dos señoras en un automóvil rojo.

Mientras tanto, la señora que salió de la vecindad esperaba turno en una clínica para que valoraran a su recién nacida. Ella no se dejó revisar. Se quejó de que el personal la maltrataba. Salió nerviosa con su hija en brazos; era una niña sana. Un hombre, quizá el marido, la esperaba en un automóvil colorado que arrancó presto. Nadie anotó las placas. En la sala de espera se hallaba como paciente una mujer policía.

Al día siguiente, unos campesinos encontraron un cadáver en el barbecho, envuelto en bolsas negras de basura. El paisaje se atezó cuando la policía volteó el cuerpo. El abdomen tenía un boquete en un marco de intestinos, el fondo era la cavidad uterina aún con la placenta.

En la morgue quitaron de la cabeza los plásticos pegados con *masking tape* y el mecate alrededor del cuello. Con fotografías que se desplegaron como en un mazo de naipes, los detectives cotejaron el rostro. Era la extraviada: Araceli, de 27 años.

La noticia cundió por las comisarías, las mujeres policías se juntaban indignadas en corrillos. Sobre los escritorios grises había computadoras destartaladas con aire de cafeteras, por las tasas y platos alrededor, con restos de tortas de aguacate. Inútiles para buscar antecedentes en archivos.

Llegué a la noche siguiente, fui directo a la barandilla. La mujer policía se había enterado por los gendarmes que una señora había salido de una vecindad con un recién nacido. La relacionó con la mujer de la clínica. Se lo dijo a los agentes, pero no le hicieron caso. Encontré a los policías en un restaurante, comentaban en voz baja el homicidio de la señora, mientras atrás estallaban los decibeles de un mariachi y se rompía la tesitura de duelo y hablaban a gritos jurando capturar al asesino. Les conté de una cesárea semejante, en Illinois, donde una enfermera y su amante mataron a una mujer. Ahí estaba el asunto, me agradecieron el *tip*, pero yo no había aconsejado nada. Vino una ronda de tequila. El comandante ordenó la detención de todos los gringos de la ciudad. Pregunté por las conjeturas de la mujer policía y el chovinismo se hizo fláccido. La madre abierta en canal en medio de un barbecho, bien podía ser asunto autóctono. La verdad se iba apareciendo como un *alush* deforme, *tlaloques*, duendes nativos que guiaban a la plática por las hipótesis aborígenes, se metían en los vasos de tequila y caminaban arrastrando el frijol de los sopes y botanas. Habían visto muchos homicidios, pero éste era la suma de la repugnancia, eso pasaba en Estados Unidos donde eran degenerados, ¿pero en México? Sin extranjeros que cuajar en las hipótesis, los policías de mala gana empezaron a buscar estrategias contra los médicos, pero difícilmente un galeno se hubiera arriesgado a trabajar en esas condiciones. Fueron descartados los estudiantes de medicina; quedaban las enfermeras, un amante, pero la señora no era guapa, entonces, una madre sustituta y aquí sí cabían los gringos, pero esos trabajos se pagan por adelantado y el marido era pobre. Un policía lector de Von Däneken se atrevió con una hipótesis de abducción extraterrestre, sugerí pruebas de ADN, me miraron como si yo fuera Von Däneken. Les platiqué la «macabra» cesárea en Estados Unidos y los ánimos se decantaron, la conté en inflexión policiaca:

«Addison, Illinois. Deseaba tener un hijo. No podía y a tijeretazos le abrió el vientre a una mujer para arrancar el producto que guardaba en sus entrañas. Jacqueline Annete de 28 años, no podía tener hijos ni era candidata a madre sustituta por sus vínculos con hampones y naturaleza maligna.

»¿Quién podrá ser? ¿Quién podrá ser? Urdía el crimen con su novio Fedell de 22 años. Una noche en el invierno del norte estadounidense, carámbanos y desolación, con el calefactor desvencijado, fumaban mariguana en el departamento pobretón. Pasó Leven Ward con unas botellas de Wild Turkey, algunos dólares del asalto a una *convenience store* y se enganchó al plan. Deborah, una antigua novia, estaba embarazada de un fulano y valía la pena darle un escarmiento. Sólo había que esperar siete meses.

»Jacqueline empezó inflarse el vientre con cojines. Aprendió a caminar arqueada hacia atrás, con la mano en la espalda, justo arriba de la cintura. Los vecinos se conmovían. Había sido aprendiz de enfermera.

»Tres días antes de que naciera su vástago, Deborah, de 30 años, preparaba la ropita del futuro bebé en su vivienda de oficinista, apartada en un suburbio. Madre soltera, vivía con tres hijos pequeños. Los acababa de dormir cuando irrumpió el trío. Despertaron con el estruendo, una mujer perseguía a su madre blandiendo unas tijeras. Leven y Fedell apuñalaron a Samantha y Joshua. A Jonás lo amordazaron. Sometieron a la mujer, Jacqueline le abrió el vientre con las tijeras y sacó al bebé mientras la madre se desangraba.

»Al sobreviviente Jonás, de 3 años, lo sacaron de la casa. La idea era matarlo en un callejón. Leven se opuso. Lo dejaron vivo tal vez porque no sabía hablar o porque era hijo de Leven. Fue una pista que condujo a los homicidas.

»Armada con huellas digitales, fibras ajenas en la ropa de Jonás y una pesquisa a conciencia entre todas las parturientas que tuvieron a sus hijos en casa, los detectives encontraron a Jacqueline en un centro comercial, mostrando feliz a su hijo. Por la identificación de Jonás, su padre ya había sido aprendido y confesó.

»La banda fue condenada a muerte. El hijo de Deborah goza de buena salud en un hospicio.»

El comandante consternado pidió que tocaran *El niño perdido*, no me animé a decirle que se trataba de una melodía quizá rumana o de los Balcanes en la que los campesinos imitan con cuernos de toro, de montaña a montaña, los balidos de una vaca y su ternera perdida. Los mariachis con sus trompetas teñían de amarillo lo oscuro del homicidio y de la plática. No me atreví a decirlo, so pena de parecer peligrosamente malinchista, y esas cuestiones llevan a la ira a flor de piel en policías y aficionados al futbol. Las fanfarrias del mariachi le daban otros giros al tema que platicábamos, las palabras se enredaban en los alamares de los chaquetines y sombreros de charro. Recordé a Usigli, lo checaría después, sin mariachis: «El mestizo se disfraza con una máscara de alarido, contorsión y gesticulación, digna de mejor teatro, que perturba el silencio natural de la meseta y que, a sus atributos de tumulto y de gesto deformativo, añade el fuego que sale de sus ojos vacíos en las revoluciones y en las fiestas, como en el regocijo del 'Torito'.»

En este país el relajo es un protocolo de urbanidad, la conducta que describió Jorge Portilla: «Lo que en México lleva el nombre de relajo no es obviamente una cosa sino un comportamiento. Más que un sustantivo puede decirse que es un verbo...»

En silencio, con la imagen de la madre en el barbecho, me sentí académicamente procaz.

Impunes

De los casos de homicidio, Japón resuelve 97. 7, Alemania 95.2, Estados Unidos 43 y México 3.7. Fue hasta el día siguiente del «macabro hallazgo» que la policía acudió al lugar de los hechos en la vecindad. La autopsia había revelado un hematoma en el occipital de la víctima con un objeto romo y contundente. La mujer policía que estuvo en la clínica y un médico forense reconstruyeron el teatro de los hechos. La perilla de la puerta estaba limpia, sin huellas digitales. En la única pieza, vacía, encalichada de azul, descascarada, había guantes de cirugía, rollos de *masking tape*, bolsas de basura negra, como las que envolvían la cabeza del cuerpo hallado en el barbecho.

La sangre seca era abundante en la tina percudida y en el piso del baño. El médico forense atribuyó las salpicaduras en los muros a chisguetes arteriales de la pared del vientre o a sacudidas de las manos con guantes para quitarse el exceso de sangre. Había sido una vivisección. El hematoma en la cabeza se lo dieron de espaldas y sólo —muy probablemente— sirvió para atolondrarla. Se usó «filoso» cuchillo para abrirla.

En la tina había un hervidero de huellas digitales, presumiblemente de inquilinos anteriores. En el suelo, huellas de zapatos de mujer. Habían sido dos personas las que inmovilizaron a Araceli., las pisadas lo indicaban.

El médico legista solicitó peritos forenses que nunca llegaron. Había cabellos que correspondían a la difunta. La renta se hizo por un mes adelantado y sin contrato. Al seguir reconstruyendo el drama, la mujer más joven salió cuando tocó la policía. La vieja esperó hasta que se fueran. Los retratos hablados con el testimonio de los clientes de la tortillería revelaron a las dos mujeres con las que se fue Araceli. «Una cara normal, nariz normal, ojos normales». El médico de la clínica dijo que más o menos correspondía a la que llevó a la niña. Vieja la otra, se parecía sin las arrugas. En la anciana destacaba la mirada lupina que delineó el dibujante con maestría. En la vecindad nadie las vio. El casero no se acordaba.

Todo apuntaba a que madre e hija eran enfermeras. La flamante abuela era tal vez jubilada. La policía en este país se guía por usos y costumbres que evaden los archivos cuando son engorrosos. Debían ser de otro lado. En el país había miles de enfermeras con registro en hospitales de gobierno y particulares. Una cifra incalculable, no está registrada. De todos modos, la mujer policía recorre hospitales y revisa expedientes fuera de sus horas de trabajo.

Agua milagrosa

El dueño del Rancho Tlacote gesticula y abre los brazos hacia la multitud, los cierra y con un abrazo rodea a la muchacha contrahecha. La besa y acaricia, ambos voltean a las cámaras de televisión. «¡Mírenla! ¡Tiene polio desde que nació!», clama el hombre. «Gracias a esta agua me estoy componiendo, ya puedo caminar. Ustedes no saben lo que es haber nacido deforme y que todos me rechacen, pero ya me estoy curando gracias al ingeniero Chaín.»

La muchacha habla con dificultades, estalla en pujidos y sollozos. Chaín la frota, la abraza de nuevo, la multitud se conmueve en silencio reverente. Sólo se escuchan algunos pájaros que revolotean por los nísperos y palmas del Rancho Tlacote, en Querétaro, surtidor de un agua que cura todos los males.

La escena de la curación estaría perfecta, de no ser porque la poliomielitis no es congénita. El ingeniero Chaín no es un curador sabio. Las manos crispadas en garra, la dificultad para expresarse y la espasticidad en los brazos de la muchacha, sugieren un traumatismo durante el parto; hipoxia cerebral, no polio. Dice que va bien. No hay valoración neurológica.

Jesús Chaín Simón se desplaza por los jardines frente a los enormes tanques por los que fluye el agua. La recogen en botellones los peregrinos que lograron entrar después de aguardar durante días en la hilera larguísima afuera del rancho. Hay control férreo sobre el número de los que entran.

«¡Sida! ¡Curó el sida!» Y Chaín ordena a manotazos, organiza, corren ayudantes por doquier. Parece un *coach* de futbol americano, un oficial de reclutas estilo el film *Cara de Guerra*. Convoca a una conferencia de prensa. Están todos los medios del país, no pocos extranjeros. Anuncia de nuevo que su agua es tan ligera que no crecen las bacterias.

Le pregunto si se trata de cianuro o al menos de agua oxigenada. Si las bacterias no se reproducen, ha de ser veneno. Monta en cólera Chaín, balbucea que su agua no tiene nada que ver con la ciencia. Enfundado en sus botas de piel de cocodrilo, chamarra de piel fina de ternera, anteojos oscuros y cachucha negra, se alejó rumbo a la mansión al final del predio. En seguida llega «el Güero» Erasto, corpulento, que me saca de un brazo. Hay muchos como él, guaruras por todo el sitio. Se comunican sigilosos con *walkie talkies*.

Seis meses lleva el rebundio. A tiro de piedra está el Tlacote, pueblo de 3 mil habitantes que está furioso por la invasión, relegado por el fenómeno. Desde el auge del agua está rodeado por retenes policiacos, sus moradores no pueden entrar o salir sin identificarse. Los pozos afuera del rancho están copados por policías. Las garantías individuales son letra muerta. Ningún visitante puede tomar agua que no sea la del Rancho Tlacote. Chaín lleva medio año pregonando que su agua es gratis. Ahora se dispone a embotellarla y venderla. En el negocio está coludido el gobernador de Querétaro.

¿Quiénes son los enfermos del Tlacote?

«Presiento que no me engañas, por eso te ando buscando. Vengo de tierras lejanas nomás por ti preguntando.» Canta un dueto lánguido, con violín y guitarra que es de San Joaquín, en la Sierra Gorda. Los alumbra una lámpara de lámina, de esas de aceite, en un puesto de fritangas. La luna está en cuarto creciente, con un cielo agrietado de nubes que parece reflejar la tierra seca. Hay ambiente de romería y capilla ardiente, cierto aire de embarcadero o estación de ferrocarril; pero lo que parecen fardos en hilera son miles de peregrinos embozados en los sarapes y sombras, afuera del muro que rodea al Rancho El Tlacote.

Unos duermen, las mujeres rumoran historias de aparecidos. Un joven habla de la novia enferma que dejó en Tapilula, hasta Chiapas. Le va a llevar sesenta litros de agua maravillosa, primero Dios, para que sane. No importan tres días o una semana a la espera en la intemperie.

En un puesto brilla un caballo blanco encabritado en un sarape rojo, de los que hacen en Santana Chiautempan. El negocio de las cobijas de acrilán es jauja. De todo el país han llegado comerciantes. Ochocientos pesos para ofrecer, canta el vendedor especializado en fiestas religiosas, lo mismo va con el señor de Tila que con los espiritualistas del Niño Fidencio en Espinazo, Nuevo León, y siempre de noche.

Amanece. La hilera de peregrinos se despereza en un solo cuerpo ondulatorio. Los que estaban acostados se acuclillan sin desplazarse ni un palmo, ya llegará el momento de entrar. En la mañana cambia el giro de los vendedores: menudean los sombreros de palma y cachuchas con anuncios del Rancho Tlacote, sombrillas sin mango para ponerlas en la cabeza. Ese vendedor viene del Distrito Federal, se gana por lo menos trescientos pesos al día. Sabe de contaminación, por eso trae un cubreboca, para protegerse de la tos o escupitajos de los enfermos, de los miasmas en un canal que está a la vista, con plásticos y basura de los devotos, aguas negras. Unos metros atrás hay un cálculo a buen ojo, de tres excrementos humanos por metro cuadrado. Residuos de la noche, de los que no pudieron pagar dos pesos en los baños que puso la Secretaría de Salud.

Por cada puesto el gobierno del estado cobra seiscientos pesos al día. No hay control sanitario de los alimentos. Tampoco apoya a los enfermos que llegan del extranjero, de Estados Unidos y hasta de Colombia. Ya hubo un par que murió esperando. Ni siquiera hubo primeros auxilios.

Buscan el mismo remedio para el cuadro más florido en la nosología. En este muro del Tlacote hay un amplio espectro de males.

Un anciano lleva ya tres infartos.

—Es hipertenso. Debe tener las arterias acartonadas, tapadas con colesterol. Dejó el tratamiento que le mandé. El agua no actuará como solvente, ni que fuera aguarrás. Su estado de ánimo podrá alivianarse algunos días. Las probabilidades apuntan a que tendrá un infarto tal vez fatal. —Me platica por teléfono quien fuera su médico de cabecera.

Hay una fila para familiares, los allegados de los que no pudieron acudir. Traen radiografías, recetas del médico del pueblo o de la colonia, recetas de un especialista del Seguro Social, electrocardiogramas y hasta tomografía axial computarizada. Todo lo analizará el ingeniero Chaín, con la doctora Karina Mejía, que es veterinaria.

Una señora de Celaya trae una radiografía de un pie.

Es de su mamá. En el talón aparece un «horrible» gancho en el hueso que se le clava al caminar. Le ha llevado agua del Tlacote y se siente mejor. Ya apoya. Se está curando. Llamo al doctor Javier Lozano Pardinas:

—Es un espolón del calcáneo. Se cura solo. He visto cientos de pacientes y nunca los he operado. Se forma un tejido fibroso alrededor que amortigua las molestias al caminar.

—¿Y una anciana que viene de la Selva Lacandona? En las radiografías de la columna se ven unas espinas, dice que son de rosal y que una vecina envidiosa se las mandó de penitencia. Es la tercera vez que viene por agua. Le dan nada más para veinte días. Ya se siente mejor. Ha gastado más de diez mil pesos en los viajes.

—En el argot de la ortopedia se les llama «picos de loro». También se quitan solos. Le hubiera cobrado mucho menos un buen ortopedista en Chiapas.

»El problema va a estar cuando llegue un niño con un dolor en la pierna y le den el agua cuando en realidad se trate de un sarcoma osteogénico que lo va a matar. Le van a retrasar el diagnóstico oportuno. Con un tratamiento médico hay posibilidades de salvarse.»

El señor Arturo Vivanco Amador de 76 años, tiene ceguera por glaucoma. Le dieron un botellón de agua. A Chaín y a la doctora Mejía les mostró unas gotas. Le dijeron que podía seguir poniéndoselas en los ojos. Me las enseña. Es Gotinal para la nariz.

La mercadotecnia misteriosa de la fe

En el semanario queretano *Nuevo Amanecer*, Jesús Chaín afirmó que el agua de su rancho es curativa porque pesa 4 gramos menos. Según la física y la química esto no es posible. El agua pesa un gramo aquí y en China, a 4° C y en condiciones de laboratorio controladas. Su densidad es de 1.000 g/cm³. El ingeniero llevó un par de muestras del agua del Tlacote para ser analizadas. El informe del Centro de Estudios Académicos sobre Contaminación Ambiental, de la Universidad Autónoma de Querétaro, muestra una densidad de 1. 007 g/cm³, 7 miligramos por arriba del estándar, que no significan nada, sólo una mínima cantidad de solutos. Es agua vulgar. Bajo la manga contaba con el análisis de la compañía inglesa Caleb Brett de México S.A. El agua tiene una densidad de 0.956 g/cm³, 4 miligramos por abajo del estándar, que tampoco la hacen agua ligera. El ingeniero Chaín, que al parecer no es avezado en aritmética, excepto para el dinero, dio a conocer a los medios de comunicación que el agua del Tlacote pesa 4 gramos menos. Alteró el análisis cuantitativo de miligramos a gramos. El agua no existe en esas condiciones ni en Marte. La Universidad Autónoma de Querétaro afirma que se trata de agua potable común y corriente, con cierta tendencia a la dureza por contener una mayor cantidad de carbonato de calcio, como ocurre en la región. Tiene 48 colonias de bacterias coliformes por mililitro. Sí crecen bacterias, como debe ser en el imperativo categórico de la vida en el planeta Tierra.

El anuncio de los 4 gramos menos lo hizo un año después de obtener los resultados. Durante ese tiempo preparó el «posicionamiento» de publicidad y mercadotecnia. Compró tanques de almacenamiento, filtros, tubería, llaves, instalaciones de lámina, como taquilla de estadio, para atender a los peregrinos. Contrató personal, guaruras en principio, y se lanzó a la carga. Hizo correr la voz, regaló el agua, contrató inserciones en la prensa, sustentó principios extraterrestres en el líquido y se dispuso a la administración de la bonanza.

La eficacia publicitaria fue tal que acuden 20 mil peregrinos diariamente a recibir el agua gratuita, aunque de pronto empezó a filtrar que se vendería. No le importaron los fieles. El negocio zarpó viento en popa.

Complicidad del gobierno

La Secretaría de Salud otorgó a la empresa de Chaín, Laboratorios Unique S.A., la licencia 1014000040, con autorización para «agua purificada, planta procesadora y envasadora de (sic).»

El giro de Unique es «fabricación, distribución, venta y representación, comisiones, exportaciones e importaciones de productos farmacéuticos, químicos y naturales de aguas con gas, sin gas, glucosadas y suero para fines medicinales y no medicinales, agua purificada y refrescos.»

En ningún párrafo se menciona agua medicinal «que ha curado a miles de enfermos de sida, casi el 10 por ciento de estos enfermos en México», como lo pregona el ingeniero Chaín ante el silencio de las autoridades.

Un comunicado de prensa de la Dirección de Comunicación Social del Poder Ejecutivo del Estado de Querétaro, dice que el ingeniero Chaín ha sostenido pláticas con el gobernador Enrique Burgos, para vender y embotellar el agua: «Esto será definitivamente un negocio privado, con participación del estado y vigilancia federal», declaraciones de Chaín en conferencia de prensa. «Yo he cuidado mucho esta planta, para que los créditos que nazcan en esta empresa sean con el apoyo federal o estatal.»

Jesús Chaín Simón, poblano, llegó ex profeso a comprar el Rancho El Tlacote y estafar. Es hermano de Héctor Chaín, dueño de Laboratorios Orizaba S.A., fabricantes de la Chaína, sustancia que «cura» desde el cáncer de todo tipo hasta el sida, como se anuncia. Gerardo Ferrer Zueta, científico de la Facultad de Química de la UNAM, me dice:

—Cuando era estudiante me pidieron un trabajo sobre un producto natural. Hablé con un señor Chaín. No encontré ninguna base coherente para atribuir a su producto un interés científico y menos curativo.

—No existe ninguna sustancia que sirva para curar todas las enfermedades —dice Patricia Ostroski, del Instituto de Biomédicas de la UNAM.

Sin embargo, es costumbre de los Chaín penetrar al gobierno. La revista *Información Científica y Tecnológica, del Consejo Nacional de Ciencia y Tecnología* publicó un artículo sobre las propiedades medicinales de la Chaína, que cura el cáncer y vuelve seronegativos a los seropositivos del sida. Los Chaín resultan hábiles en sus complicidades con el gobierno, que desprestigian al contenido de la ciencia mexicana.

Usurpación de funciones

Fue anunciado en la prensa nacional que en una fecha próxima el agua en el manantial del Rancho El Tlacote va a ser entregada a los peregrinos, con un expediente numerado, como si se tratara de una clínica. Será la población cautiva. Las colas para obtener el líquido ya se clasifican en extranjeros, los de primera vez, a los que ya no se dará agua gratis, y recomendados. Estos tienen afluencia expedita. Entran en automóviles de lujo.

El secretario de Gobierno, Jesús Rodríguez Hernández, sabe que Karina Mejía es una médico veterinaria que diagnostica y ejerce funciones de galeno. Sabe también que el agua carece de propiedades curativas, pero no actuará hasta que haya quejas. Las defunciones que han ocurrido en la cola fueron de personas que acudieron por voluntad propia. Los deudos no hicieron reclamo alguno.

Chaín se jacta de poder vender un litro de su agua en 25 o 50 mil dólares, pero embotellada y al menudeo será más redituable. A cuenta gotas y directamente del manantial, cada mililitro costará entre 2.50 y 5 dólares.

El doctor René Martínez, coordinador de Salud en el Estado, reconoce que se trata simplemente de agua. Culpa a la prensa de la «rumorología». Lo entrevisto:

—Doctor, en el Rancho El Tlacote hay usurpación de funciones médicas.

—Qué bueno. Lo ignoro.

Me dice que la dependencia ha brindado ciertas comodidades a los peregrinos. Construyó con dinero público un edificio con 40 letrinas. Le digo que vi cómo descargan en un tubo que se vacía a cielo abierto detrás de los puestos de comida. Contesta que eso depende de otra dependencia.

Estado de sitio

Al párroco Marcelino Peña Botello se le hizo tarde para la boda. Los gendarmes no dejaban pasar su camioneta. Caminó a la parroquia humilde y humillada, en las inmediaciones suntuosas del rancho, sede oficial del milagro.

Bajo un mezquite mira el cura con tristeza a sus feligreses clamar sedientos por agua. Los pozos comunales están rodeados por la policía. Nadie puede entrar ni abrir la llave de su casa. Es el mismo manto freático del rancho. Los geólogos y lugareños lo saben. Chaín descarta así a la competencia, con las brigadas de policía que le envía el gobierno. En la mañana las tuberías de las casas amanecieron destruidas.

—Yo les daría agua bendita, al menos para que mitiguen la sed, es de los mismos pozos, la misma del Tlacote, pero no sirve para beber. Está contaminada, ya sabe, por eso de que todos meten las manos.

La Iglesia se crispa. Acaba de fallecer monseñor Alfonso Toriz Cobián. Se curaba con agua del Tlacote.

—Policías —musita encorajinado el señor Trejo, padre de la novia. Dejó por un momento el ágape, vamos a ver si en el ojo de agua cercano podía sacar unos baldes para lavar los trastes—. No, ni a los tlacotenses nos dejan—. Está rodeado por policías que nos amedrentan con las armas al fotógrafo y a mí. Comentamos que ni en los desalojos encontramos esa respuesta.

Regresa a la boda el señor Trejo. Nos invita al festín en una casa de tabicón, solar de mezquites, alejada del barullo fervoroso del peregrinaje. Al menos encuentra algo de intimidad fuera de la romería que todo lo percuela y fisgonea.

—Soy del Zapote, de aquí cerca. Lo que se ve ahora del Tlacote no es eso. Nos están dejando sin agua. —Al veinteañero Isidoro Olvera se le anudan las venas del cuello con la ira—. No tenemos agua ni para asearnos. Y luego estamos rodeados de policías que no nos dejan entrar. Venimos de jugar, como ahorita, con los «chors» y la camiseta y ¿cómo nos vamos a traer la cartera? Nos piden identificación. Así nos pasa también para salir. Aquí todos somos campesinos y obreros. En tiempo de faena trabajamos en el campo, pero somos mecánicos, electricistas, de todo, trabajamos en el centro, en Querétaro, y ahí buscamos trabajo. Si decimos que somos del Tlacote no nos contratan, porque saben que llegaremos tarde. Pues como no, si para salir es un aglomeradero. ¿Y luego los que van a la escuela? Había de ver el reprobadero. Ya no me nombre, porque mi opinión es de todos los que estamos aquí, la del 80 por ciento del pueblo.

—Somos la voz del pueblo —salta bravía la joven Josefina Andrade—. A punto hemos estado de tener enfrentamientos con los pocos que se están beneficiando de esto, los que consiguieron un puesto para vender lo que sea, los que cobran en el estacionamiento, que además está sobre nuestras parcelas; ahí está el subdelegado con el que hay que mocharse por todo. Por tres o cuatro que se están haciendo ricos, el pueblo está hecho una porquería. Sí, ya hay división entre nosotros.

Y sí, son muchos los mentados de la voz del pueblo que vociferan en el atardecer de la boda. Se gastó de más, hubo que comprar garrafones de agua electropura hasta para lavar los trastes. No se pueden dejar ni un rato. Las nubes de moscas que se crían en las miasmas de los peregrinos hasta acá vuelan y tapizan platos y comensales. Y va de nuevo la voz del pueblo en otro joven.

—Ese ingeniero Chaín es un charlatán. Desde que nacimos hemos tomado el agua de aquí y la gente se ha muerto de lo de siempre. Diarreas, cáncer, del corazón, ¿y sabe usted?, nosotros también podríamos gestionar embotellar el agua, porque es de la misma del Rancho, pero no queremos engañar a la gente. El agua es la misma del predio del señor Chaín.

»De los que vienen hay gente que ya lo sabe. Se meten a nuestras casas buscando un sorbo y yo me pregunto, si encuentro a un fulano en mi lavadero o en la cocina, en mi propiedad y tengo una pistola, que la tengo, y lo veo no sé haciendo qué, pero a lo mejor buscando un agua que yo no tengo, ¿no tengo el derecho de meterle un balazo?»

Un seguro de vida

Puede mentir, rasguñarse, aun clavarse un cuchillo para garantizar su coartada, pero sería incapaz de violarse. Así platica Elizabeth Zárate en la cárcel.

Le dijo a la policía que unos sujetos la atacaron. Que a ella sus hijos le dieron a oler una sustancia en un trapo. Que a ella la violaron con un objeto y las criaturas agonizaron asfixiadas. Los peritos revirtieron los hechos y Elizabeth resultó culpable. La acusaron de matar a los niños para cobrar un seguro de vida y de haberse inflingido las lesiones en su cuerpo con una secadora de mano. Tenía 20 años, la sentenciaron a treinta de prisión.

Después de la noche ominosa, firmó confundida una declaración que ahora desconoce, un salvoconducto atolondrado al Reclusorio Femenil Sur. Firmó su culpa justo cuando una mujer policía cruzaba entre los escritorios arrastrando la ropa de sus hijos por toda la comisaría. Largos instantes, destellos en que imaginó los cuerpecitos desnudos en la morgue. La niña tenía 3 años y el niño apenas uno.

Eran producto de un matrimonio infeliz, desintegrado. A Denisse la procreó con su esposo y a Ernesto con un amante. Vendedora de seguros, guapa y luchona, había subido a un puesto ejecutivo. Días antes de la tragedia sorprendió a dos hombres que le robaron las bocinas de su auto estéreo. Intentaban quitar una calavera que habían roto. Les gritó. Le respondieron con majaderías. Huyeron. Fue frente a su casa, de esas con marcos de aluminio en las ventanas y timbre que hace *ding dong*. Colonia Electricista, fraccionamiento de clase media emergente en los suburbios. Se le grabaron la voz y el rostro de los hampones. No levantó el acta.

Antes de que atardeciera el día del crimen, recogió a sus hijos en una guardería de Tlalnepantla. Era cumpleaños de su madre, trabajadora del Auditorio Nacional, donde quedaron de verse para ir a cenar. Dejó el auto en casa para no circular con el foco roto y padecer la monserga de sobornar policías. Se bajó a dejar las mochilitas y pedir un taxi. Una voz de hombre la amagó cuando metía la llave en la cerradura. Con un arma en el cuello la orden fue que no abriera la boca, hiciera lo que se le indicara, y así subió a su auto.

Presa del pánico tembló aún más cuando reconoció a los ladrones del otro día. En el asiento trasero un individuo jugueteaba tranquilo con los niños. Elizabeth condujo con el primer fulano a su lado. Ofreció dinero. Como respuesta, unas palabras roncas impusieron silencio. Era la voz del ratero. A señas la obligó a tomar por la avenida Camarones. Pasaron por el Casco de Santo Tomás. Pensó en estrellar el auto contra la reja y pedir ayuda a los estudiantes. Un manotazo sobre el volante corrigió el rumbo. Rodó una secadora para pelo. La noche sobrevino veloz por el rumbo de Tepito y desconoció las barriadas que le parecieron bajas. Lloviznaba.

De pronto vino la oscuridad

—Nunca supe por dónde íbamos —me platica Elizabeth impecable, con *pants* de buena confección, maquillaje y corte de pelo autóctonos de la prisión en la que estilistas que purgan condena ejercen sus oficios. La celda compartida rebosa de muñecos de felpa y peluche que dan un colorido fluorescente—. Era sólo un amontonadero de calles. Mis hijos dejaron de reír con las gracias y cosquillas que les hacía el tipo. Mi hija hacía pucheros y quería pasarse conmigo y el que venía junto a mí la aventaba cada vez. Le dije que no la tratara así, traté de calmarla y a mi hijo que iba llore y llore. En eso se quedó tranquilito. Ya no le oí el llanto. Mi hija también se quedó quieta. Me alcanzó a decir que su hermanito ya se había dormido. No podía voltear a verlos, así me lo había ordenado el tipo.

Elizabeth urdió chocar de nuevo, ahora contra un vehículo, armar escándalo y que la gente se acercara. Gritar que iba secuestrada con su familia y que los hampones huyeran. No había aparecido ninguna patrulla para detener el auto con la luz trasera tuerta.

Se estampó contra una camioneta. Los niños no lloraron. Recuerda que era verde, en medio de la lluvia y la bruma del *smog* empapado. El delincuente metió la reversa, crujió la caja. No acudió nadie, tampoco se prendió luz alguna. No había ventanas, sólo muros de fábricas y bodegas de los que nadie asomó.

De nuevo en marcha, cruzaron unas vías de tren. La orden fue detenerse. El del asiento trasero abrió la puerta y se bajó con Denisse. El otro le dijo a Elizabeth:

—Puras vulgaridades de esas que se acostumbran. Me extiende en el asiento. Yo no opongo resistencia, quiero que me deje tranquila con los niños y ya, pero se excita más y yo sin saber lo que el otro estaba haciendo con la niña. Con toda calma me dice que así no, que debo forcejear. Me pone en la cara un trapo o una estopa que apestaba. La boca y la nariz se me secan. Me introduce en mis partes un objeto duro que me desbarata. No sé cuánto tiempo pasó. Me enderezo y el asiento se bate de sangre. Estaba yo sola cuando el otro tipo abre la portezuela y avienta a mi hijo en el piso. Lo único que pienso es en arrancar, en bajar los seguros. Atravieso las vías y de pronto hay casas, una zona muy tranquila, un parque con un teléfono junto al que me paro y llamo a mi padre.

»Pero estoy como loca, él no entiende nada. Me pregunta dónde estoy y yo no sé. Grito que estoy mal, que a mi niña tal vez la atacaron, que los niños están mal y entonces me doy cuenta que no tengo ropa, que el tipo prácticamente me desnudó. Sólo me quedó un *top*. Me quitó pantaletas, pantimedias. Me pongo el pantalón que estaba allí aventado junto a la secadora con sangre. Alcanzo a oír a mi padre suplicarme que pida ayuda. Le hago caso. Me lanzo en busca de auxilio y corro con la desgracia, no le puedo llamar de otra manera, de encontrarme con una patrulla.»

No se percató que los niños estaban muertos.

Hiena y poeta

Su uniforme en pants blancos es abalorio de moda. La más elegante de la prisión sostiene un cuaderno en sus manos de uñas pulidas. Ha escrito tras las rejas: «Hermana, nunca volveré amada por los hombres, por la vida o el futuro... ¿De dónde vienes hermana que traes tus cabellos mojados y revueltos?.»

Ha cumplido la tercera parte de su condena por infanticidio. Le faltan 22 años. Ahora se convence que es absurdo el móvil del crimen que se le achaca. Asfixiar a sus hijos con formol para cobrar la póliza cuando no estaban asegurados. Como ejecutiva de una compañía de seguros, sabe que los padres no pueden ser beneficiarios de los hijos menores de edad. La sustancia que les pusieron fue identificada como formol. La fiscalía presenta a un farmacéutico que supuestamente le vendió el producto a Elizabeth. La identificó en fotografías, nunca hubo careo. No se tomaron huellas digitales del vehículo ni en la secadora de pelo que llevaba en el auto y con la que se aliñaba rumbo al trabajo. Tampoco fueron buscadas fibras extrañas en los asientos y tapetes, en la ropa y cuerpos de los niños. No hubo otros procedimientos legistas en la escena del crimen como la búsqueda de huellas en el asfalto húmedo del sitio del atraco, ni descripción en el levantamiento de los cadáveres. Los retratos hablados que hizo de los agresores, se perdieron en un archivo.

El abogado de Elizabeth la presentó como una enloquecida que obró sin conciencia. Los psiquiatras la tacharon de esquizofrénica. La confundían cuando le preguntaban sobre su primera menstruación, si sus papás le pegaban. No distinguía la verdad de lo falso. Le dijeron que era más cruel que los judiciales que la interrogaron a cachetadas. La prensa la llamó Hiena . Se acuerda del rostro de aquel reportero que le gritaba: «¡Perra!» Dejó de salir en los diarios cuando se escapó Alfredo Ríos Galeana, el asaltabancos.

—Entrar al reclusorio fue la locura. Fui terriblemente golpeada por las otras, por orden de las autoridades. A tres internas que llevaban ocho meses apandadas las soltaron con tal de que me acabaran. Aquí la idea de lo maternal es sagrada, hasta para mí. Es toda una ternura para los hijos. Entonces si una madre los mata... es una hiena. Yo también me sentía así. Me lo habían hecho creer. Pasé 8 meses en un apando con medicamentos psiquiátricos.

De vez en cuando le recetan antidepresivos, si es que hay. Escribía:

> Repudio mi boca
> que no está ya dispuesta
> a abrirse una vez más y hablar,
> repudio mis ojos
> que no encuentran por más que buscan
> a quién mirar,
> repudio mis manos
> que de todas formas están hechas para tocar.

Durante años se convenció de su crimen, de que era lo peor para el resto del mundo y sus compañeras de la prisión.

—Yo me lo creía hasta que me vio otro psiquiatra aquí en la cárcel y me hizo reaccionar. No me declaró inocente o culpable. No era su papel. Me dijo que no me creía, que lo de la secadora era una cosa risible. Una mujer nunca se va a violar y menos causarse daños de la magnitud que yo tenía, porque según la policía yo me había hecho los destrozos con una secadora. Me dijo que no creía la historia que me tiene presa por una simple razón. Ahora sé realmente qué pasó, porque una mujer no se autoviola.

La Gringa

Para entrar al edén que el gobierno volvió tierra de nadie, se toma una desviación de terracería en medio del soporífero Istmo de Tehuantepec. Al llegar a Boca del Monte se tuerce hacia donde ya no hay monte, sólo potrero y zacatal donde no hace mucho existiera selva tupida. La aniquilaron a matarrasa los sexenios de Luis Echeverría y José López Portillo. Sacaron la madera y entraron los ganaderos. Eran tierras nacionales. Como vestigio queda un arco triunfal: «El que no crea en milagros en Uxpanapa, no es realista. Hacemos lo imposible.»

Lo imposible fue que en doce años devastaran un ambiente único en flora y fauna, entre los límites de Veracruz, Chiapas y Oaxaca. Se abrió el cofre de la inquina y los conflictos terrenales. Una parte pequeña del desmonte fue para amontonar en casas de tabicón y techo de zinc, a los chinantecos expulsados de su tierra cuando la inundó la presa Miguel Alemán en los años sesenta. Más que pueblos son metástasis urbanas lumpenizadas. En lugar de nombres están numerados. El gentilicio es uneño, treceaveño y así. El paisaje es de *Mad Max* en desolación.

En el poblado Sexto, como vestigio de lo que fuera burdel de camioneros y leñadores, la casa de huéspedes

Pic Nic, subsiste para vendedores de puerta en puerta. Es de mampostería decorada por fuera con sirenas y caballitos de mar en el estilo de los camiones de carga. A un lado del camino hay fierros, muchos fierros, naturaleza muerta de árbol de leva, cardanes, flechas de transmisión, osamentas de John Deer, la maquinaria que usó Antonio Toledo Corro, político del portillato. Como secretario de la Reforma Agraria arrasó el Uxpanapa con la compañía Priseca (primavera, cedro, caoba). Fue gobernador de Sinaloa con una estela de 3 mil quinientos muertos en querellas del narcotráfico. Los cultivos se trasladaron a los Chimalapas, donde empieza la montaña, al borde del río Uxpanapa. Ha sido a costa principalmente de los indios zoques.

Casi todos los puentes se cayeron en menos de tres años; hay que vadearlos en el safari de Maderas del Pueblo del Sureste, asociación civil ecologista a la que le tienen inquina los madereros que ya se extendieron rumbo a los Chimalapas. Conduce Isaac Matus, istmeño de la costa. El viejo carro se atasca en el Río Garganta. El calor agorzoma. 36 grados a la sombra con 70 por ciento de humedad. Apenas amaneció hace un rato. Una mojonera inmensa con un dejo de lápida en un panteón protestante proclama que el puente en ruinas fue obra del licenciado Luis Donaldo Colosio. Apenas anteayer lo asesinaron, por aquí nada se sabe.

Al otro lado del río Uxpanapa está el Catorce, último caserío. La panga que puso el gobierno se oxida desde hace un año en medio de un halo tornasol de aceite, ojo negro en una pluma de pavo real. Las chicharras ensordecen. Hay que dejar el safari y esperar el cayuco. Junto a un tejabán mínimo de palma, un costeño corpulento y cincuentón ocupa todo el sitio. Bocabajo lee un cómic de traileros, absorto en una nube de moscos. Su espalda desnuda es un empedrado de ronchas, hasta la cacha nacarada de la pistola .45 que aflora en la cintura.

A un lado está la camioneta de Seguridad Pública del Estado de Veracruz, policía que es muy mentada por su ferocidad y nexos con el contrabando de todo género. El comandante se levanta bufando. Se restriega el lomo en un poste del tejabán. Se acintura la pistola en su pantalón azul de terlenca y se sacude la arena de sus huaraches de plástico. Las uñas de los dedos gordos del pie las tiene barnizadas de rojo granate. Se queda mirando al cayuco cruzar el río.

Monte adentro

A un lado de El Catorce está la vereda de pica abierta a machete al corazón de Los Chimalapas, la última selva virgen de México, un rincón que comparten y disputan de mala manera Chiapas y Oaxaca. El Catorce no empieza ni termina. Apenas está el trazo de una calle polvorienta, los restos de un John Deer herrumbado podrían ser la mojonera del límite. *Deer*, venado en inglés; hasta hace poco hubo por aquí ciervos, pecaríes, jaguares y hasta quetzal. Los cazadores los exterminaron la maquinaria hizo el resto con la devastación de los bosques. Ambiente trastocado, alienación total.

La vereda parte casi al nivel del mar. Vamos caminando a una ranchería, me había dicho Isaac que está sitiada por policías chiapanecos. El oxígeno se apelmaza con la transpiración vegetal. Un cigarrillo Alas se consume en un minuto 15 segundos, la mitad de lo que me dura en la ciudad de México. La jornada es cuesta arriba y cuesta abajo por las cañadas, entre palmas, cazahuates y primaveras, encino tropical, maderas preciosas que aún no han podido tumbar por el terreno abrupto, ríos y arroyos, un mapa de capilaridad intrincada en el extremo noroeste de Los Chimalapas.

De vez en cuando encontramos unos arrieros, descansamos mientras sus mulas ramonean. Una tenía una matadura de por lo menos una cuarta de mi mano, cuando le quitaron la silla le salieron los gusanos, un campesino les echó criolina para que se ahogaran. No sé porqué se me ocurrió echarles humo a los túneles que las larvas hacían en la piel. Salía por los hoyitos como si fueran géiser. Casi al oscurecer, junto a un río con parvadas de loros y garzas está San Francisco La Paz, caserío zoque y chinanteco, en medio de la selva, veintena de chozas de madera y palma, por los techos sale humo de los fogones. No parece estar bajo estado de sitio. Está acosado hasta la inquina. Las mujeres lavan sobre las piedras en la orilla del río, los niños chapotean o son culebrillas que de la mano giran en torno al asta bandera, un mástil erguido de caobo. Los hombres regresan de la labor. Son campesinos de infrasubsistencia que cultivan maíz en los claros de la montaña.

Al otro lado del río, en la altura del cauce, se levanta ominoso San Isidro la Gringa, erizado con los fusiles de paramilitares y policías chiapanecos que invadieron terrenos que pertenecen a Oaxaca. Más allá los últimos rayos del sol destellan en El espinazo del Diablo, macizo de una montaña que se levanta a 3 mil metros, territorio de amapoleros y sembradores de mariguana llegados de otros lugares. Hace unos días vi la fotografía que tomó de la cima un satélite de la NASA. Hay una pista de aterrizaje y tejabanes para almacenar la droga. En este universo los de San Francisco quieren hacer una reserva de la biosfera, recuperar la tierra usurpada por invasores.

Se le llama La Gringa porque en los años cincuenta llegó una estadounidense con el marido. Recolectaban mariposas tropicales que vendían a museos y coleccionistas. Los imagino como *beatniks*, en una choza con hamacas y en el suelo de tierra libros de Jack Kerouac, aclimatados y húmedos junto a una botella de *Jack Daniel's*: «Ofréceles lo que ellos anhelan en secreto y serán golpeados por el pánico.»

Los veo entre las matas de hojas de tigre con una red, agitándola entre nubes de lepidópteros, para cazar a la mariposa anhelada, la que con su aleteo desataría una cascada de dólares en el caos de Amsterdam o Nueva York. Eran los amos de un tráfico lucrativo en el *Dharma*. Partieron, y sin más razones quedó en este paraje el apodo forastero de una mujer.

Hace veinte años empezaron a entrar talamontes y ganaderos a La Gringa. Traían entre la peonada a gente de Guanajuato y Zacatecas con todo y familias. Invadieron, tumbaron el monte, dejaron a las vacas y acotaron a los indios. Con el gobernador chiapaneco Patrocinio González Garrido el acoso aumentó. Corrió las mojoneras sobre Oaxaca, con la indiferente complacencia del gobierno federal y el desgano de la autoridad oaxaqueña.

Cuando el río baja durante el estiaje, los de La Gringa vadean a caballo, lazan los techos de las moradas, luego los postes; todo tumban, los fogones y trasteros de tabla, las cabalgaduras pisotean los trastes de peltre y barro, todo incendian. La gente huye al monte con los niños y pasan semanas ocultos por donde hay jaguares y nauyacas. Regresan a levantar de nuevo la casa.

Caminaba un día el jovencito Pablo Escobedo Méndez Gálvez por el acahual tupido de huarumbo y platanillo cuando desapareció. Su madre dice que iba de compras a El Catorce. Un campesino de San Francisco la Paz vio cómo lo intimidaban unos hombres. No pudo hacer más que esconderse en la maleza. Me cuenta que fue gente de La Gringa. Lo golpearon hasta tumbarlo. Lazado y hecho un ovillo de reatas, lo metieron al monte. Pusieron una queja en la Comisión Nacional de Derechos Humanos. La falta de respuesta ha provocado encono y tristeza en los lugareños indígenas.

Isaac Matus y Miguel Ángel García, de Maderas del Pueblo del Sureste, llevan quince años con un plan de ordenamiento ecológico en el que participa la comunidad. El enemigo a vencer, que en vez de menguar avanza, es el Gobierno federal, local y los invasores. Los efectos de la rebelión zapatista no han hecho mella todavía. La madre del joven ha denunciado a la policía los nombres de los atacantes: David Vega, Isaías Gaona, Abel Gaona, Eliseo Sánchez y Eliseo Huerta. Nada.

Los secuestradores se fueron rumbo al inhóspito Espinazo del Diablo, donde moran jaguares, temazates, yaguarundis, águilas arpías y sembradores de narcóticos. Ni los taladores han logrado arrasar esta parte de cañadas y barrancas, donde los caobos alcanzan 40 metros de altura y perforan las neblinas eternas. De cuando en cuando se aparece un burrero: los campesinos más míseros que transportan la droga caminando. Con lo que ganan se mudan a las comunidades en el borde de la carretera transistmica donde hay luz eléctrica. Construyen casa de tabicón y lámina de zinc sofocante y compran antena parabólica. Terminan en la cárcel bochornosa de Tehuantepec. Así se cumple la cuota de narcotraficantes presos.

Para cruzar La Gringa hay que remar en un cayuco. Los de San Francisco la Paz se repliegan a sus casas y recogen a los niños. Cualquier intruso que atraviese pone en riesgo a la comunidad. Los francotiradores echan tiros y ráfagas. Están alertas ante cualquier desmán, pero quieren que alguien atestigüe la presencia infame de los invasores, para eso me invitaron.

Ato el cayuco en un muellecito, que es un par de troncos medio hundidos en el río Uxpanapa, turbulento por la cercanía de los manantiales que le dan nacimiento. Hay que trepar un talud. Arriba en el borde hay hombres apuntando. Es la tropa policiaca de Chiapas. Visten de civil: pantalones de poliéster, playeras con la lengua de *The Rolling Stones*. Dicen los de San Francisco que cuando penetran o les tiran junto con los invasores, no van uniformados. Se cubren la cabeza con paliacates rojos para que no se les mire el corte militar.

El comandante Absalón Gordillo Díaz, sudoroso y mestizo, está arisco, aferrado a un R-15. La Gringa es una veintena de casas de madera que rodean lo que sería la plaza. Se distingue de San Francisco por los techos de zinc y porque no hay escuela. Poca gente además de la tropa. Los moradores andan por los potreros, las mujeres se esconden, las chicharras vibran en el diapasón de la hierba. Unos puercos se revuelcan en charcos de lodazal. Niñitos medio güeros, encuerados, abdomen que anida lombrices, juegan con muñecas de pelo apelmazado, cochecitos de plástico sin ruedas. Les revolotea el mosquerío.

Unos de la tropa salen de un galpón amarrándose paliacates en la cabeza y juegan futbol. La misión, dice el comandante, es proteger a los colonos de los rijosos de San Francisco. Gente muy mala, cuenta igual a los mariguaneros y gomeros. El sol cala, invita a entrar al barracón. Es un cuartel. El arsenal de pistolas y fusiles se apila. Los uniformes cuelgan de mecates en la penumbra. Destella un garrafón con mezcal. Bueno para el calor, dice el comandante. Como que vaporiza al sudor.

Bravo y a trompicones entra el colono Víctor Manuel Zavala, se le nota que no es de por aquí, altanero, se reafirma propietario: «Hijo de dominio y heredero». Su inquina va contra los patrones que los trajeron, a quienes ya indemnizó el gobierno. Y como dice Isaac Matus, el de Maderas del Pueblo, los ganaderos han sido varias veces indemnizados.

—Yo sólo soy vaquero —dice el colono agarrando un pocillo con mezcal—. Ahora los ricos nos dejaron solos. Son de Veracruz, de México y Chiapas, de Cintalapa. Son los Hugo Mines, Toledo, los Chusi Moguel. Ya no conocen ni sus tierras. Ahora las vamos a reclamar. Dicen los de allá enfrente que nosotros los matamos. Cuando ellos ya mataron a un chamaco de los nuestros.

El parte legista, cuenta Isaac Matus, dice que se ahogó. Iba bien bolo y nadie resultó responsable.

—Y que no vengan a meterse aquí para hacer su reserva de la biosfera. Estamos armados, tenemos apoyo. Nomás se meten y regresamos a visitar a esos hijos de marrana y otras tantas. Solitos se van a ir yendo. —Me mira el colono y señala hacia atrás, al desapacible Espinazo del Diablo.

Asamblea nocturna en San Francisco la Paz. Recuento: dos mujeres violadas, un desaparecido, golpeados, numerosas intrusiones en el pueblo. Cada fechoría ha sido puntualmente denunciada a las autoridades federales y oaxaqueñas. Nada. Informes del gobierno ordenan la restitución de 40 mil hectáreas a los zoques. Lo han oído una y otra vez. Nada. Llevan tiempo escuchando resoluciones semejantes. En vano tratan de conseguir su reserva de la biosfera. El tiempo indio se consume en rescoldos: «Estamos jodidos. Aquellos tienen amparos, tenemos hasta los números. No queremos derramar sangre», informa Constantino García Toribio, chinanteco de 30 años de edad, producto del reacomodo de la presa Miguel Alemán. En vez de quedarse en los poblados con nombre de número, se avecinó aquí. Es de los que promueven un lugar para la conservación ecológica de las miles de especias de flora y fauna. Quiere que vengan científicos, pero no ahorita. Pueden ser blanco de los tiradores de La Gringa.

Un niño berrea, la madre cautelosa lo saca al fresco. Nunca se sabe cuándo vendrán los disparos cruzando el río. Les tiran con ventaja, porque La Gringa está en alto. Tiro parabólico de artillería elemental. Hace tres noches tirotearon, dos días antes entraron echando ráfaga dos jinetes de cabeza cubierta con paliacate.

Aquí sólo hay armas viejas, mosquetones para defenderse de los animales. Ayer mataron a un jaguar. Era un animal viejo. Fue en la milpa, amenazaba con atacar a los hijos de don fulano que le pegó certero los perdigones entre los ojos. Se comieron la carne, estaba correosa. En San Francisco la Paz hay hambre.

La balada del rock de la cárcel

En la cola de un huracán a finales del verano, una treintena de presos en huelga de hambre tiritaba en el patio del Reclusorio Norte. Tumbados en colchones, se amodorraban al atardecer, embozados en sarapes bajo el cielo encapotado.

Juan Rafael Moro Ávila, con gabardina beige estilo detective, cruzó a zancadas sobre los insurrectos de la Coordinadora Nacional de Presos Políticos, gente que exigían la libertad de indios y campesinos en todos los penales del país.

Le valía madre al ex policía que ensayaba en el auditorio con su grupo de rock *Asociación Delictuosa*. Me saludó como si caminara en una pasarela. Iba a cantar:

> Y hoy aquí comprendí que tengo miedo de aquí vivir,
> por el hampa e inseguridad que tenemos que soportar.
> De policías hay que huir
> pues es lo más temible vivir aquí
> y la corrupción hay que combatir y los vicios destruir ¡eje!

Cumplía cinco años de los treinta y cinco de condena, por asesinar al periodista Manuel Buendía Tellezgirón. Atravesó las butacas en penumbra, galerías de concreto tras bambalinas, hasta un camerino repleto de amplificadores, teclados, batería y guitarras y posters de heavy metal: un hoyo *funky* en la prisión. Lo recibieron reverentes sus compas músicos y presidiarios. Su mujer le dio un beso. Tenía permiso de participar en los ensayos y tocadas, Armida Montes, «Army», baterista y vocalista de *Asociación Delictuosa*.

Moro se quitó la gabardina y blandió la guitarra, con un *slide* dio pie a la rola que empezó con la grabación de un noticiero; la voz en *off* de Jacobo Zabludovsky: «Hoy a las cinco de la tarde fue detenido el autor material del homicidio de Manuel Buendía. Se trata de Juan Rafael Moro Ávila, que se convirtió en el hombre más buscado por las policías de México.» De nuevo un *slide* de Moro, retumban los acordes y canta:

Hoy me trajeron a esta celda fría
hoy me acusaron de matar a un periodista
por más que grito que soy inocente
algunos piensan que soy un delincuente
y no lo seré jamás.

En una cama de cemento ahí me duermo
con una colcha que está llena de agujeros
más no me importa si tocar yo puedo
el *rock n' roll* con todos aquí adentro y todos
oyendo *rock n' blues*.

El periodista fue asesinado el 30 de mayo de 1984, en Insurgentes, a las seis y media de la tarde. Salió de su oficina. Un sujeto le disparó cinco tiros a quemarropa adentro de un estacionamiento y escapó en una motocicleta. Moro era policía de la Dirección Federal de Seguridad, comía en el restaurante D'Eva por el Monumento a la Revolución, oyó por su radio:

—F. Adelante. A Insurgentes y Havre y Liverpool. Hubo un asesinato. Concéntrate con las motos —platica Moro—. Me arranco con otro compa, no le arranca la moto, se la tuvimos que empujar y me topo con «el Tato», que iba saliendo con el radio. «¿Dónde vas?» «A Insurgentes». Me subo. «No, porque vas a hacer caballito». «No, me cai que no hago ninguno». Entonces ya se trepó conmigo y llegamos ahí. Todavía me estaciono en la entrada y ya estaba ahí la Cruz Roja con el cuerpo de Buendía Tapado con una sábana blanca. «Tato» ya murió en un pedo que se puso. Era morenito, era un muñequito. Luego lo quisieron vincular con «el Chocorrol», el que disparó, según los testigos, por los retratos hablados. Para nada daba la fisonomía. Luego dijeron que yo había sacado al «Chocorrol» del lugar de los hechos, luego que «el Chocorrol» era yo, que tampoco me parezco.

»La descripción que dieron los testigos es que había sido un hombre moreno, de uno setenta, uno setenta y cinco de estatura, fornido, tipo costeño, de pelo con corte militar, pómulos salientes. Yo mido uno sesenta y cinco. Traía la greña larga, me decían «Sérpico». A los quince días me casé en Cuernavaca. Están las fotos, salgo así. Ni modo que en dos semanas me creciera la barba y la mata. Cómo me voy a desinflar y achaparrar. Doscientos invitados me vieron: artistas, periodistas. Toda la familia Ávila Camacho firmó de testigo. Estuvo mi peluquero con el que me fui a peinar a la Zona Rosa.»

Andaba con tenis, pero las pisadas sonaron fuertes en

las galerías de la prisión. Era «el Diablo», Raúl Pérez Carmona, temible comandante de la Judicial Federal y de la Federal de Seguridad. Comandante antinarcóticos y de la Brigada Blanca, feroz en aniquilar y desaparecer guerrilleros. Pants beiges, corpulento, cincuenta años de edad, sentenciado a treinta y cinco, coacusado en el asesinato de Buendía por darle a Moro la orden ejecutora. Los de la Coordinadora de Presos Políticos lo señalaron como torturador y verdugo de miembros de la Liga Comunista 23 de Septiembre. Policía hasta el tuétano, muy a la mexicana. Ya probó de lo mismo. Fue torturado. Despreciaba a los periodistas. Era un ovillo de arrogancia.

—Moro parece sietemesino honestamente, es un sietemesino. Lo miras caminar de aquí al patio y dices, no, pues no... y luego greñudo. Óyelo hablar. Se la vivía con las motos en la Zona Rosa, a dos cuadras de donde mataron a Buendía. Todos lo conocían, era una persona publica, hacía películas, telenovelas, ¿lo iba a mandar matar a Buendía? No voy a contratar al primer pendejo que me encuentro a mi paso. Compro a un cabrón ex profeso, no voy a traer gente del circo o del medio artístico. ¿No es de risa que lo hayan señalado como el autor? Yo estoy aquí porque supuestamente le dije a Moro que tenía que estar en Havre a tal hora. Pero a Moro ni de risa lo contrataría. Veamos. ¿Cuántos narcotraficantes me deben un favor? ¡Puta! Del cerro me traigo mil cabrones y van mil a matarlo. No voy a arriesgar a un elemento de los míos, ya no por él, porque si lo detienen va a declarar en contra mía.

De abolengo

«El Moro» ha compuesto más de cincuenta rocks y grabado un par de discos tras las rejas. Sobrino de un presidente de la República, se crió en medio de las armas y la música en una de las familias más rancias de la política mexicana: la de los Ávila Camacho.

—Un verdadero músico de rock tiene que saber leer una partitura clásica o de lo que sea. Yo aprendí de mi abuela. Me enseñó a tocar a Bach, Mozart, Chopin. Toco el piano desde que tenía cuatro años. Cuando ella se descuidaba, me ponía a tocar *Popotitos* o a Elvis Presley. Cuando Elvis, yo tenía el copetote, luego llegaron *The Beatles* y el cuellito Mao, las minifaldas. Tenía un grupo, Los *Beep Beeps*, y me dejé la greña.

Moreno, 40 años, baja estatura, enjuto, entradas implacables en la melena, barba de días, mirada zafia y pajarera, nariz abatida. Me dijo eran fracturas de las artes marciales y no de los golpes de sus colegas cuando lo aprendieron y estuvo en las celdas que tan bien conocía. Fue torturado.

—A los 19 años fui el policía federal más joven, uno de los pilares de la Procuraduría General de la República. Desde que tenía 9 años los escoltas de mis abuelos y tíos, puros militares, me decían «dispara» y tiraba como ellos. Montaba a caballo, buceaba, me tiré en paracaídas, estudié en el Colegio Americano y en La Salle. Soy segundo *dan* en artes marciales y piloto aviador. Cuando entré a la Federal de Seguridad llevaba ventaja sobre los que entraban y seguía tocando rock y a Wagner.

De gira

Juan Moro y *Asociación Delictuosa* salieron una tarde del Reclusorio Norte. Caminaron por un túnel mal iluminado con neón, como el de un estadio, pero en este subterráneo las paredes transpiraban cañerías. Una docena de custodios vigiló el operativo. Iban a dar un concierto en el Reclusorio Femenil Norte; que está pared con pared.

—Aquí sí se puede respirar.

El músico expandió los pulmones en un salón de actos con moños de papel crepé. Lo rodearon las internas: «¡Moro!, ¡Moro!, ¡Moro!» Había jóvenes de 18 años con sentencias de 25, sirvientas analfabetas presas por robarle a la patrona aretes de abalorio, la prostituta veinteañera con un tatuaje descomunal que reptaba y salía del escote, encerrada por robar unas pilas de la farmacia, la casi anciana que puso un negocito y resultó amañada por un fraude mezquino. Todas aplaudían al ritmo:

> Algunos días me sentía enloquecer
> en esa celda fría sin saber qué hacer
> más ahora estoy contento pues con la banda
>   siempre rocanroleo
> y con todos mis cuates aquí ¡eje!

Las mujeres se menearon vestidas con lo mejor de la moda reclusorio. Las mallas de lycra enfundaban una feminidad rabiosa que se enjutaba o salía de los bordes, en cuerpos que oscilaban de la espiga a la obesidad descarada. Moro firmó autógrafos.

Apartada de la bulla estaba Sofía Naya, «la Güera». Fue agente de Policía y Tránsito, de la Federal de Seguridad y la Dirección de Investigaciones Policiacas. Experta en desbaratar a la guerrilla, negociadora en secuestros. De 40 años, estudió decoración de interiores, su porte lo reclamaba. Cumplía sentencia de 25 años por participar en el asesinato de Buendía. Tenía dos hijos con «el Diablo» Carmona. Era jefa del taller de repostería en la prisión.

—Mi crimen fue ir al lugar donde mataron al periodista. Investigué en los hoteles de la zona y al rato me olvidé del caso. Luego nos agarraron a todos: a Moro, Carmona, Prado y a mí. Yo nada más había ido a acompañar a Carmona a las oficinas de Morales Lechuga que era el procurador del Distrito Federal. Que a tomar café y dizque unas galletitas. Me pusieron las esposas, me vendaron y echaron en una camioneta encima de mis compañeros. Se siente la respiración agitada de los demás, quesque nos llevaban de gira. Lo primero que pensé es que nos llevaban a la carretera, que nos iban a matar y me puse a rezar. No nos decían por qué íbamos detenidos. Nos dejaron, luego supe, en el Campo Militar Número Uno.

»Estuve seis días esposada y vendada de los ojos. Hasta el baño me seguían los agentes. Es denigrante que hasta ahí la tengan a una que ayudar. Luego nos llevaron a las instalaciones de la Procuraduría General, en la calle de López. Reconocí la voz del comandante Valverde, le supliqué para que me quitaran las vendas porque tenía claustrofobia. Me dijo que seguía órdenes. Me la pasaba llore y llore. Hasta en el sexo me atacaron. En el certificado médico está cómo llegué al reclusorio. Me tuvieron que reconstruir la vagina, las glándulas de Bartolín, por los chicharrazos que me dieron.»

Ana María Vera Smith, guerrillera urbana del Procup, presa y torturada por los federales. Compartió la prisión con la ex policía en un *impasse* de rencor mutuo. Me platica en corto que Sofía Naya después de torturar, bailaba encima de los detenidos con los tacones afilados de sus zapatos.

Tehuacán

—Al entrar al Reclusorio Norte conocí a un guitarrista alemán que tocó con Eric Clapton. Tocamos como un año antes de que lo trasladaran. —De nuevo, en el *back stage* del Reclusorio Norte, el jefe de la banda me brinda una *rola*: «Guan tu tri for», de nuevo el *slide*. Pisa el pedal con la bota de piel de vientre de serpiente. Eduardo Escalante al teclado, Juan Carlos Hernández Carvajal al bajo, Moro al requinto, Army, su mujer, en la batería. Canción de atmósferas:

> Yo no sé de qué te quejas si no estás tras de las rejas fruncirías hasta las cejas si es que caes en este lugar, mejor vamos a rocanrolear.
> Yo no sé de qué te quejas si te puedes reventar con tus amigos en el bar y estar en cines y en el bar.
> Yo no sé de qué te quejas mejor vamos a rocanrolear.
> Yo no sé de qué te quejas si en la Procu no has estado, aguantando las golpizas y tehuacán por la nariz...

—En muchos temas originales que tengo de rock sí hablo de la cárcel, de la gente que ha estado en prisión, en unos separos, en una delegación; son temas que llaman la atención y aparte hacen reír.

—¿Reír? De inquisidor pasaste a torturado. ¿En quién te inspiraste?

—Yo nada más les daba cachetadas, y eso que nada más una que otra.

Entre los móviles del asesinato de Manuel Buendía, nunca aclarado, estaba la información que el periodista guardaba en su archivo sobre los vínculos de la Judicial Federal y la Federal de Seguridad, con el crimen organizado, narcotráfico y tortura, ámbitos por los que deambulaba Moro Ávila con salvoconducto de impunidad, temas que ahora festeja y conoce al dedillo. Esta canción que recrea el modus operandi del judicial, la entona «Army»:

> Era un jueves a las nueve treinta cuando tocaron a la puerta,
> yo no esperaba a nadie y pregunté quién era
> fuertes voces de hombre respondieron abre estúpida infeliz.
> Sola, sin comprender dije sálganse de aquí.
> Somos agentes judiciales no nos queremos ir sin ti.
> Asustada les abrí la puerta sin saber qué pensar
> uno de ellos me jaló el pelo
> otro me rompió la blusa
> y encerrándome en el baño comenzaron a golpear.
> Uno de ellos me agarró las manos burlándose de mi
> todos empezaron a buscar dizque droga que escondí
> al notar que no había nada robaron toda la casa
> sólo dejaron la alfombra porque no podían quitarla.
> Por una ventana una vecina tomó una fotografía
> fue así como pude comprobar que eran de la judicial,
> es así como trabaja la policía de aquí.

Histriónico

Moro era personaje de la farándula, condimento policial de las fiestas donde alardeaba entre modelos y actrices, sus hazañas y destrezas. Aparecía como doble en escenas de riesgo, sobre todo de motocicletas, y un buen día lo invitaron a la actuación en serio. Mal augurio. Apareció en la película *El fiscal de hierro* como el guarura gandalla que mata a un periodista, papel protagónico, un año antes de ser enclaustrado por el asesinato de Buendía. Filme premonitorio, el supuesto fiscal estaba inspirado en Javier Coello Trejo, zar antidrogas, protector de policías violadores, que participó en el garlito que le tendieron las autoridades a Moro.

El crítico de cine Jorge Ayala Blanco describe a Moro Ávila en el libro *La disolvencia del cine mexicano*: «Con cierta desenvoltura natural es el hermano Pineda, apodado 'el Chueco' (Juan Moro en pleno ascenso truncado). Con notoria habilidad en el manejo de las armas homicidas, el socarrón chaparrito bigotudo prodiga muestras cinicoides, mueve sus ojillos con genuina malicia, mete mano a discreción a las sensacionales nenorras que nunca se le despegan y, en increíble vértigo realidad / ficción, descarga a placer su tiroteo sobre el idealizado Buendía televisivo que debe ser liquidado en tumulto».

El roquero, ex actor y ex policía, tomaba al Reclusorio Norte como Reino Aventura, un retiro musical y conventual. Pensaba que pronto saldría libre para hacerla en Hollywood o en el Premiere del Pedregal. Se declaraba inocente. Su disco *El rock en la cárcel*, tiene dedicatoria:

«A Manuel Buendía Téllez Girón (Q.E.P.D.). Dondequiera que estés sabes que soy inocente». Lo grabó con *Asociación Delictuosa*.

Moro se jacta de que en la cárcel lo quieren:

—Estoy en una prisión en la que he metido gente, como policía, que me ven y me saludan: Comandante, ¿cómo esta usted? Yo sigo siendo una persona honesta. Nunca cometí ese asesinato, nomás que de la confusión se nos cayó la casa.

Perro come perro

Un mes antes de que mataran a Buendía, Carmona, Sofía y otros policías de la Federal de Seguridad visitaron al periodista. Él los quería conocer por haber resuelto el homicidio de la esposa de un diplomático alemán, que resultó el homicida, pero huyó a su país amparado por la inmunidad. Buendía publicó el asunto y felicitó a los agentes. Fueron por mandato de José Antonio Zorrilla,titular de la Dirección Federal de Seguridad; fue la única vez que vieron al periodista. El día que lo mataron Carmona estaba en su casa con una rodilla lesionada, «la Güera» Naya y Juventino Prado fueron al lugar de los hechos entre la bola de trescientos policías que acudieron. Sustentaron sus coartadas. No las aceptó el juez.

Buendía trabajaba el asunto de Gerhard Georg Mertins, traficante de armas con negocios turbios en la minería mexicana. Con la participación de la DEA las armas eran para la contra nicaragüense. Huyó a Alemania. Años después la agencia estadounidense filtró que Zorrilla estaba en contubernio y tenía nexos con el narcotráfico. Manuel Bartlett era secretario de Gobernación y Miguel de la Madrid presidente de la República. Buendía hilvanaba los cabos de la política con el hampa.

Cuando Buendía fue asesinado, se soltó el «borrego» de «el Chocorrol» como el asesino. Éste era madrina de la Judicial Federal. Se llamaba José Luis Ochoa Alonso. Lo mataron en la Agrícola Oriental el 11 de junio de 1984, durante un enfrentamiento con la Federal de Seguridad. Lo seguían por el secuestro del industrial Javier A. Landgrave. Había sido liberado, pero «el Chocorrol» lo seguía extorsionando. «El Diablo» Carmona dice que el empresario estaba metido en un contrabando de dólares y equipos de comunicación:

—Al «Chocorrol» lo mató Eusebio Velasco, «el Chevito», un federal. Lo tenían atorado, trató de quitarle el rifle a un compañero y «el Chebito» le soltó los balazos. Pusimos a disposición a toda su banda del «Chocorrol» a su hermano. Éste dijo que su carnal no tuvo nada que ver con la muerte de Buendía. Eran secuestradores y asaltantes. Nosotros sí matamos al «Chocorrol», pero fue en un enfrentamiento.

Platiqué con ambos ex federales en un pasillo de la prisión, se arrebataban la palabra, era de los casos en los que una grabadora se vuelve fundamental, quedó salpicada de saliva, el volumen saturó el sonido; regresaban una y otra vez a los mismos asuntos, el teatro de los hechos se iba y volvía, los límites entre las corporaciones policiacas a las que pertenecieron eran como la estratigrafía de una ciénaga. En el patio continuaban los presos políticos. Sesteaban.

—Primero dijeron que yo había sacado al «Chocorrol» en la moto después que mató a Buendía. Cuando luego vi —cuenta Moro—, que los dibujantes hacían retratos hablados que cada vez se parecían más a mí, ¿por qué, si los testigos que me tenían enfrente no decían que era yo? Lo dijeron cuatro años después cuando me presentaron a la prensa. El día del sepelio de Buendía estuve a la vista de todos. En una esquina me comí una torta con una horchata, me acuerdo que era de pierna. Estaba en la moto y escolté a la viuda.

Los policías involucrados en el crimen de Buendía habían trabajado bajo las órdenes de Miguel Nazar Haro, cabeza de la Brigada Blanca, director de la Federal de Seguridad, artífice de la tortura y desapariciones de la «guerra sucia» de los años 70 y 80. Manuel Buendía le seguía la pista en asuntos de represión y narcotráfico. El periodista empezaba a destapar a los políticos imbuidos en el crimen organizado. En 1985 Carmona y Sofía Naya se fueron a trabajar a la agencia de investigaciones de Nazar, que se había retirado a la práctica privada.

Dos años después el presidente De la Madrid creó una fiscalía especial para el caso Buendía. Nazar arregló una reunión de Carmona y sus compañeros con el fiscal Miguel Ángel García Domínguez. En apariencia era sólo un trámite, porque habían participado en la investigación del asesinato. Carmona dice que al principio el funcionario se portó amable. Se avecinaban las elecciones y con franqueza les soltó que se trataba de anular presidenciables de arriba para abajo. Lo de Buendía era punto y aparte. Quería conocer los ilícitos del licenciado José Antonio Zorrilla: el reparto de las credenciales de la Dirección Federal de Seguridad, a los narcotraficantes, y, sobre todo, su relación con Manuel Bartlett, el secretario de Gobernación, de quien dependía la Federal de Seguridad. Tenía muchas posibilidades de ser candidateado por el PRI a la presidencia. Después se volvió hosco el fiscal. Les pidió que hablaran de «el Chocorrol». Si no cooperaban, les iba a echar a Chucho, a Jesús Miyasawa, el director de la Policía Judicial del Distrito Federal. Les olió mal. «Esto está sucio. Ya no andan buscando quién lo hizo sino quién la pague». El fiscal tenía 298 hipótesis sobre el autor material del homicidio de Buendía.

Moro sostuvo por separado varias entrevistas con el fiscal. «El Diablo» y Sofía regresaron al oficio, cuando su jefe Nazar fue llamado en 1989 a ocupar la Dirección de Investigaciones Policiacas, en la Secretaría de Protección y Vialidad. Esto causó pavor en la ciudadanía, conocedora de las tropelías de Miguel Nazar, cuando estuvo en la Federal de Seguridad.

Sus compañeros de la Procuraduría General de la República empezaron a involucrar a Juan Rafael Moro Ávila en el robo al Museo de Antropología. Continuó en la farándula. Filmó la película en la que representó al asesino de un periodista. Peores augurios. Llegó a la presidencia Carlos Salinas de Gortari, Ignacio Morales Lechuga a la Procuraduría del Distrito Federal y Federico Ponce Rojas fue nombrado subprocurador de la Procuraduría General de la República. Un lío de la vida airada unió nuevamente a Moro con el asesinato de Buendía, como en aquellos días en que los retratos hablados lo hacían parecerse a «el Chocorrol». Apareció como gancho una modelo y *starlet* de telenovela. Moro explica:

—Jacaranda Alfaro me platicó que era novia de un cuate subprocurador de la Procuraduría General. Me dice que ése tenía un Mercedes rojo, pero le daba miedo subirse porque era robado. Pura incongruencia, pero en ese momento me di cuenta de que me estaba metiendo entre las patas del caballo. Yo no sabía si de verdad era su vieja o no su vieja porque esa vieja no es vieja de nadie. Declaró que yo transportaba mariguana a Estados Unidos, en las llantas de la motocicleta. ¡Cómo voy a meterla ahí! ¡Por favor! No voy a jugarme la vida a 300 kilómetros por hora, por... ¿cuánto puede caber en las llantas? Lo que pasa es que el hermano de Jacaranda se robó unos abrigos de piel de la casa de una amiga. Entonces la policía andaba sobre él. Jacaranda, con tal de que no perjudicaran a su hermanito, aceptó declarar en mi contra para que lo desafanaran. Y Ponce seguía con ella a toda madre pa' arriba y pa' bajo. Esa es la verdad de las faldas por la que fui a caer en esta bronca.

Manuel Bartlett había perdido su candidatura. Como le dijo el fiscal a Carmona, se descartó un presidenciable sospechoso entre los filos del asesinato del periodista. Por órdenes de Salinas de Gortari, el 11 de junio de 1989 fue aprehendido José Antonio Zorrilla —subordinado de Bartlett— en medio de una balacera. El director de la Federal de Seguridad, que fuera jefe de Moro, Carmona y Sofía Naya, fue acusado de ser el autor intelectual de la muerte de Manuel Buendía, de delitos contra la salud, de acopio de armas para uso exclusiva del Ejército y de abuso de autoridad. Con él cayó el subdirector Mario Estrella, por el homicidio de José Luis Esqueda, investigador de Gobernación e informante de Manuel Buendía.

El vínculo de Moro con el robo al Museo de Antropología era la Princesa Lea, vedette que tuvo que ver con el atraco. Había sido amante de Moro. El otro cargo que le esperaba era por narcotráfico, acusado por Jacaranda.

—Un día —platica Moro— le hablé a mi mamá como siempre y me dice «¡pues que hiciste!», pus' yo no hice nada, «pues ni te aparezcas por aquí, tu casa y tu oficina están llenas de federales, saquearon todo, se robaron todo, ¿pues que hiciste? Golpearon a tu perro.»

»Me presenté amparado en la Procuraduría General. De repente me jalan, digo que allí está mi abogado, sí pero vente para acá, me llevan a interrogatorios, luego a los cuartos de abajo. Me empiezan a torturar, me siguen torturando; los conocía a todos. Como llevaba mi .45, me dijeron que al robo del Museo y al transporte de mariguana me iban a agregar acopio de armas; pues cómo, si yo era policía.

Le propusieron un pacto. El método fue policial y mexicanamente ortodoxo. Sólo tenía que decir que sacó a «el Chocorrol» de la escena del crimen. No cuajaba muy bien la artimaña, porque a esa hora Moro comía en el restaurante D'Eva, donde era conocido, pero...

—Llegó Ponce Rojas a decirme que todo estaba arreglado, que manejaba Roberto Martínez, que el juez del 34 se había vendido y que en tres días me iba. —Pero el arreglo se torció también en un canon nacionalista.

—¿Y por qué aceptaste? —interviene Carmona— Nunca te carearon con nosotros y todavía te presentan frente a las cámaras en la Procuraduría del Distrito Federal, y le das las gracias al señor presidente porque te habían tratado bien.

—¿Cómo que por qué? Si me tenían atorado. Secuestraron a mi hermano y a mi novia, me quitaron todo lo de mi casa. A mi mamá le pusieron 'campanas' por todos lados. Todo estaba invadido por policías. Ya no era yo comandante. Tú sabes que nosotros nos morimos en la raya, que estamos entrenados para eso, pero con la familia se te doblan las patas. A tu hermano lo están madreando en tu lugar, porque tú no quieres aflojar. Yo decía ¿pues qué no hubo un arreglo? Me lo cambiaron todo, ahora yo era el asesino. El mocito de Buendía, el tal Bautista con el que anduve de arriba para abajo semanas después del crimen, dándole protección, acompañándolo a hacer los retratos hablados, me señaló cuatro años después del asesinato. Él y otros testigos me pasaban a ver a la procu como chango. Ponce Rojas me ordenó que dijera lo que le sabía a Zorrilla con el narcotráfico y que yo era «el Chocorrol». A la prensa le dieron una confesión que yo no había firmado, de eso me vine a enterar en la cárcel. Es ilógico que voy le jalo a la pistola contra Buendía, me subo a la motocicleta y al rato regreso. Además cuándo voy a ser «el Chocorrol» si ese ya estaba muerto.

Los límites y jurisdicciones policiacas se perdían en un drenaje. En el garlito acusador estaba Javier Coello Trejo, funcionario de la Procuraduría General, el policía «incorruptible» que inspiró *El fiscal de hierro*, el filme donde Moro mataba al periodista. Semana y media después de la captura de Zorrilla, sin careo con Moro, caerían los otros tres acusados por «participación en grado de autoría material» en el asesinato de Buendía. Miguel Nazar Haro les informó a Carmona y Prado que debían presentarse en la Procuraduría del Distrito, con el procurador Ignacio Morales Lechuga. Sofía Naya fue de acompañante y dijo:

—Nos recibió el licenciado Nacho, se fue, nos quedamos solos dos horas, todo estaba muy bien, que un café, galletitas y línguili línguili, tralalá y ...

—¡Zaz! El culatazo —cuenta con rencor Carmona—, nos encañonan y todos contra la pared; ya fue en la Procuraduría General, a donde nos trasladaron, nos vendan, me «chinean», me quitan la ropa, hasta los calcetines. Después de horas esposado, sentía dolor, sobre todo en los huesitos de acá, porque las esposas me las acomodaron mal. De allí nos llevan al Campo militar número uno. —Por las vendas en los ojos y lealtades turbulentas no identificó a sus compañeros torturadores—. Me pusieron cablecitos en el cuerpo mojado y con tehuacán mojaron los alambres para amplificar la corriente. La venda de la cabeza me la amarraron a los pies. Con el dolor se tensaba más, así que mejor no me movía. Como que te desarticulabas.

El último rock de Asociación Delictuosa

Y hoy también ya comprendí que tengo miedo de
aquí vivir
por el hampa e inseguridad que tenemos que
soportar
De policías hay que huir pues es lo más temible
aquí. / ¡eje!

Juan Moro estaba contento, hizo un *cover* de *La respuesta está en el viento*; admira a Bob Dylan. Dijo que su rock es auténticamente marginal, porque está hecho desde la prisión. Carmona no lo soportaba.

—Hay muchas cosas, muchas ya, veneno hasta de mi boca, hay rencor, porque eso es una injusticia la que se nos ha hecho a nosotros, después de estar con el pinche sistema, —concluye «el Diablo» Carmona—. Yo te puedo enumerar miles de cosas tan sucias, tan puercas. A ustedes los periodistas les han dado atole con el dedo, porque son unos pobres pendejos también. Se han conformado con los embutes, valen más los embutes que la verdad, que la sangre de su compañero. Ojalá que todos los pinches embutes que les han dado, cuando estén comiendo con su familia, no les sepan amargos. Asesinos son todos ustedes y el pinche sistema de los jueces estos, porque están asesinando. Han desbaratado nuestros hogares. Yo no tendría por qué estar soportando una pinche cárcel de éstas; con tanto que el país nos debe a nosotros, con tanto que hemos luchado por el país. La poca estabilidad que tenía el país nos la debe a nosotros. La poca.

La Coordinadora de Presos Políticos repudiaba a los ex policías. Les resultaban repelentes a Ítalo Díaz y Felipe Canseco, ex guerrilleros del Procup, Partido Revolucionario Obrero Campesino Unión del Pueblo, en huelga de hambre. Les daban, sin embargo, el beneficio de la duda a Moro y sus secuaces, por el batidillo y las aguas residuales de la política mexicana; pero si no fue Buendía, estaban pagando por los otros muertos y desaparecidos. Los guerrilleros purgaron condena por asociación delictuosa.

Alcohol oscuro

Tres amigos de un difunto fueron al velorio. Bebieron mezcal para acompañarlo en el duelo. Es la costumbre. Unas horas después del sepelio empezaron a deponer pesadillas. Se quejaron de dolores en el vientre que los desgajaban. Perdieron de vista a sus familiares. Dos se quedaron ciegos, uno murió después.

Ocurrió en la colonia Lázaro Cárdenas del Río, municipio de Cuernavaca. Dice la esposa de don Sotero que falleció de borrachito. No le dio importancia cuando empezó a echar espuma, a revolcarse debajo de la jacaranda, espantando a las gallinas que revoloteaban por el patio terroso. Los hijos pensaron que era la cruda. Llamaron al doctor, no le pudieron pagar y se fue. Alcanzó para el certificado de defunción: «Alcoholismo crónico. Desequilibrio hidroelectrolítico. Paro cardiorrespiratorio». Tenía 61 años.

Días más tarde se supo que murió por ingerir metanol: alcohol industrial que venía en la botella de mezcal. Lo reveló el diagnóstico clínico de especialistas, en el obituario que se empezó a llenar. Casi todos los certificados de defunción equívocos reportaban congestión alcohólica. Don Sotero fue el primer caso de una epidemia que en quince días cobró ciegos y docenas de muertos en el estado de Morelos. No había hipótesis, se suponía venganza, se habló de un taxista misterioso que viajaba al estado vecino de Guerrero. Desde la Edad Media la leyenda de una muerte viajera es muy socorrida, porque la sigue una caravana de espectros.

No hubo culpables durante las primeras semanas; coincidían con las vacaciones de fin de año y los servicios periciales también estaban de vacaciones. La Secretaría de Gobernación le informó al corresponsal Gerardo Ortiz que si giraban órdenes de aprehensión, serían cumplidas hasta el año siguiente, porque el juez del Juzgado 1° de lo Penal estaba de asueto.

Don Sotero andaba en lo que el pueblo llama «El escuadrón de la muerte», teporochitos que se juntaban a beber en el panteón. Compraban mezcal a granel, a chorro, en las vinaterías clandestinas del rumbo. Pudo ser en la de Amado Arteaga, el herrero que tiene unos hijos punks en la banda «Chavos Locos». Los muchachos dijeron que en su casa hay metanol para adelgazar la pintura, pero que ellos no fueron ni hicieron combinaciones con el mezcal. Son roqueros a morir y no le vendieron nada a los muertos.

Fue doña María Gaspar quien vendió el mezcal a las tres víctimas. Ocho pesos por un litro. Me lo cuenta apurada, aún con el riesgo de aparecer en la nota roja cual Cobra de Morelos. No sabía que era veneno. Con un vestido de satín negro estampado con floripondios, platicamos junto a un palo cirión, afuera de un jacal de tabicón enjalbegado de azul Diego Rivera. Empieza la tarde. Se divisa el Popocatépetl con una fumarola menguante. El cementerio está desierto arriba de la loma. Se fueron los teporochos.

Doña María Gaspar empezó a vender licor clandestino hace dos años por consejo del taxista Diego Cardoso. La llevó a la destilería Las Quintas, en Temixco, que está cerca. Compró envases de Viejo Vergel para que los rellenaran. Le empezó a ir bien. Compraba mezcal y otros licores a 50 pesos la garrafa de 20 litros, vendía a 8 pesos el litro y se ganaba como 110 pesos, porque tenía que repartir a los inspectores de Hacienda, Salubridad y otros que no sabe, pero estaban enterados de la venta ilícita. El taxista repartía alcohol por los pueblos. Empezaron los daños en gente joven.

Expediente 552/00, Procuraduría de Justicia del Estado de Morelos: «Inspección ocular y fe del cadáver. Avenida Aeropuerto lote 23 sin número, Xochitepec, Morelos. Se observa una casa de lámina de cartón, con su frente al norte de un predio de forma rectangular. Se da fe de tener a la vista en el suelo, cubierto con una manta, a una persona del sexo masculino con la cabeza hacia el norte, las extremidades inferiores al sur, así como las superiores siguiendo el eje del cuerpo.»

Era Antonio Trujeque Ballesteros, de 34 años. Estaba medio encuerado con unos shorts de poliéster luido. Un metro sesenta de estatura, robusto, moreno, lampiño, pelo parado lacio y negro. Sus ojos cafés miraban el cartón corrugado del techo.

Empezó a beber ayer en la tarde, antes de que empezaran a graznar los zanates. Tomó Bacardí y mezcal. A las diez de la mañana, en pleno canto de las chicharras, su esposa lo llevó al baño. Ya no podía moverse, estaba medio engarrotado y lo dejó sentado en el patio. No era la borrachera. Se apersonaba el tóxico metanol. La mujer se asomaba de vez en cuando, andaba atareada en el quehacer con las niñas de vacaciones. Fueron las que le avisaron que su papá respiraba muy raro. Llamó al médico; se le quedó viendo un rato a Antonio. No quiso firmar el certificado. Llamó a la policía.

La señora espera a las puertas de la morgue en Cuernavaca.

—Se murió de ebrio—, dice el doctor. La señora le pide el certificado.

—Se murió de ebrio, ya le dije.

Le sugiero que pida el expediente. Se lo avientan. Las hojas se desparraman por el piso. El fólder papel manila tiene sangre seca. Los médicos forenses exorcizan con indecencia el aura de los deudos vivientes. Leo: «Configuración de cerebro anatómica normal, con congestión vascular generalizada del exterior. El corte de ambos hemisferios de aspecto normal... Pulmones distendidos congestivos con abundante escurrimiento hemático oscuro, estómago con escaso contenido de líquido verdoso con olor característico a alcohol, mucosa muy despulida, hemorrágica y con múltiples úlceras. Causa de muerte por congestión vascular generalizada a la ingesta crónica de alcohol, gastritis ulcerativa hemorrágica.»

Por teléfono el doctor Fernando García Rojas, director del Semefo en el Distrito Federal, me dice que es raro que gente de esa edad muera con tales síntomas, como está ocurriendo. La famosa congestión alcohólica es morir en la inconciencia de la intoxicación, ahogándose en el vómito que se va a los pulmones. Las vías respiratorias se obstruyen y la persona muere de asfixia. Por el cuadro que han presentado, podría tratarse de una intoxicación por metanol. La clínica basta por el momento para establecer el diagnóstico. También bastan unos mililitros de los humores del cadáver y una muestra del cristalino, para encontrar residuos del tóxico.

—En medicina, lo que se busca se encuentra —me dice el reconocido legista—, pero no cuando los peritos están de vacaciones.

Úlceras y tiniebla

El metanol tiene muchos usos y es muy tóxico para el humano. Se consigue sin trámite hasta en las tlapalerías, como alcohol industrial a menor costo que el etílico. Se usa principalmente para diluir pintura. Ulcera el tracto digestivo, produce edema cerebral y daña el nervio óptico. La causa de muerte es por paro cardiaco y respiratorio, como la mayoría de las defunciones. En este caso lo que importa son las causas subyacentes, el cuadro clínico y los estudios de laboratorio.

El joven Luis Manuel Baena despertó la mañana del domingo con una cruda espantosa: «Me estoy partiendo, así, por aquí, por adentro». Le dijo a su abuelita que algo le estaba dando puñaladas. Ésta no le hizo mucho caso. El ayudante de albañil bebía los fines de semana. Pasaba de la euforia a la tristeza y trastabillaba, sólo que esta vez la torpeza era porque el cerebro se le inflamaba irreversible. Empezó a gritar: «Ya no veo, miro cómo que te me nublas», le decía con ademanes a la abuela, a tientas en las sombras y la señora no le hacía caso. Qué iba a saber que el nieto se estaba quedando ciego, que en su cuerpo había una pócima que le estaba diluyendo el nervio óptico. Con ayuda de los vecinos llegó al hospital, ciego para siempre.

A unos kilómetros, Ricardo Baños bebió mezcal con un par de amigos. Lo compraron a chorro con doña María Gaspar. Todos murieron. Como a las tres de la tarde el joven le pidió a su abuela que lo llevara al baño. Orinaba mucho, tenía frío en su pueblo bochornoso. Los dientes le castañeteaban. También fue una abuela quien lo tendió en la recámara. No se dio cuenta que agonizaba. Ricardo estaba separado de su mujer, sus tres hijas corrían en torno a la cama, por el patio, entre los cazahuates de flores blancas y los tzompantles hirviendo rojo como el cerebro y las vísceras del joven.

Por la noche los vecinos se lo llevaron en taxi a Cuernavaca, iban rumbo al hospital. Cerca del zócalo boqueó. Se regresaron para enterrarlo. La abuela levantó un acta por envenenamiento. El funeral costó 950 pesos. Entre los vecinos se cooperaron.

Crimen social

Hablo por teléfono con la doctora Cecilia Ridaura, patóloga, miembro de la Academia Nacional de Medicina; leo los diagnósticos clínicos y anatomopatológicos. Dice que los casos bien pueden corresponder a una intoxicación por metanol. Cree que se trata de un problema de salud pública y magnitud enorme. Equipara la tragedia con los bombazos terroristas y a las víctimas con gente anónima. Son los peones, los teporochitos, personas en la que nadie piensa. En este caso deberían estar los mejores médicos forenses y toxicólogos para hacer una investigación eminentemente científica. No basta con autopsias macroscópicas y certificados médicos que son inespecíficos. Es una cuestión de responsabilidad social.

La mortandad alerta a la prensa, van cerca de veinte muertos. Recuerda a la novela *Zona caliente*, de Richard Preston, en la que cunde un virus letal. Lo que empezó en periódicos locales como notas perdidas de nota roja, rota 360 grados en la brújula del morbo para acaparar titulares de diarios, radio y televisión. El secretario de Salud reconoce ante la prensa que hay un saldo de muerte vinculado con alcohol. Ordena ley seca durante el puente navideño en siete municipios. El Ministerio Público se pone a trabajar aunque sean días de fiesta. Gira órdenes de aprehensión en las que van doña María Gaspar y el taxista Cardoso, pero no los detienen. Cierran y sellan sus casas. El chofer perdió el encanto de ser una especie de mensajero de la muerte. Clausuran destilerías, entre éstas, Las Quintas, de Guillermo Díaz Rubio. Son decomisadas bebidas adulteradas de marca: *Johnny Walker* etiqueta roja, *Herradura Reposado*, *Bacardí Blanco* y *Solera*, en botellas de litro y pachitas; vodka *Smirnoff*, sidra asturiana, marranillas como *Temixco Jarabe*, *Brandy Vencedor*, *Anisado Refinado*, *Legitimo Mezcal Rico*, todas con registro oficial; alcohol para beber de *Alcoholera Veracruzana*, RFC 530719, Secretaría de Salud 2818. Una docena de las destilerías incautadas se encuentran legalmente en Temixco. El presidente municipal enseña las licencias. Se jacta que todo está en orden y que los muertos son cosa de Salubridad.

Las autoridades han decomisado 10 mil litros de alcohol que puede contener metanol. La dosis letal media de esta sustancia es cercana a 30 mililitros en una persona de 70 kilos. Significa que pudo haber 333 mil muertes. No se sabe cuánto alcohol industrial anda en las cantinas y vinaterías clandestinas o legales, palabras de bordes imprecisos, atenazadas.

En la Hostería Las Quintas Resort en el bar, durante la transmisión de un noticiero por la televisión, entre los vacacionistas hubo brotes sicóticos de personas que empezaron a perder la vista, a sentir calambres en la garganta y desfallecimiento. La ley seca se rompió para que los huéspedes trajeran sus bebidas, pero en Los Canarios, antro para nativos, no vale la prohibición. Está repleto y la clientela desafía. Trescientos parroquianos lo abarrotan y piden tragos de mezcal por 10 pesos.

Móviles diluidos

El asunto de los muertos queda cubierto por el escándalo. El taxista se diluyó como distractor literario. Se involucra a una familia prominente de Morelos: los Díaz Rubio, cuarenta años en la venta y destilación de bebidas alcohólicas, propietarios de alambiques, bodegas y vinaterías. Se presume venganza.

La Judicial de Morelos aprehende en Cuernavaca a Luis Federico Díaz, acusado de 27 homicidios. Allana una de sus bodegas en Temixco. El abogado defensor, Rodolfo García Aragón, rompe a manotazos los sellos de clausura. Es la noche del Día de los Inocentes, lo acompañan los hijos del presunto envenenador que ahí viven.

—Va por mi responsabilidad —me dice con franca complicidad—. Esta es una casa habitación que nadie tiene derecho a cerrarla.

La luz está cortada en la vieja casona. El abogado alumbra un patio grande con una linterna y aparecen tambos y envases. No ladra el perro. Cuando lo jalaban a la patrulla, Federico Díaz les recomendó a sus hijos que recuperaran un lote de bebida fina, *Hennessy* y otras marcas. Es propietario de la vinatería La Perla, que está en el centro de Cuernavaca.

En la habitación superior, que es sala y comedor, las botellas desaparecieron:

—Fueron los judiciales —clama incontenible el abogado.

—Al perro lo mataron —murmura uno de los hijos—. Faltan más cosas, además del perro y las botellas, no está la televisión; aquí se puede ver por el polvo en la mesita y tampoco está el modular ni la cámara de video.

—Y tus revistas de viejas encueradas, mira cómo quedaron las que dejaron —la risa del abogado es carcomida.

El piso de los cuartos es de mosaico, los muebles están volteados sobre enormes muñecos de peluche. Ruedan botellas vacías que el abogado patea, una de tequila *Sauza* tiene una etiqueta sobrepuesta: «Frotar en el corazón y en la nuca para controlar la agitación». La policía no halló alambiques.

Luis Federico Díaz está peleado a muerte con su hermano Guillermo, pero le renta unas bodegas en las que sí hay maquinaria para destilar, aunque el permiso es sólo para vender licor en botellas cerradas. Tienen alambiques. Se ampara en permisos, *bilimbiques* con respaldo oficial. En el Juzgado de 1ª Instancia dan fe numerosas fotografías de las máquinas. No sirven los laboratorios. Se recurre a la iniciativa privada para los análisis. El químico farmacobiólogo Antonio Miranda Sotelo descubre adulteración con piloncillo, alcohol metílico y saborizantes en bebidas de prestigio elaboradas en las bodegas de Guillermo, que vende Federico en La Perla. También hay mezcal, no trazos de metanol. En el Ministerio Público no hay reportes del licor fino que desapareció en el cateo. El metanol ya apareció en cuatro muestras de los cadáveres que siguen cayendo. Los dueños de las distribuidoras furtivas y a granel han huido, se supone que a la sierra de Guerrero o con la parentela más remota. El taxista va y viene con remesas de licor.

La prensa se olvida de los titulares con el recuento de muertes. Vuelven a ocupar notas mínimas en los interiores de la nota roja. Lo destacado es una familia de abolengo en Cuernavaca que está en líos judiciales y se desgarra por dinero. Guillermo Díaz Rubio fue capturado en Monterrey.

En el penal de Cuernavaca, Federico me cuenta parte de la historia:

—Me avisaron mis hijos que estaban los judiciales y quesque había muertos, para nada hay muertos, es invención de ustedes, que estaban en mi casa.

—¿Los muertos?

—No, los policías, yo fui y ya ve. Eran como veinticinco de todas las agrupaciones. Me subieron a una patrulla que dizque para qué nomás me iban a tomar unas declaraciones. Me llevaron a la Procuraduría y no me dejaron salir. Que investiguen a mis hermanos. Yo no los veo, no sé quiénes son. A uno nada más le rento.

El hombre fornido, de cabello ralo y corto, y ojos zarcos, jadea. Apenas se le intelige la voz con la faringitis que le estruja la garganta. Platica que en la familia hay rencores que vienen de hace más de veinte años. Su padre le dejó la mejor parte de la herencia a él, el más joven de los hijos. Se entera de la suerte de los hermanos cuando alguno muere, ya ocurrió, son nueve. Así, aquellos se estarán enterando que ahora está en la cárcel. Igual supo que Guillermo está detenido en Monterrey. Dice que es muy rencoroso, muy rencoroso, como Gengis Kan, que hacía su éxito con el fracaso de los otros. Le debe a Serfin, al Fondo de Fomento Industrial de Morelos. Dice Luis Federico que Guillermo es capaz de todo para hacerlo fracasar.

Se pregunta si el hermano fue capaz de echar metanol en las bebidas que él vende en La Perla. Es muy estúpido, dice. En el estado de México aparecieron botellas de *Mezcal Rico* que él expende, pero también sus hermanos, y lo destila Guillermo.

El total fue de 47 muertos y 8 ciegos. Los sospechosos están libres. No se encontró el metanol. El taxista Cardoso sigue distribuyendo alcohol por los pueblos. María Gaspar vende otra vez mezcal a chorro en su casa. Pero ya aprendió. Vierte un chorrito en el agua de los pollos. No ha muerto ninguno.

Apartado Huejutla

Una entrada a la huasteca es parando en El Chalet, un lugar que se llamó Magosti, que quiere decir la puerta, cuando vivieron aquí los otomíes. El restaurante es nivel gourmet. Ofrecen un lomo de trucha en salsa de huitlacoche que llaman enlodado. También sopa de xoconostle y tuna ácida. Un larvario refinado de insectos; huevos de hormiga o escamoles. Chincuiles, gusano rojo de maguey con guacamole. Chicales, hormigas rojas con alas en salsa de guajillo. Manjares vegetarianos son los hualumbos, eflorescencia del maguey que sale del quiote, y la trufa local, el matsutaque. Lo compran los japoneses a 300 pesos el kilo y lo revenden a cien dólares en los restaurantes de Tokio. Sitio acogedor de madera, con fogón en la cocina y chimenea para los comensales. Bebo una copa de anís con un recién llegado que se asume gachupín con hidalguía. Dice venir a la reconquista, no abunda más, apura un *Duque de Alba*.

Aquí empieza la carretera a Huejutla, en el corazón huasteco. Ciclones y camiones de carga han dejado una brecha de baches alborotados. En el tramo de Tehuetlán hay topes sobre los hoyos. Un arriero pasa con su recua cuidando de las pezuñas. Antes de llegar a Molango está la cara sombría de la Sierra Madre Oriental, donde no pega la humedad de los vientos alisios. Inmensidad de pliegues serranos que se vierten en valles inmensos de cactus, órganos que se encrespan en las laderas y se vuelcan rumbo las nubes. Al otro lado, la vertiente del Golfo de México se empina hacia el mar, oyamel, pino y encino se van diluyendo en lo que resta de la vegetación tropical y un calor que agorzoma en Huejutla y alrededores.

—Y el olor de la mierda se viene y te pega en la cabeza —el encuentro con el escritor Rafael Ramírez Heredia es casual—. Aquí encuentras la mentira y la miseria, basura por todos lados. Tierra de discrepancia, edificios espantosos junto a casas de maravilla con techos de teja. No hay una librería, pero sí videocentros y videojuegos. Huejutla comienza a destruirse, a carcomerse aterrante.

Viene del mercado, andaba a la búsqueda de huapangueros y comida regional. No la halló. Platicamos en el Hotel Posada, que aspira a dos estrellas en un firmamento que ahuyenta a los turistas despavoridos. Afuera la lluvia es pertinaz; apenas se dibuja la mole colonial, restos de un convento agustino. No pudo encontrar buen refino, aguardiente auténtico de la caña brava de azúcar. Lo suple con larguísimos tragos de ron blanco, las guías de sus bigotes son antenas que ensartan las preguntas que le hago; humedecen la procesión de tragos y en la noche todo es pardo en la hondonada de Huejutla.

Huasteca, lugar de cuajes, es una región vasta. Huejutla, sitio de sauces en náhuatl. De día, más allá del zócalo con palmeras, almendros, laureles, graznido de zanates y la escalera de caracol en medio del kiosco, la desnutrición es molde y prototipo. Niños de barriga abultada, piernas enclenques y cabello pajizo deleznable. Campesinos que bajan de los cerros con vientres de bulto tenso y estigmas de hidropesía por la cirrosis.

Es medio día en las casi afueras del pueblo de 34 mil habitantes y 200 tugurios y cantinas. Mestizos y criollos en el centro, nahuas y totonacas en los bordes, con casas de tabicón, lámina y cartón. El mercado desfallece con manojos de cebollas, carnicerías con ganchos de los que cuelgan tripas y una cabeza de marrano.

En la ribera del río Tempoal se revuelcan los cerdos y brincan las garzas garrapateras en los charcos del cauce anémico. Se escuchan lánguidos los huapagangos en El Tucán, donde no entra la luz del sol. A los músicos se les engarrota la garganta, trastabilla el arco del violín, la humedad afloja la quinta huapanguera y la jarana huasteca se pandea.

Huejutla de Reyes, topónimo de héroe desconocido. Aquí nació en 1831 Antonio Reyes Cabrera, zapatero y campesino humilde, guerrillero chinaco. Le apodaban «el Tordo». Lo mataron los franceses cuando intentó arrebatarles la plaza. Su imagen está mal pintarrajeada en una pérgola del zócalo tropical.

De la región es también José María Pérez Coronel, chinaco por igual. En Casas Quemadas, mineral a 3 mil metros sobre el nivel del mar, hubo el 6 de noviembre de 1866 un combate encarnizado de suavos contra mineros. Los invasores desde un jacal diezmaban a los hombres armados con picos y palas:

> En eso llega jadeante montado en brioso corcel
> un valiente de Omitlán: Chema Pérez Coronel.
> Al mirar se toma prisa y enreda en un palo jirones
> de su camisa.
> Lo empapa con aguarrás y espoleando su caballo,
> para donde están los suavos se lanza como de rayo.

Una vez estando cerca avienta la tea al jacal
luego luego se regresa, le sigue lluvia mortal.
Aquel viejo jacal en pira se convirtió
y de aquellos extranjeros ninguno vivo quedó.

Justicia en idioma extraño

La cárcel de Huejutla está en el zócalo. Casona de adobe y tapia de piedra encalada, musgosa y rematada con hierba salvaje. De cuarenta y cuatro reos apretujados, cuarenta son indios que a medias entienden el español. Se sujetan a lo que dicta el juez cuando no manda al secretario.

—Hay mayor delincuencia entre los indígenas —dice Yasir Nochebuena, director del penal y licenciado— porque está ligado al aspecto cultural. La gente con más cerebro entiende de límites, se contiene. ¿Qué se puede esperar de una casa con sólo un cuarto donde duermen el esposo, la esposa y tres o diez hijos? Eso propicia el crimen y el incesto. No hablan bien español. No es que no se les defienda, sino que no se saben defender. Luego hay casos que se relacionan con la superstición. Si a alguien o alguno de la familia le va mal, piensan que lo embrujaron y entonces matan al brujo.

En la sombra del patio hay una hilera de reos en cuclillas que teje sombreros, chiquihuites, abanicos y bolsas con hebras de plástico.

En la Huasteca hay guerrilla soterrada, represión, secuestros y todo el abanico del crimen organizado. Esta gente no llega al penal de Huejutla. Al techo del presidio se llega de un brinco y con otro se alcanza la calle. El par de celadores bosteza recargado en los mausers. Nadie se va. Los delitos son lesiones, violación y robo. No hay presos por homicidio y menos por matar a un brujo.

Fausto Popoca de 24 años de edad, habla español a medias. Le dieron siete años por robarse una grabadora.

—Y sí, me la robé, y ni eso, allí estaba, yo pasaba y me la llevé. Estaba bien borracho, por eso no entendí lo que me dijeron ni lo que leí. No sé leer. Habrá sido por la cruda. —Se echa en el camastro.

El dormitorio es un galerón, las paredes están forradas de estampas religiosas; mujeres rubias en cueros; huacales de armario para trastes de plástico, larguísimo camarote de una galera.

En uno de los muros del exterior, en la cal manchada por líquenes y musgo, hay un grafiti. Dicen que así rayan los chavos indios. Unos barrotes con diablos adentro y «Fieraz wastecas. Puta wejutla.»

El baldío

«El Púas» era un chamaco hijo de un granadero. No le gustaba ver a su madre durante el coito con su papá. El encono se le fue acumulando. Un día agarró la metralleta paterna y salió a buscar camorra, quería que lo mataran, fulminó a un chiquillo, estuvo preso en una correccional, ahora es granadero.

Esta noche lo veo remitir unos vándalos a un resquicio para menores delincuentes en la colonia de los Doctores, barrio oscuro de vecindades ruinosas y edificios policiacos. La noche se hace más negra con los escasos arbotantes. De cuando en cuando las luces de las patrullas azulan y enrojecen las fachadas cacarizas del vecindario, edificios resquebrajados, detritus, memorial de los terremotos del 85, que dejaron a la ciudad de México abierta para siempre.

La oficina para menores infractores está desierta. Detrás de la barandilla hay un par de hileras de computadoras que sucumben a la tecnología. Las *Remington* emergentes continúan resolviendo los oficios. Al fondo hay dos celdas con un vidrio. Es de lo poco que brilla en la colonia, con las marquesinas de hoteles y cabaretuchos. Los presos están aluzados día y noche por luz neón. Se ven desde la calle. Hay una docena con los tres que remitió «el Púas». Unos duermen en el suelo, una niña se saca un moco, otros bostezan y un pelón dibuja «ojetes» con su dedo en el vaho que le echa al cristal. No hay barrotes, los vidrios son gruesos, al menos de un cuarto de pulgada, irrompibles se diría, hasta que la semana pasada un jovencito rompió a cabezazos uno de los muros transparentes.

A unas cuadras el circo Atayde anuncia una exhibición de fieras. Una señora llega airosa a reclamar que así tienen a su hijo, balconeado. Rompió el aparador de un mini súper con los otros que afanó «el Púas».Es sólo un ladronzuelo de doce años, con rostro aindiado que remata la pelambrera hirsuta; Alfonso N se guarda la identidad, su nombre y apellidos recuerdan una estirpe de filósofos y reyes castizos. Es la sexta vez que roba y lo atrapan. Es el décimo hijo de una familia mixteca que llegó para asentarse en Pantitlán. Vive con el padre y tres o cuatro hermanos que llegan cuando la madre, que vive aparte, se ayunta con otro señor. No sabe ni cuántos hermanos ni cuántos señores. El padre salió de Oaxaca con otros emigrantes, invadió un terreno, levantó un jacal, trajo a la mujer con los hijos y se le fue desgajando la familia. Entró a un camión recogedor de basura, se volvió teporocho. Alfonso se sube al camión cuando su papa teporochea, le dan 10 pesos de propina y en su tiempo ocioso roba. Como casi siempre el señor está indispuesto, la doña es quien faena para sacarlo de la cárcel, de este centro para menores infractores, una escala antes de llegar al Consejo Tutelar.

No es el caso de «el Volantín», que no tenía quien fuera por él y cumplía con la tríada de los agravantes carcelarios: homosexualidad, tatuajes y drogadicción. El chamaco se «ahogaba en leche», se chemeaba inhalando cemento a discreción; era de Maravatío, ejercía como malabarista y limpiavidrios en los saltos de los semáforos. Su tatuaje más llamativo era una calavera en el pecho trepanada por dos flechas. La última vez que pisó esta comisaría fue por robar dos botes de cemento en Gigante Vallejo. Llegó macaneado por «el Púas» y lo mandaron al Consejo Tutelar. Salió a morir.

Náufragos

«El Volantín» se ahogó hace unos días en un terreno baldío y bien bardeado, en la esquina de avenida Universidad y Félix Cuevas. Dentro pululan decenas de muchachos en galerías subterráneas y vericuetos de la cimentación de lo que alguna vez sería un edificio. Laberinto que se inundó hace años, refugio de los que egresan del Consejo Tutelar.

Está en la esquina de la tumultuaria estación del metro Zapata, a unas cuadras de la vanidosa Plaza Universidad. Al terreno lo remata un letrero espectacular: «Con roaming automático nacional siempre estás en casa.»

Desde el puente para peatones, se columbra un movimiento de gente que vaga entre escombros, reverbera como espejismo en el aire de la ciudad a medio día. Hay columnas a medio construir que no sostienen nada. Si alguna utilidad han tenido, fue para que un jovencito se colgara cuando salió de la correccional.

Entran por una puerta pequeñísima, contraseña a gritos de por medio. No avisé, poco a poco, con ademanes de voluntad que se despereza en la morriña, los habitantes del yermo urbano me rodearon con el sopor cauteloso de *El señor de las moscas*. No se acercan en son de paz, sus tiempos en las correccionales los han calado en el espacio. «El Zorro» —que ahí se crió— echa un cerrojo en la puertecilla a mi espalda. Tiene 20 años, homicida, salió libre al cumplir la mayoría de edad. Ya estuvo en el Reclusorio por robo a mano armada, continúa viviendo aquí como el maestro del sobrevivir en las artes de la calle.

Medio centenar es la concurrencia de muchachos y muchachas semidesnudos, gremio de infancia y adolescencia que mira al intruso. La nariz se les pega en los envases de cemento, pronuncian palabras que se adhieren a las frases y oraciones, como la resina que respiran se engoma en el cabello, fosas nasales, labios y les cauteriza los tatuajes en el pecho. Una niña carga a un recién nacido pegado a la teta.

Quinientos metros cuadrados de terreno. Perros famélicos husmean la basura desperdigada. Al final de los cimientos anegados se ahogó «el Volantín». Lo había precedido «el Manoplas». Cada vez fueron al rescate los bomberos. Bucearon, hallaron los cuerpos a veinte metros de donde se hundieron. Bajo el piso hay un dédalo de galerías de tres metros de hondo, inundadas y se hacen corrientes. El nivel es más o menos constante por los edificios de los alrededores que le jalan al excusado. Aumenta con las lluvias. En una columna está la cruz con aerosol azul donde se ahorcó «el Corajes»; una virgen raspada con vidrios, corcholatas, grafitis que dicen «korages, corajitos, por qué te fuiste». Lo lee en voz alta un chico que no sabe leer.

Más acá está el dormitorio, larga estructura de ladrillo y mampostería, metro y medio de altura, dos de húmeda y mohosa profundidad. El tufo levantaría los cuernos gachos de Belcebú. Aquí habitan y se hacina un centenar con los que llegan por la noche, un gajo de la juventud mexicana. Una vela sombrea la estampas de San Pascual Bailón y el Niño de Atocha, un póster de *Guns n' Roses*. Aquí ya se empieza a cumplir el hado de Adelita, ocho meses de nacida, hija de Lupe que aún no cumple los quince años. A los catorce entró a la cárcel por ladrona, recién llegada de Xochitepec, cerro de las flores, en náhuatl.

Afuera la hija de Malva toma un baño de sol estragado. Va a cumplir un año, su mamá estuvo presa en el Tutelar por ver cómo un amante cosió a puñaladas a su abuela. Por desconocer el nombre del señor, la encerraron acusada de cómplice del homicidio. Salió como niña de la calle.

Malva vio como los buzos sacaron al «Volantín», era un júbilo —recuerda— que compartía con los demás viendo las maniobras de los bomberos y hombres rana. En la correccional le enseñaron algo de performance. Puso una instalación en un pilar justo donde se hundió «el Volatín». Al pie hay una cruz con los maderos sin clavar, a un lado hay un rastrillo desechable y en el otro una mierda seca de perro.

El curador de gays

Una de las terapias que usa el doctor Leonardo Alcides contra la homosexualidad es proyectarle al paciente fotografías de hombres desnudos y atractivos. Luego les inyecta sustancias que producen vómito y náusea, para que rechace visceralmente su condición de afeminado.

Dice que es algo parecido a lo que le ocurre al alcohólico impenitente al que le administran antabuse. Si bebe, le provoca una caída súbita de la presión arterial, lo arrastra a la sensación de una muerte inminente y al arrepentimiento.

En una vieja y remozada casona de la colonia Roma, el médico también echa mano de la psicoterapia, hipnosis, homeopatía y acupuntura. Su arsenal también cuenta con gases que se usaron en la vieja escuela de psiquiatría porque: «Aquí llega el homosexual enfermo, porque todo, todo homosexual es un enfermo, un neurótico»; cuenta el hombre refinado, de buenos modales con alguna contención del ademán, manos delgadas con dos anillos de oro, zafiro y topacio, cabello con ese vuelco discreto de la onda con secador, pulcro, cincuentón. Sus clientes generalmente llegan por consejos de los parientes; los llevan madres afligidas en busca de ayuda por el escarnio de tener a un joto por hijo.

—Las causas pueden ser congénitas y eso ocurre en el homosexual verdadero, no en el que se convierte por haber estado en una cárcel, en el ejército, en sitios donde hay hombres, como en los campos de concentración o en el deporte.

El psiquiatra es egresado de la UNAM y el IPN, me platica en su despacho desde un sillón mullido tras un escritorio de ébano. Hay una penumbra leve por las cortinas verdes de terciopelo espeso, una lamparilla nacarada sombrea sus facciones afiladas:

—Vamos a curar a un neurótico al que la sociedad enferma, no simplemente a un homosexual que se volverá maricón de pueblo como los que andan en el carnaval de Veracruz y les vale madre su familia.

En ese inmenso despacho, un nicho que lo aísla de las sociedades científicas y la academia que lo rechazan por sus diagnósticos y tratamientos, va adquiriendo una locuacidad con irritación solapada; pero a él le tiene sin cuidado que no lo inviten a congresos y que cuestionen su terapia; la clientela es abundante y con entusiasmo me platica sus métodos.

—Comienzo sentándome frente a él, le digo por ejemplo que no me mire así, que no me arqueé la ceja, que se siente de esta o de otra forma —imita al paciente—. Así se va modificando la conducta, se va retroalimentando. Luego empezamos con una técnica de a ver quién aguanta más la mirada, durante un cuarto de hora. Cada vez que parpadea se le da un golpecito en la rodilla y alzando ligeramente la voz se le dice: falla. Ya que aprendió a estar con la mirada fija le digo: ¡Pinche puto! Y el otro brinca y yo otra vez, ¡falla!, ¡comenzamos, comenzamos!, ¡ándale, otra vez! O sea que vamos desgastando el banco reactivo. Es toda una labor.

También los gasea con óxido nitroso, el gas hilarante que en los viejos manicomios se usaba para dominar a los agitados, con resultados de barbarie. Actualmente se emplea como inductor de la anestesia, bajo control estricto, a concentraciones no mayores de 40 por ciento, en un quirófano y con un anestesiólogo. El doctor Alcides ignora la concentración que aplica, dice que su tratamiento es más arte que ciencia. Nada más pone la mascarilla y abre el cilindro. Luego lo cambia por gas carbógeno; el homosexual cae en una ensoñación y convulsiona. Al volver en sí, relata en imágenes de coloración intensa sus experiencias soñadoras, que el médico interpreta para calibrar el daño de la enfermedad.

El médico asevera tamborileando en una figurilla, un pastorcito en porcelana de Sajonia. Dice que nunca ha tenido un accidente. Responde así al reportero de la fuente policiaca que garrapatea de memoria en su libreta la fórmula, O_2N, sabe que son gases relativamente inocuos, pero de cuidado, también pueden ser mortales. En su arsenal el doctor emplea acupuntura, masaje y rayo láser.

—Éste es para el homosexual que se zarandea, que baila con el ballet de fulana de tal. A propósito, hace unos años vino un muchacho del Ballet de Amalia Hernández, era una m-u-j-e-r. Cuando se paró aquí me dije: ¿y ahora, qué voy a hacer? Y sin embargo obtuve los mejores resultados. Ya tiene tres hijos varones y me los trae cada año».

—¿A terapia? —le pregunto.

—Ya veremos, ya veremos... —y dice que los homosexuales salen sin contonearse y con la mirada altiva, gallardos.

Enfatiza que no usa medicamentos de farmacia, sin embargo, y lanza una mirada pícara:

—A veces les inyecto xilocaína en la próstata. Toman fuerza y se sienten hombres de inmediato.

Con la acupuntura aborda el meridiano del riñón:

—Donde reside la fuerza y el carácter. Estimula la secreción de hormonas masculinas de las glándulas suprarrenales. *Vox populi, vox Dei.* Cuando se dice que a los homosexuales les faltan huevos...

Cuando le menciono que en la gaycidad no se han encontrado alteraciones hormonales, el médico replica que él se refiere al joto que baila ballet, al femenino, al feminoide.

Para complementar la terapia, los pacientes toman clases marciales en su clínica y disponen de una amante terapéutica, una mujer que fue prostituta y que ahora contribuye a la recuperación de homosexuales masculinos. Va con ellos a tomar café, platican, «todo esto para favorecer y quitar el temor a la erección frente a una mujer, hasta que culmina el acto sexual.»

Le pregunto un núcleo de neuronas que el neurocientífico Robert Le Bay, de La Joya, encontró en el quiasma supraóptico, en cerebros de homosexuales, una diferencia microanatómica.

—Esto lo sé desde hace 17 años —contesta el doctor Alcides.

—Se acaba de publicar.

—Lo sé por esoterismo, y de eso no quiero hablar, pero es una tumoración que no es detectable por medios radiológicos. La trato con homeopatía. Supe que existía por radioestesia (sic), el método de los buscadores de agua con una horqueta, aunque prefiero el péndulo, aunque el paciente no esté presente; puede estar en la luna, pero la mente es más rápida que la luz.

Saqué un cigarrillo, el doctor hizo una mueca de repugnancia y salí del consultorio. En la sala de espera aguardaba un chamaco taciturno acompañado por una madre compungida y doliente.

Muerte de un universitario

Después de seis paros del corazón, falleció Rafael Roa Manrique, empleado de la UNAM, de 37 años, casado y con cinco hijos. Eran las 23 horas con 50 minutos. Está libre el presunto responsable, un policía preventivo.

Dos días antes ingresó el hoy occiso a la sala de urgencias del hospital de Xoco. Presentaba dilatación pupilar asimétrica, respiración intermitente, rápida unas veces, lenta las otras. Cuando el médico le corrió un objeto agudo por las plantas, los dedos de los pies no se contrajeron como en una persona sana. Se abrieron cual abanico. Signo de un daño cerebral muy grave. La arteria meníngea media estaba seccionada. La radiografía reveló un cúmulo de sangre entre las meninges.

El hueso parietal se encontró hecho añicos. Lo trepanaron de inmediato. Le fueron extraídos 150 mililitros —casi un vaso— de sanguaza y coágulos organizados, concisos, que le oprimían las funciones de la vida.

A las 17:30 horas, aproximadamente, el ahora difunto fue atacado por el patrullero Roberto Hernández García, placa 39092, tripulante de la patrulla 07047 del Sector Coyoacán.

Un lugareño

Rafael cuidaba de sus lentes con arillos de oro. Su hermano Alberto, también trabajador de la UNAM dice.

—Pero los lentes no los devolvieron. Le decían Lennon y se ufanaba. Es más no le regresaron ninguna de sus pertenencias, ni su mochila que siempre cargaba. Oía a *The Beatles* junto con los corridos de los guerrilleros Lucio Cabañas y Genaro Vázquez. Sí, Lennon y *Quilapayún*, Oscar Chávez, siempre los tenía puestos, como sus anteojos.

—Ahora ya no hay música ni nada —dice la viuda Laura Canchola, de 30 años de edad, que se quedó con cinco hijos: Ana Laura, Rafael, Elizabeth, Julio César y Lorena, de 11, 10, 7, 2 años y una criatura de 4 meses, respectivamente. Están silenciosos en torno a la mesa, cerca del estéreo barato que le costó dos meses de sueldo. Casa de tabicón, sala albeante, un altar con alcatraces y claveles frescos, azaleas de plástico, una veladora y el retrato del papá en la UNAM. La cocina es de paredes y techo de cartón. Los hijos recuerdan al jefe de familia que en domingo los ponía a trabajar en la obra de la casa. Luego se los llevaba endomingados a jugar pelota en el jardín Álvaro Obregón.

Llegó como pionero a Lomas de Padierna. Entró a la UNAM como auxiliar administrativo. Luego de 14 años tramitaba su ascenso a laborista. Construyó la casa. Había sido peón de albañil y jardinero. Labró el terreno, quitó piedras, lo aplanó, puso aretillos, claveles y conservó el encino, el único en ese predio de 200 metros en laderas del Ajusco. Ayer fueron encinares y hoy se trepa obscena la mancha urbana.

Le gustaba coleccionar quincalla antigua. De la pared cuelga, a manera de cuadro, una chamarra de cuero agrietado con la imagen del Che Guevara. Junto hay un afiche rojo y negro del guerrillero. Rafael era hombre tranquilo, de estatura baja, delgado. No se metía en política. El letrero en el dintel de la entrada: «Alto a la venta del país», era una ilusión. Como el pedazo de césped que sembró para cuando su hija Lorena empezara a gatear. Lo rodeó con una cerca de madera que compró con su prima vacacional. Más allá, el chiquero donde está echada Adelita, una puerca que no se atrevió a matar y es mascota junto con los perros y gatos.

El instante mortal

No fue tan breve. Era viernes de quincena y según los usos y costumbres de los empleados de baja categoría en la UNAM, se juntaron en un jardín próximo a la Facultad de Medicina. Tomaron. Cuando se acabó el Bacardí blanco de tres cuartos, hubo cooperación para comprar más. Rafael y su compañero Jesús Núñez fueron por otra botella a Copilco El Bajo, allí a la vuelta. Caminaban por la calle Leopoldo Salazar, en el centro del barrio, donde hay una Virgen de Guadalupe, cuando se les acercó una patrulla. Un policía les ordenó que subieran. Los testigos dicen que no estaban escandalizando ni se miraban incróspidos, aunque Jesús sí iba briago.

«No estamos haciendo nada» alcanzó a replicar Rafael, cuando les aplicaron la llave china. Jesús se alcanzó a zafar. Corrió hasta la Facultad de Medicina. Acepta que iba tomado, tanto que no les explicó bien a sus compañeros lo que había pasado. Hasta el lunes se enteró del desenlace.

Juan Francisco Santoyo, un vecino que pasaba, detuvo su camioneta, vio a la patrulla 07047 estacionada frente al restaurante 100 por ciento natural. Presenció la tropelía e intento detenerla. Los gendarmes Hilario López Ríos y Roberto Hernández García lo injuriaron, sobretodo el último: gordo, alto, de cara aniñada, cercano a los 25 años y presunto asesino. Fue cuando Jesús escapó.

«Ayúdenos. Nos quieren quitar nuestro dinero, somos universitarios», clamó Rafael. En ese momento el policía obeso lo surtió a puñetazos. Cayó de espaldas en el filo de la banqueta. Sonó un sonido hueco, de olla quebrada, y ya no se levantó. Ahí quedó sin sentido.

Santoyo se quedó pasmado. Se empezó a juntar gente indignada. En la confusión creyeron que Santoyo era licenciado, quizá por el traje y la corbata. Le pedían que se fregara a los gendarmes. No los contradijo, pendiente del hombre tirado en la calle que sangraba por la boca, atento al policía golpeador que tenía en la mano derecha los lentes de oro. Le dijo:

«Vete de aquí güey, si no vas a valer madres como este otro güey». Puso la otra mano en la cacha de la pistola.

El «licenciado» se subió a su camioneta y se fue rumbo a su negocio en la avenida Copilco. Desde allí vio pasar una ambulancia y cinco patrullas. El exceso de fuerzas se debió a que la gente rodeaba ya a los policías refugiados en su vehículo. Los rescataron de la multitud vociferante.

A la semana del crimen se instaló una feria donde cayó el trabajador de la UNAM. Va a empezar a pardear la tarde. Desde aquí se divisa a contraluz el edificio de la Facultad de Medicina donde trabajaba el difunto.

No los quisieron atrapar

Un mes después de los hechos, compareció el policía Hilario López Ríos por golpear a Jesús Núñez, acusado de complicidad o encubrimiento en el asesinato de Rafael Roa. Usurpaba funciones. No era patrullero, tan sólo un «comodín». Se subía a las patrullas los fines de semana para auxiliar en la extorsión. Dijo que el día de los hechos andaba con Roberto Hernández García cuando una mujer les avisó que unas personas se estaban peleando. Acudieron al lugar y los supuestos rijosos opusieron resistencia al subirlos al vehículo. Uno logró zafarse y huir. Como vio que la gente se aglomeraba, pidió refuerzos por el radio. No se dio cuenta si su pareja golpeaba al otro. El policía no fue consignado.

Roberto Hernández García continuó asistiendo a sus labores aun como presunto homicida. El Ministerio Público había girado orden de arresto. Corrieron veinte días después del homicidio. Alberto Roa se comunicó a la Judicial para conocer los avances. El agente Antonio Trejo le informó que tenían localizado al presunto. No lo podían detener, ya que andaba uniformado. Un mes después el policía acusado de asesinato dejó de presentarse en su comandancia. Fue dado de baja por inasistencia, escapó.

La familia Roa se lamenta de la negligencia:

—Los judiciales querían un billete pero ¿qué posibilidad había de extenderles uno? Se cometió una injusticia y el responsable anda suelto —cuenta el hermano—. Luego ese señor Trejo, el judicial del teléfono, me dijo en tono muy agresivo que era nuestra la culpa de que no lo hubieran aprehendido porque hicimos una manifestación en la UNAM. Sólo salió una carta en *Unión*, el periódico del STUNAM, el sindicato de los trabajadores. Publicamos otras en *La Jornada* y en el *Uno más Uno*. Pero nada.

Una cuenta pendiente era con Aseguradora Hidalgo. Rafael Roa tenía un seguro por 250 mil pesos. En las cláusulas se especifica que en caso de muerte violenta hay doble indemnización siempre y cuando el homicida y los culpables afirmen que se trató de una riña. Imposible cumplir con el asesino evanescente.

El Departamento Jurídico de UNAM dijo no tener obligación alguna de atender ese tipo de asuntos legales. Actúa sólo cuando se afectan los intereses del patrimonio universitario. Dejó entrever que algo se podría lograr si se les facilitaba un vehículo para trasladar a un abogado. La familia Roa ofreció pagar taxis. Pero así no quisieron moverse.

El narco caído de un jet

El regalo que nunca olvidará fue la cabeza de su esposa. La recibió en casa sin sospechar que la caja de metal envuelta con primor en papel brillante contenía una parte cercenada de Guadalupe.

Lo trastornó el atrevimiento en el mensaje, código no etiquetado, afrenta a sus anhelos de poder y decidió el contraataque. El asesinato de Guadalupe ocurrió cuando el narcotraficante apenas cimentaba su imperio. Ya pagaba a otros por matar, desafanándose de sus días de gatillero y verdugo a sueldo.

En una sala de la Procuraduría en Guadalajara veía al hombre inmerso, quizá, en el pozo de sus razones que se voltearon como un áspid. Cuando la policía aprehende a un capo del narcotráfico, hay cambio de estafeta en el corredor de las traiciones. Lo rodeaba una tapia de agentes antinarcóticos, las armas eran apéndices de sus cuerpos robotizados al acecho. El brillo de sus ojos verdes se volvió el vidrio de una botella olivácea de vino vacía y anegada, no de las que desgasta la arena de una playa, sino de las que ruedan en la calle.

Respondía a monosílabos, un judicial me dijo que era por analfabeta. A rey muerto… Héctor Luis o Héctor

Jesús Palma Salazar, «el Güero». Siempre fue de cuidado. Desde pequeño, en su natal Noria de Abajo, municipio sinaloense de Mocorito, andaba metido en robos de vacas que vendía en la sierra. Hijo de campesinos pobres, no terminó la primaria. Fastidiado de animales y jagüeyes se largó a las ciudades norteñas. De criatura del campo se volvió niño de la calle. Robó espejos, antenas y quincalla de automóvil para venderla por centavos. Salió temerario, era jefe de bandas en Mazatlán, Hermosillo, Culiacán u Obregón.

Empezó a vender mariguana al menudeo, un toque por aquí, otro por allá, cosiendo a puñaladas a quien se le atravesaba. Fue ganando territorios el joven de mirada verde caída a plomo, aún sólo parte menor de la picaresca norteña, hasta que se topó con alguien que no lo dejó avanzar más. Se dio cuenta de que se movía dentro de un país sin fronteras para los crímenes mayores, pero con dominios como el de Miguel Ángel Félix Gallardo, el capo de todos los capos de México, el señor de las drogas, el primer barón.

Los pasillos de la estupefacción

Félix Gallardo controlaba la droga que provenía de Colombia en alianza con el hondureño Juan Ramón Matta Ballesteros y el colombiano Gonzalo Rodríguez Gacha, «el Mexicano», por su afición a las canciones rancheras y a la usanza charra.

Los tres tenían en común el origen campirano pobre, el don de convertir en oro lo que tocaban, el oro verde de la mariguana, el blanco de la cocaína y el variopinto de la amapola. Lejos aún de las alturas, esta avaricia la compartía el joven Palma que de raterillo había pasado a distribuidor, pero el gran capo no lo detuvo. Al ver que tenía agallas y talento, lo metió a la organización como gatillero. Asesino desalmado, ganaba dinero a destajo. Buen tirador, a balazos le quitaba de encima a su patrón a cualquier enemigo. Seguía a su patrón por los corredores de funcionarios y políticos, las salas y jardines en los palacetes de mármol y aluminio, con balaustradas de yeso. Le gustó pisar alfombras mullidas, sentarse en sillones de oro y brocatel de vinilo. Veía largamente las albercas con morras hermosas. Un reducto desde el cual mirar al mundo, dándole vuelta a una esfera que vierte copos de nieve sobre Nueva York. Esta gente no viaja en sus jets a París, Londres o Venecia, si acaso Houston evadiendo a la Interpol. Las ideas para sus mansiones las adaptan del DVD y les da igual el caviar que la hueva de liza. Las fiestas más galanas son con políticos que protegen sus negocios, sin dejar de oler a los narcos como si trajeran untado para siempre el tufo de caballerangos.

Félix Gallardo había sido guarura del gobernador Leopoldo Sánchez Celis. Los políticos de altura, los de buen gusto y verdadera importancia, rara vez se dejaban ver con los narcos, por muy ricos que éstos fueran. Y vaya que si Félix Gallardo tenía dinero, tanto, que por el volumen de sus depósitos llegó a ser consejero de uno de los bancos más importantes del país.

«El Güero» estaba encandilado y quiso ser como el patrón. Durante años le había guardado fidelidad y su ritmo de asesinatos era mensual. Pero llegó la oportunidad de dar el gran salto. El jefe le encomendó la vigilancia de un valioso cargamento de cocaína. «El Güero» y Eduardo Retamoza, «El Lobito», cometieron traición y se quedaron con la mercancía. Félix Gallardo los mandó «cadaverizar». Cazaron al «Lobito», el otro escapó y anduvo de nueva cuenta a salto de mata, atando los cabos de lo que sería un imperio.

«El Güero» Palma estaba casado con Guadalupe Leíja Serrano, tenían dos hijos, Nathalí y Héctor de 4 y 5 años. El matrimonio vivía sin problemas a pesar de la vida azarosa del padre que los mantenía a una distancia más que prudente.

El venezolano Rafael Clavel Moreno, «el Buen Mozo», miembro de la banda de Félix Gallardo, andaba con Minerva, hermana del «Güero» Palma. La dejó de pronto y buscó a Guadalupe, que le respondió en amores. Ignoraba que Félix Gallardo le había pedido al «Buen Mozo» que la sedujera. Su marido era esquivo, astuto y difícil de matar. La venganza era destrozarle el corazón y aniquilar a la familia para enloquecerlo.

Los amantes se fugaron a Venezuela con los dos hijos. Pasaron a Los Ángeles para recoger 2 millones de dólares que «El Güero» había puesto en una cuenta a nombre de Guadalupe. «El Buen Mozo» degolló a la mujer, puso la cabeza en la caja de metal con hielo seco para conservar el último gesto de la muerte y se la envió al marido.

Clavel Moreno se fue con los niños a Caracas y los aventó a una barranca desde un puente de 150 metros de altura. Sus honorarios fueron los 2 millones de dólares.

Desfallecen viejos carteles

«El Güero» contraatacó más fiero que un dragón herido. Un torrente sanguíneo bañó el occidente mexicano. Se desangraron culpables e inocentes. En el caldero del hampa policiaca hirvió el crimen de Guadalupe. Judiciales federales bajo las órdenes de Palma secuestraron en Sinaloa a tres maestros venezolanos que habían conocido a «el Buen Mozo» y a un abogado mexicano. Los torturaron hasta romperles los huesos más delicados del cráneo. Ignoraban los vínculos de su paisano con el hampa y el abogado estaba con ellos por casualidad.

Norma Corona Sapién, defensora de los derechos humanos en Sinaloa y amiga del abogado, se puso a investigar a fondo el asunto y fue asesinada a balazos con la firma de «el Güero» Palma. El judicial Mario Alberto González Treviño, artero, le disparó.

Félix Gallardo había sido capturado por su compadre Guillermo González Calderoni, de la Policía Judicial Federal, por el asesinato del agente de la DEA, «Kiki» Camarena. Purga condena en Almoloya donde pinta arte religioso. Años después y prófugo de la justicia por delitos asociados al narcotráfico, González Calderoni fue asesinado en Texas.

Matta Ballesteros cayó preso y fue extraditado a Estados Unidos. Es recluso de Marion, Illinois, con una condena centenaria. Un comando del ejército colombiano le destrozó el cráneo a Rodríguez Gacha, «el Mexicano.»

A reyes muertos, «el Güero» Palma hizo gran festín en Sinaloa, tres días de champaña, tambora y bacanora, coyotas y caviar, lucimiento de *Rolex* de oro, pistolas de cachas enjoyadas, damas opulentas, políticos y poderosos, las fuerzas vivas apadrinando al nuevo cartel. *Cártel*, acentúan los colombianos, voz germana que se refiere a listados empresariales. Los bárbaros acentuaban en grave las voces latinas que adoptaban como *káiser*, emperador, tomado del latín césar.

Rehilete de sangre

Las divisiones empresariales de policías y narcos funcionan como partes de un mismo *holding* o *joint venture*, sin más códigos cifrados que los de las traiciones. No hay *thriller*, como lo revela un agente de la judicial que estuvo adscrito a la Interpol, con las desconfianzas inútiles de la DEA:

«El eminente se encontraba adscrito a la plaza de Culiacán, Sinaloa, siendo su comandante Mario Alberto González Treviño. Encontrándose el declarante arrestado en los separos de la delegación, le informaron que debería reportarse para un operativo indicándole el citado comandante que le iba a servir de chofer. Proporcionándole un lanza granadas M-16, dirigiéndose aproximadamente 10 Suburbans hacia la caseta de cobro a la salida a Mazatlán, en donde en una Suburban iban el comandante Ricardo Pullian y varios elementos de la Policía Judicial Federal de avanzada y en dicho lugar unas patrullas de la Policía Judicial del estado y de la Policía Municipal que se encontraban apostados en lugares estratégicos, empezaron a disparar en contra de la Suburban que iba de avanzada, donde iba el segundo comandante Ricardo Pullian Aburto y al llegar el resto del convoy se produjo un enfrentamiento en el que intervino el deponente en defensa de sus compañeros, repeliendo la agresión, en ese momento el capitán Malverde, coordinador de la Policía del Estado de Sinaloa al tratar de arrojar una granada, fue muerto por disparos de arma de fuego después de lo cual los agresores trataron de dispersarse logrando capturarlos en una cantidad aproximada de 50 personas las cuales fueron trasladadas a las oficinas de la Procuraduría General de la República, que tal enfrentamiento se dio porque el convoy de la Policía Judicial Federal iba escoltando una pipa cargada de cocaína, al parecer tres o cuatro toneladas, propiedad de 'el Güero' Palma.»

En su nuevo papel de capo indiscutido, «el Güero» Palma hizo alianzas con Joaquín Guzmán Loera, Ismael Zambada «el Mayo» y Juan José Esparragoza, «el Azul». Divisiones operativas en el cartel de Sinaloa y su apéndice en Guadalajara.

Los Arellano Félix establecieron su cartel en la plaza de Tijuana. Los de Sinaloa acribillaron a los abogados de Félix Gallardo y gente que los acompañaba, catorce muertos en total. Continuaron con Rodolfo Sánchez Duarte, hijo de un ex gobernador de Sinaloa, ahijado de Félix Gallardo. Lo mataron junto con dos amigos, cuando iban a visitar al capo en la prisión. De este ajuste de cuentas se encargó Miguel Silva Caballero, el «Chico Changote», comandante de la Judicial Federal, con cráneo rapado y cincelado al modo de las hordas de Gengis Kan. También fue asesinado.

En el nuevo orden corrió más sangre que en los años treinta del *Mid West* con figuras como Bonnie y Clyde, Dillinger y Baby Face Nelson.

Juan Salcido Unzueta, «el Cochiloco», que había sido un pistolero temible de Félix Gallardo, se pasó a las órdenes de «el Güero» y «el Chapo». Manejaba con su hija por la avenida de las Américas, en Guadalajara, cuando entraron más de cien balas a la Suburban, que lo destrozaron a él y a la muchacha de 15 años.

En respuesta, el personal de «el Güero» Palma quiso acribillar a los Arellano Félix en la discoteca *Christine* de Puerto Vallarta. Se salvaron por un pelo. El lugar quedó en escombros por las ráfagas de los «cuernos de chivo». Las arenas de la playa se enrojecieron con seis muertos y trece heridos de ambos carteles.

Poco después, en una docena de días hubo una docena de cadáveres entre los narcos en Sinaloa. Los Arellano le pusieron una trampa al «Chapo» en Guadalajara. Salió ileso, decidieron actuar en serio en el aeropuerto de Guadalajara. Supieron que «el Chapo» iría de vacaciones a Puerto Vallarta. Lo tomaron como un reto. El vuelo coincidía con la llegada de monseñor Girolamo Prigione. El cardenal Juan Jesús Posadas lo iba a recibir. No cambiaron de plan. Sus hombres tomaron el estacionamiento cuando llegaban el narcotraficante y el prelado en vehículos semejantes. La balacera se dirigió a Posadas, lo perforaron dieciséis balazos. Quedaron otros seis cadáveres y una docena de heridos.

«El Chapo» huyó sin rasguños. Lo atraparon un mes después en la frontera con Guatemala, donde había cruzado con una camioneta de la Judicial Federal. «El Azul» ya había sido detenido.

«El Güero» Palma se convirtió en señor de horca y cuchillo del Cartel de Sinaloa que dominaba el occidente del país. Amplió el negocio al tráfico de armas. Se casó en segundas nupcias, tuvo dos hijos, empezó a engordar, el alcohol y las drogas lo abotagaban, sentía que le sentaba bien la vida hogareña.

En Semana Santa paseaba orondo a caballo por las playas de Guayabitos, donde tenía una mansión. *Sheik* en el corcel blanco y brioso. Detrás iba un séquito, treintena de policías antinarcóticos. La cacha de su pistola .45 es de oro con 240 diamantes y la fronda de una palmera con esmeraldas.

La caída

—¡Policía Judicial! —caló el grito de los hombres de negro que llegaron de noche al 257 de la calle Baring, en Zapopan.

—Pásenle, están en su casa. Nosotros también somos judiciales —contestó el que les abrió la puerta. Se volteó a gritarles a los de adentro—: Tráiganse la paca pa' los compas.

Creyó que los compas eran policías y que iban por su paca, el paquete de dinero que «el Güero» Palma les daba cada mes a los jefes policiacos: 4 millones de dólares para que no lo molestaran.

Detrás del que tocó habían setenta soldados con armas y equipo para una guerra. Entre las filas salió un joven, del que en ese momento no había ninguna sospecha. Su gente desarmó a los de casa, él siguió de frente hasta que en una recámara vio un bulto encobijado. Lo descubrió con la punta de los dedos, junto al cuerpo estaba la pistola con las cachas de la palma de esmeraldas. Le quitó el sarape y apareció una mirada caída verde acuosa incrustada en la cara rojiza, embotada, la frente abierta y el labio floreado. El individuo restañaba las heridas que sufriera cuando cayó su avión.

—Ya sabemos quién eres —lo dijo el capitán Horacio Montenegro, de 33 años de edad; capitán del Ejército Mexicano, jefe de inteligencia de la XV Zona Militar en Jalisco.

—Yo no sé quienes son ustedes —respondió un «Güero» Palma atribulado y maltrecho.

Había planeado una gran fiesta en el Hotel Fiesta Americana. Mandó esposa e hijos por delante en un vuelo comercial de Taesa. Él voló en uno de sus jets. Por su vieja costumbre de zigzaguear antes de llegar a cualquier destino partió de Ciudad Obregón, donde vivía por ese tiempo. Lo cierto es que tenía casas por todos lados. El plan era volar a Toluca. Se desvió antes para desconcertar al enemigo, fuera quien fuera. Pasó por Zacatecas, sobrevoló Obregón. Iba hacia Guadalajara cuando se enteró de un operativo judicial en el aeropuerto. Todo en orden, se trataba de agentes que acudieron solícitos para resguardar a su familia.

El piloto avisó que el combustible escaseaba. El capo ordenó virar para aterrizar en Tepic. De la torre de control notificaron que la pista estaba cerrada. Por un celular exigió al destacamento de la Judicial Federal que la abrieran. La aeronave daba vueltas en el cielo. Se acabó la gasolina y el jet se estrelló cerca del aeropuerto.

Los judiciales corrieron a rescatarlo. En el avión quedaron los cadáveres del piloto y el copiloto, metralletas, «cuernos de chivo» y un fajo de 100 mil dólares. «El Güero» Palma perdió el conocimiento. Su matón de guardia, «el Teniente Lucas», agonizaba. Los judiciales se los llevaron en camionetas Suburban a Zapopan junto con los demás heridos, en el perímetro de Guadalajara. Los militares detectaron el movimiento de agentes en el aeropuerto tapatío, la orden de abrir la pista en Tepic y la caída del jet. El capitán Montenegro apostó a su gente en la carretera. Vio el ir y venir de camionetas federales. Las siguió hasta que se detuvieron en la casa de la calle Baring. Los judiciales bajaron a los lesionados y un bulto encobijado. Montenegro iba tras él. En el lugar ya estaba la esposa del «Güero» con los hijos. Capturó al capo junto a siete sicarios de la Judicial Federal.

El capitán Montenegro fue condecorado, una honra para el Ejército Mexicano. Lo nombraron Director de Seguridad Pública de Jalisco. Tomó la delegación de la Procuraduría General de la República. Encarceló a 33 judiciales. Después sería aprendido junto a su jefe inmediato, el general Jesús Gutiérrez Rebollo, zar antinarcóticos, Comisionado del Instituto Nacional para el Combate a las Drogas, calvo y mussoliniano, que inspiró el film *Traffic*. Ambos estaban coludidos con Amado Carrillo, «El Señor de los Cielos» jefe del Cartel de Juárez. La aprehensión de «el Güero» Palma y zares antidrogas dejó en el occidente de México la zona franca más codiciada. Los militares están presos junto a capos amigos y enemigos. Los carteles continúan retoñando. La Gorgona aún no ha inventado a Perseo.

El pabellón número 5

Matan, lo harán de nuevo, una y otra vez. Al mismo tiempo son reos y pacientes. Homicidas demenciales para quienes el asesinato está en dimensiones inexploradas de la conciencia. Son los inimputables.

—Mato cuando me molestan, así, nada más. —Fulgencio soba los tatuajes de sus brazos, muñecas y corazones del hombro al puño. Él se los ha grabado y la tinta se desparrama borrosa como sus años de homicida.

Es el Pabellón número 5 de la granja psiquiátrica Samuel Ramírez Moreno. Está al fondo de las instalaciones, después del limbo que habitan los enfermos habituales, lo más pobre de la población demente de la ciudad de México.

El hospital fue ideado para que las faenas campesinas ayudaran a la recuperación mental. Las parcelas están llenas de cascajo; a un lado de la autopista de Puebla. La cerca se corroyó y de vez en cuando un enfermo muere atropellado. Es una nave de los locos que se quedó varada para oxidarse en las afueras de la ciudad. El pabellón número 5, el de la violencia psicópata, se levanta en paredes de hormigón erizadas con alambre de púas. Es una leyenda que espeluzna a los habitantes de la zona que una vez fuera rural. Las ancianas se santiguan al pasar y los niños apuran el trote. Fue construido a prueba de escapes. En los últimos diez años se ha fugado una docena de locos peligrosos.

El pabellón también asusta a los internos comunes. Apolinar acaba de despertar; cada noche vive en una pesadilla insomne. Se cuelga de mi brazo, le escurre la baba por los efectos del aloperidol que le atenúa casi todas las alucinaciones, menos la persistente y tenaz idea de que un inimputable salga y lo mate. Me señala el edificio gris, castillo en el desfiladero de la locura. Apolinar es un pacífico veterano de la granja, caminamos entre los retrasados mentales profundos. Se tienden desnudos al sol como esculturas de muebles que barnizó la intemperie.

Esta parte del hospital parece un condominio horizontal pequeño, con la pátina de los años sesenta. Apolinar trae bajo el brazo un rollo de papel con retratos de sus compañeros, vestigios de cuando era dibujante en las cantinas de Garibaldi. Los muestra con sollozos de orgullo. los dibujos tienen serenidad, les atenuó los rigores espásticos de los medicamentos que tiranizan la expresión; esfumó los de la locura. Pasa los pliegos, las caras se van tornando demoniacas, es la transformación de los que imagina allá, muy adentro. Me señala el pabellón número 5 y vuelve a hojear sus papeles, se detiene en el último, que está en blanco. Es el de Javier N, «la Bestia», el criminal imposible de atrapar en el papel. Dice Apolinar que durante el día el loco está detrás del muro, de noche no sabe, porque Javier N es mago y se le aparece cuando los otros duermen. Por eso escupe las pastillas que le dan las enfermeras, para que el asesino no lo sorprenda en el sueño.

Se acerca Sergio. Tiene daño cerebral orgánico, fue drogadicto. Una vez lo castigaron por robarse un pan de la cocina y lo metieron al pabellón de los asesinos:

—Ese día, hace como año y medio, fueron a fumigar y nos iban a sacar al patio. Abrieron las rejas de los locos más peligrosos, los que están hasta atrás. Estábamos todos en el dormitorio, allí en bola, de repente vimos a un muchacho con las manos en el pecho sobre el corazón. Traía una piyama azul, y en eso, cuando pasó frente a mí, abrió los brazos y le empezó a salir sangre a chisguetes. Fulgencio le clavó uno de los cuchillos que hace.

En el pabellón 5 están prohibidas las visitas. La vigilancia está a cargo de celadores del sistema carcelario. Yo entro con una doctora. Se abre la puerta maciza de hierro. A manera de foso hay un pasillo de tierra yerma con maleza seca que separa una reja. La abre un celador de gris, la puerta da a un salón desierto en donde hay un armero que guarda rifles M-16, atrás se encuentra una azotehuela a la que nunca le da el sol; a veces sacan allí a orearse a los enfermos. Un enrejado lateral comunica con el dormitorio, pasillo de cinco metros de ancho. El tumulto de inimputables no deja ver la profundidad. Hay vaho de bruma, transpiración acre de sudores. Unos visten piyama azul, otros están desnudos. Psicópatas, esquizofrénicos, epilépticos del lóbulo temporal, cerebros a los que dañaron drogas y alcohol, trastornos graves de personalidad y todo el abanico de la ira. Un hombre, alto, ventrudo, moreno hasta lo violáceo, sin ropa, mira impasible al techo. Los celadores juegan baraja española. En los anchos cinturones tienen macanas y latas de gas.

Al final hay una jaula. Es el rincón del castigo. Adentro se acuclilla una persona. Los piojos son endémicos. El cráneo rapado asoma por el cuello de una playera roja. El verdadero fondo, del que casi nunca se sale, está más allá. Un guardián abre la reja que da a un pasillo estrecho alumbrado apenas por un foco sucio. Separa el dormitorio de las celdas para los inimputables de mayor furia. Son tres calabozos de dos por tres metros. En unos barrotes se aferran las manos de Javier N, «la Bestia», que mató a la bestia.

—Soy Federico García Lorca. Escribí el *Romancero Gitano*.

—¿Puede recitar algo? —le pregunto.

—No, porque ya no soy. Fui en el momento que lo dije.

Tiene 31 años. Diez en el encierro: excusado a ras del suelo, cama de cemento desnuda. Delgado, correoso. Con aire de boxeador, sesga la mirada a las paredes. Esquizofrenia es el diagnóstico.

—Me trajeron de Colima donde trabajaba en los negocios del campo. Estoy ligado a los Kennedy físicamente. Son mi familia, aunque nunca me han venido a ver. Sólo una vez hace tres años vino Ted. La vez que mató a Robert y a John, por eso ya no lo pelo. Allá en El Real, por Tecomán, maté a la verdadera bestia. En una casa así, de paredes azules como éstas. Me quería cortar a hachazos y ponerme veladoras en los pedazos. Quería hacer satanismo conmigo, por eso lo maté así —resopla, enciende lumbre de la nada—. Fue con gasolina. Se llamaba Albert, Albert N, pero no era mi padre. Sólo me engendró.

En el pabellón lleva un par de muertos. Uno desnucado, a otro le estampó la cabeza en el piso.

La celda de enmedio está vacía. En la otra vive Fulgencio. De cincuenta años, ha pasado 22 en cárceles de todo el país y en el calabozo donde está confinado. Su paso por las prisiones ha dejado un rosario de cadáveres.

Entre la penumbra sale una mirada tubular de sus ojos rasgados a fuerza de la costumbre en tinieblas. Con esta visión perfora a los internos que mira a través de la reja que da al dormitorio. Se le atribuyen por lo menos cincuenta y dos asesinatos. No recuerda los pormenores de la cantidad. Los psiquiatras le diagnosticaron trastorno severo de la personalidad. No hay tratamiento, dice la doctora un paso atrás de los barrotes, en el pasillo que medirá metro y medio de ancho.

—Qué onda, soy Fulgencio, para servirle a usted —su voz apenas es audible, como si no viniera de su garganta, sino de alguien a su espalda—. Estoy aquí por maje y no vine. Me trajeron.

Un tragaluz le resbala un aura cenital. Tensa la musculatura, simula disparar ráfagas con ametralladora a cuerpos en el piso. Evocación de cuando era militar, soldado raso. Se aleja de los barrotes, retrocede con los brazos caídos, la mirada y el pecho los echa por delante.

—Los maté porque me hicieron enojar. No siento nada, no tengo remordimiento, nada, absolutamente nada. Mato cuando llega el momento de matar. Cuando le llega a uno el día.

Al preguntar a la doctora sobre la patología del encono, ella mira con fijeza el techo de la celda, pide cautelosa que no de la espalda a Fulgencio, me aleja, un ayudante sale, entran dos custodios. Nos vamos.

Fulgencio es un hábil fabricante de puntas, armas artesanales de las prisiones. Basta una varilla, un alambre, una cuchara o un simple pedazo de lámina. Afiladas a paciencia en el piso o la pared, traspasan la carne mejor que las navajas de Albacete. El hombre se las ingenia para burlar la vigilancia. En la entrevista la doctora se percató de que faltaba una solera del tragaluz en la celda.

El director del manicomio me aguarda en su oficina. Sobre el escritorio hay un verduguillo de medio metro que los celadores confiscaron a Fulgencio cuando se cortó la entrevista. Lo había hecho con la solera del tragaluz. La empuñadura tiene mil y un cordelitos, hilos multicolores y dos borlas minúsculas rematan la cabeza de un caballito. Con armas semejantes, Fulgencio ha traspasado fatalmente a tres internos en el dormitorio. No hay que darle la espalda.

Pabellón número 5, castillo de la violencia donde la ciencia se hace añicos. Fulgencio y su cohorte ya filtraron los muros. Sus ánimas y humores de pánico se vaporizan y vierten hasta la gente del barrio que rodea al pabellón y más allá. Pueden escapar, escapan. Su amenaza es un punto de fuga rumbo a la penumbra de la ciudad.

Días de guardar en el Semefo

Domingo de Resurrección, en el patio un colorín floreando y en el rincón un liquidámbar. De cuando en cuando llega un tufillo de putrefacción que se confunde con olor a gasolina. El hedor viene de una sirvienta, el otro de una de las siete carrozas fúnebres, destartaladas, que hacen cola para recoger a los muertos.

El chofer le grita al ayudante que vaya por una batería mientras acelera y ahoga el carburador. Obstruye. Los deudos se acercan, uno opina que debe tratarse del solenoide. Otro disiente, menea la cabeza con duda erudita y los familiares se repliegan a reflexionar sobre el percance. Ya esperaron horas por la autopsia y tienen que aguantar hasta que reparen el vehículo, para llevar a su difunto al panteón de San Lorenzo Tezonco.

La sirvienta tiene como treinta y tres años. Vivía en un cuarto en la azotea. La patrona pensó que se había ido al pueblo. A los cinco días la halló por olfato. La patrona sólo dijo que se llamaba Carmen y tenía tres hijos en quién sabe dónde. Se puede ir a la Facultad de Medicina.

La historia me la platica un mozo de autopsias, un muertero, del Servicio Médico Forense, el Semefo. Son las 11 de la mañana y ya empezó a beber. En uno de los refrigeradores siempre guarda al menos un ánfora de brandy corriente. Hoy había prometido no tomar porque es día santo, pero desde temprano otro compañero sacó la botella. Con los olores los médicos no se dan cuenta. Es la forma de trabajar, un método para amainar los horrores, es inevitable un trago cuando se oye gritar a los familiares. Me dice que esto se resiente más en los días de guardar, aunque se la pasan encerrados y daría igual que fuera cualquier otro día. No sabe la razón, tal vez será porque la soledad es lo primero que se le sube a la cabeza y le gana al alcohol.

Hay muchos que como la sirvienta irán a la Facultad de Medicina. Allá los mejor conservados después de la lección de anatomía, se perpetuarán en acrílico, en una delgadísima rebanada del perfil de la cabeza, con detalles de las pestañas, la conexión de circunvoluciones con los ojos, el diseño de la naturaleza para ver la visión de los muertos.

Recuerdo el cuento de un campesino anciano que vino a la ciudad de México como el último remedio para buscar comida. A los pocos días, solo, hambriento y con la vida por concluir le preguntó a un policía adónde iban los que se morían en la calle. No le gustó lo que el policía le dijo sobre el Semefo. Le dio las gracias, se pasó la mano por su cabello espeso y blanco, y metiendo sus huaraches en los charcos cogió su camino y se fue derecho a la Universidad.

Durante la Semana Santa llegaron al Semefo ciento tres finados, quince desconocidos. Del estacionamiento a la media docena de cubículos para las autopsias, hay un pasillo largo con el claroscuro entramado de luz neón, instrumental precario, sierras, cuchillos, tijeras, cinceles y martillos. Falla el agua corriente, vísceras y piel se enjuagan a cubetazos. Pasa la camilla y un cuerpo se agita con el traqueteo. En la mañana entra un sol pálido por unos cristales al oriente, a contraluz miro las siluetas del par de fulanos que bajan un cadáver. Al atardecer, un reflejo del poniente forma la penumbra recogida de una cripta medieval.

Del otro lado, en el corredor de Relaciones Públicas, camina una pareja de jóvenes a la búsqueda de un familiar. Hay destellos intermitentes en la luz ultravioleta de las parrillas que achicharran a las moscas. Preguntan por el tío teporochito de la muchacha. A veces desaparecía, pero no más de una semana. De las delegaciones y hospitales los mandaron al Semefo. En un mostrador veteado con pringas, un empleado les muestra el catálogo de muertos autopsiados envuelto en papel manila. Entre los pelos asoman las costuras de las incisiones que les hicieron los muerteros. El último gesto es el del terror con el asesino enfrente, la visión del carro que lo atropelló o la súplica anónima de un indigente. Los rostros se abotagan o desfallecen posmortem, se aplastan por las horas boca abajo en la plancha de una comisaría o en el piso de la ambulancia. Es el prontuario mórbido que repasan los familiares o conocidos. Fotografías untuosas de tanto pasar.

No aparece el familiar. Les dicen que el inventario de fotos está atrasado. Los pasan a ver las remesas de cuerpos, lo que no querían, lo ya visto no ameritaba otro sobresalto. Los fotógrafos no trabajan en días de guardar. Normalmente tardan de uno a dos días entre la toma y el revelado, no hay dinero para una Polaroid. Locatel no acude para investigar a los sin nombre. Personas Extraviadas y Ausentes duerme en sus laureles de corona fúnebre. Los jóvenes regresan estupefactos No encontraron al familiar. Les dicen que vayan de nuevo a delegaciones y hospitales. Buscar a un teporochito es odisea sin héroes.

En la explanada que da a la avenida Niños Héroes hay un monolito, más agrisado aún por el *smog*. Es Coatlicue, la de la falda de serpientes, diosa prehispánica de la tierra y la fiera muerte. Junto a la entrada principal, estudiantes de la escuela de arte La Esmeralda labran un muro de cantera rosa. Es un relieve de Ometecutli y Omecíhuatl, creadores de la vida, señores de la muerte, dioses primigenios. Fue un encargo del doctor Fernando García Rojas, director del Semefo, para quitarle lo lúgubre al edificio, cajón con tres pisos de lámina de concreto pálido, construido hace medio siglo.

La madrugada del Miércoles Santo, unos ambulantes de la Procuraduría capitalina trajeron un muerto sin oficio, cosa delicada. Los veladores no lo recibieron. Aquellos lo dejaron en la explanada, así nomás, a la intemperie, entre la Coatlicue y un colorín, el zompantle de los nahuas. Los mexicas hacían estacas de la madera para clavar los cráneos de los sacrificados en un templo de calaveras. Cuando los transeúntes madrugadores vieron al muerto, se surtieron con más temores macabros de los que giran en torno al edificio más lóbrego de la ciudad.

Los estudiantes martillean y cincelan dioses numinosos. Pasando la entrada se escucha el golpeteo de otros cinceles y martillos que abren cráneos, serruchan esternones y crepitan los costillares cuando se abre el tórax. Los mozos bufan al pasar los cuerpos a las planchas, suena a timbal desafinado cuando los dejan caer en las camillas. Es el final, cuando la violencia citadina empieza a convertirse en paz.

Aquí está el cuerpo de un amante con poca fortuna. Todo apunta a un crimen pasional por la ferocidad con la que —se sospecha— un marido celoso le cercenó los genitales y le dejó un hoyo. Yace también una niña de cuatro años violada por el padrastro ebrio. Está junto al cadáver cubierto de chichicastle de un ahogado en Xochimilco.

Asesino libre o culpable inocente

El Jueves Santo se apersonó el doctor García Rojas para llevar a cabo una autopsia. Del resultado depende una sentencia. El cuerpo de la anciana estaba en la plancha. Era la madre de un septuagenario indigente con el que vivía en el cuartucho de azotea de una vecindad. El susodicho estaba tras las rejas como presunto responsable del crimen.

Durante días los inquilinos no vieron a la señora. Tenía la costumbre de tomar baños de sol por la mañana. Algo empezó a oler medio mal, se asomaron al cuarto, el viejo no estaba. Alumbraron con lámparas sordas, vieron un túmulo de cal, una suerte de sarcófago con forma de cuerpo humano. Ya en la plancha del Semefo era una momia cauterizada. El legista se fue sobre el tejido correoso con un cuchillo porque el bisturí se quebró. Encontró rota la cabeza del fémur, pista clave para una absolución.

El médico reconstruyó. La anciana se cayó de la cama. Tenía osteoporosis avanzada y se quebró la cadera. El hijo no sabía qué hacer, le dio aspirinas y té. De tanto estar acostada la mató una pulmonía. Si no había dinero para la curación, menos para el entierro, pero tenía centavitos para comprar puños de cal. Cuando se le acabaron, rascó las paredes y a diario le echaba un poquito.

—El anciano salió libre con mi dictamen, para morir quizá de la misma manera —dice el doctor García Rojas— pero sin nadie que lo encaliche... Tal vez intenten fabricar un culpable.

En la sala de junto, otro médico batallaba con un cadáver cercenado en tres partes, calcinado a medias. De la ropa quedó un par de botines y un resorte de calzoncillos Zaga. Estaba mal envuelto en una colcha floreada, adentro de la caja rota de un tocadiscos *Stromberg Karlson*. El cráneo con un golpazo, el tórax siete veces apuñalado. Lo encontró la policía en un llano, cuando seguían las pistas del perro que apareció con un pie en el hocico. Debió medir dos metros de estatura. Estaba irreconocible.

Llegaron dos muchachos a preguntar por su tío. Como seña particular nada más dijeron que era muy alto. En vez de enseñarles el cadáver, los jóvenes llevaron al médico hasta el lugar de los hechos. Cerca del llano había una colonia de calles polvorientas donde vivía el tío. Hacia allá se dirigían cuando de una casa salió una mujer. Con insistencia les preguntó a los muchachos por su pariente. Se conocían. El médico aguzó los sentidos, le pidió permiso a la señora para entrar al baño. En la sala había un equipo de sonido *Stromberg Karlson* cubierto con carpetas de organdí y encaje de plástico. Al pasar por la recámara vio dos almohadas con fundas floreadas como la colcha que envolvió al finado. La mujer era bajita y menuda. Difícil que lo matara.

La policía detuvo a la familia. Se confirmó la hipótesis del legista. El occiso era amante de la señora y se metió una noche a la casa en medio de una borrachera. Discutieron, despertó el hijo mayor y le golpeó la cabeza con una enorme llave *Steelson*. Cayó fulminado. Esposo, hijas y yernos se levantaron. En un consejo familiar hubo un acuerdo: esperar a la siguiente noche para deshacerse del cadáver. Lo dejaron por lo pronto debajo de la mesa del comedor envuelto en la colcha floreada.

A las hijas les entró pavor mientras comían. Para demostrar que el señor estaba muerto, el marido le dio siete puñaladas, una por cada miembro de la familia. Argumentó tener el encono de un esposo ofendido.

«Soy médico forense para no servir a usted»

Es la hora de la comida en el domingo de Pascua. El vehículo causó un poco de inquietud entre los comensales. Era una ambulancia del Servicio Médico Forense. Se abrieron las puertas traseras, doblando sus batas, bajaron tres galenos a los que se sumaron dos más que iban adelante y entramos al restaurante. Día de guardar, estos médicos son *gourmets* expertos en la alta gastronomía de precios bajos, calidad cuatro estrellas, buen trato y atmósfera para la buena charla. Se desafanan de la tarea ingrata que es el destazar a diario la violencia citadina.

La fonda está llena, el famoso doctor García Rojas se cambió de bata, parte plaza y saluda: «Soy médico forense para no servir a usted». Aplausos. Alegres, dicharacheros, este grupo de forenses reta a la imagen lúgubre y ensimismada, el aura de quiróptero negro asociada a los que viven entre muertos. El doctor Héctor Serna, subdirector pericial, levanta un clamato rutilante coronado por la exuberancia de un apio. En lugar del protocolo de la autopsia, escudriña el menú con la sapiencia de un *bon vivant*. El doctor García Rojas me brinda un lance anecdótico.

Un día llegó un comandante de la Judicial a pedir una autopsia con urgencia. «¿Y dónde está el muerto?» preguntó el doctor en su oficina con un cráneo sobre el escritorio. Calavera de marfil que tiene ojos y los mueve. «Aquí lo traigo», respondió el policía, meneando una bolsa de tela en la mano.

Caso difícil, eran los restos de un joven de clase alta política y adinerada. Llevaba días extraviado. Un perro cruzó por un paraje de Lerma con una mano entre los dientes. Los vecinos se la quitaron a palos. Cerca estaba el cuerpo que era devorado por una jauría. Fue identificado por la huella de un pulgar indemne. A la familia no la convenció el examen de la osamenta que se hizo en Toluca con diagnóstico de muerte indeterminada, y los restos fueron a dar con «los sabios», como se conoce en ámbitos de policía a García Rojas y su equipo.

En la columna dorsal, carcomida por los dientes de los perros, había una muesca regular y plana, en la que encajaba la punta de un desarmador. La pista condujo a una vergüenza familiar. El joven no era de buenas costumbres. Desde una discoteque se puso a dirigir una banda que robaba autoestéreos. Lo mataron por inexperto en el manejo de truhanes barriobajeros.

Un triunfo para el equipo de forenses, palabras que condimentan los pulpos gratinados al chipotle y el filete bañado en salsa de queso asadero de Uruapan, con granos de elote. El doctor Rodolfo Rojo, subdirector técnico, despotrica contra los forenses de la Procuraduría del Distrito Federal. Ganan más, van al lugar de los hechos y les mandan el cadáver con datos confusos:

—No se dan cuenta de que el cadáver les está gritando quien es el asesino, por ejemplo, cuando las livideces son de color rosado en el cuerpo y hay una coloración rojo escarlata en los lóbulos de las orejas, en la punta de la nariz, en los labios. La hemoglobina se convirtió en oxihemoglobina por una intoxicación. Esos peritos toman fotografías de la ropa tirada o de los cerillos, menos de lo que deben. Quien sabe de medicina forense entra y dice: Se acabó.

—El asesino es el anafre o el fogón, —tercia García Rojas con una sonrisa y la servilleta sobre su pecho opulento. Pidió cochinita pibil.

El lumpenmedicato

Es grata a meseros y parroquianos esta capilla de forenses. Comparten el Día de Guardar, un asueto en su diario trajinar en pasillos que desbordan cuerpos. Viven malas condiciones de trabajo, sin ventilación, instrumental de matarife y carpintero. El doctor Rojo opina que en esta ciudad el médico forense está degradado. Es el medidor y la estadística de buena parte de lo que ocurre y enfrenta al desprecio. Compara la preparación de su especialidad con la cardiología o la neurología, la calidad de su trabajo es reconocida en otras latitudes, pero...

Otro médico enseña el recibo por 3,000 pesos, su pago quincenal. Difícilmente pueden dedicarse a la práctica privada y se sienten relegados. Los colegas sólo piensan en ellos cuando hay un problema legal. Por los guisos de la mesa corre un dejo de amargura. En esta ciudad se manejan más casos que en cualquiera de Estados Unidos. Opina García Rojas, posgraduado en Harvard:

—Nosotros no tenemos la opción de ir a un congreso a ninguna parte del mundo. Es una injusticia. No se trata de ir a pasear. Esto va en contra de la procuración de justicia. Tenemos un gran acervo de la antropología del delito, que de escribirse, tendría un gran impacto en la criminología mundial. Con la casuística de la ciudad de México que es de tal magnitud y belleza, belleza desde el punto de vista técnico, se podría competir a todo lujo con el mejor de los libros. Pero ni siquiera hay tiempo para escribirlo. Tenemos que contestar oficios, resolver veinte o treinta casos al día con poco personal. Estar pendientes de los análisis toxicológicos, tomar sangre y excretas, para que ningún cadáver se vaya sin los estudios que merece. Rara vez salimos de nuestro entorno como hoy, que es Día de Guardar.

—Y así nos llaman muerteros —ataja el doctor Serna—. Nos enfrentamos a problemas como los de algunos ministerios públicos que retienen a un occiso desconocido en un anfiteatro alterno que no es más que un caserón con techo de lámina. Retienen el cadáver sin refrigerarlo. Esperan que los familiares lo reclamen. Si dan con el cuerpo, les recomiendan una agencia funeraria para llevarse una comisión de 300 pesos. Los cuerpos se corrompen y es más difícil interpretar los hallazgos. La sociedad es una entelequia sin cabeza que no sabe de los sueldos ni en qué trabajamos. El Semefo labora como empezó. Las planchas metálicas no tienen inclinación. Se anega la sangre y los líquidos. Cuando hay agua, se le tienen que dar ocho vueltas a la llave para que salte un chorro brutal que salpica todo lo que toca, un tubo grosero de manguera negra. No puede manejarse con las manos o los pies, como en otros países. No tenemos dictáfono que penda del techo, para captar de inmediato el dato y transcribirlo. Es complicado retener en la memoria el estado de las vísceras. Es ridículo. Hace unos días la ambulancia que llevó una carga de desconocidos a la fosa común fue la misma que con todos sus olores desagradables nos llevó a una comparecencia al Reclusorio Sur. No tenemos vehículos.

Se acaban las viandas, flan de horno y jericallas son los postres. *Anís Chinchón* o brandy *Terry*, los digestivos. Los médicos forenses dependen del Tribunal Superior de Justicia, claman por la creación de un instituto forense autónomo y riguroso. Hay intentos de incorporar el Semefo a la Procuraduría General de Justicia del Distrito Federal. Una incongruencia. Quieren ser juez y parte en un sistema que de esta forma ocultaría móviles criminales, corrupción y negligencia. Conocedores de las trapacerías del Ministerio Público y la Policía Judicial, dicen que subirían hasta las nubes las muertes por suicidio.

Extraño suicidio

Un desarmador clavado en la nuca, las venas de ambas muñecas finamente cortadas de certeros tijeretazos. Una leyenda en la portezuela izquierda de su vehículo de alquiler escrita con sangre: «Este cuerpo resucitará conforme a la promesa de Dios». Una Biblia en el asiento. Con el cráneo esquilado, a un lado del Volkswagen amarillo placas 03497, estaba el cadáver del otrora melenudo Fernando Marcos Espinoza Guzmán, de 29 años.

Todo empezó el miércoles por la tarde. El taxista platicaba sentado con otro joven frente al número 31 de la Cerrada de Río Churubusco. Estaban sentados en la banqueta. Nadie los conocía. Del estéreo del auto que iba a ser parte de la fatalidad salía música de *The Doors*. Hubo una pelea de perros callejeros, el compañero corrió para separar a los canes. Al caer la noche unas mujeres pasaban por el lugar y vieron de nuevo a ese muchacho reír y charlar con alguien dentro del taxi. Al rato se vació la calle. Zona delincuencial y la gente no se recoge a deshoras.

A las 11 de la noche un par de obreros que volvía del trabajo encontró un cuerpo. Avisaron a los vecinos cercanos. Se formó un corrillo de cuchicheos. Llamaron a la policía. La escena del crimen se agitó cuando llegó la patrulla. De los murmullos se pasó al griterío de las consejas. La gente decía que era la víctima de un rito satánico. Dentro del auto estaba una guitarra negra en un estuche negro, unas tijeras ensangrentadas, mechones de cabello tinto en sangre que, luego se comprobó, pertenecían al occiso. Otro desarmador y una botella de ron a medio llenar. La Biblia estaba abierta en las páginas 580 y 581, el *Salmo 51*, con párrafos en círculos rojos: «Pues mi delito yo lo reconozco, mi pecado sin cesar está ante mí; contra ti, contra ti sólo he pecado, lo malo a tus ojos cometí. Pues no te agrada el sacrificio, si ofrezco un holocausto no lo aceptas. ¡Favorece a Sión en tu benevolencia, reconstruye las murallas de Jerusalén! Entonces te agradarán los sacrificios justos, —holocausto y oblación entera— se ofrecerán entonces sobre tu altar novillos». Al margen y en tinta negra de bolígrafo estaba escrito: «Gloria a Dios por su perdón.»

Detectives del grupo A de Homicidios de la Policía Judicial capitalina encontraron otros mechones a un par de metros del cadáver. En una cartulina inclinada en la llanta delantera estaba escrita con un dedo ensangrentado: «El Ministro ha sido confirmado en mí.»

En una esquina tenía dos números de teléfono garabateados. Llamaron los policías. Eran de sendos pastores bautistas. Los atoraron. La primera hipótesis de la judicial fue venganza. Siguió la búsqueda, interrogaron al mayoreo, un método al azar que no excluye la tortura. De cuando en cuando acierta por las anfractuosas leyes de la probabilidad. Desapareció el joven que estuvo en la pelea de los perros.

No se descartó el narcosatanismo. De cuando en cuando hay notas de primera plana que dan cuenta de ritos homicidas. El joven no tenía antecedentes de drogas. La botella de ron estaba llena de agua pardusca. Sugerí que era para los bautizos de Belcebú. Se envió al laboratorio para buscar restos hemáticos. El resultado fue negativo. Era agua puerca. No se supo para qué. No se tomaron las huellas del desarmador homicida ni en las letras de sangre escritas con el dedo.

Los padres de Fernando Marcos narraron una breve biografía del hijo. Estaba separado. Llevaba dos años apartado de la religión. Vivía con su abuela en la colonia Caracol. Estaba con la fe de la Iglesia Bautista Salem en la colonia Aviación Civil, antiguamente proletaria y hoy de vendedores ambulantes. La hoy viuda relató que su finado cónyuge estaba enfermo y acudía con la bruja Rufina a que le hiciera limpias. Encajaba con el satanismo. No la incluyeron en la lista de sospechosos porque jamás la encontraron. Una probable sustituta resultó vidente de políticos y no la molestaron. Los pastores dijeron que Fernando Marcos no era una persona normal. Alucinaba, era incoherente y por momentos tenía arranques de esquizofrenia, cuando sentía que era atraído por el poder del demonio. La mamá confirmó que al alejarse del templo empezaron los problemas. Le cayeron dificultades enviadas del cielo como las múltiples fallas en su taxi y no tocaba bien la guitarra. El día de la muerte le dijo que no había podido dormir. Temía sufrir represalias de Dios por haber desertado.

A 48 horas del macabro hallazgo, el director del Servicio Médico Forense me dijo que sorprendería a los judiciales en medio de un cónclave: «Es un cónclave, se sienten obispos, creen en el diablo. Voy a 'exorcisarlos' a ver si así dejan de corretear inocentes.»

Conjeturaban los policías sobre el asesino y los demonios cuando el médico les dijo con desdén: «Fue suicidio. En el lugar del crimen no hubo violencia, es decir, no murió por riña. Falleció por la herida limpia producida por el desarmador que le entró por el agujero occipital, afectó el bulbo raquídeo y el cerebelo. Además, Fernando Marcos debió ser víctima de... un cuadro de esquizofrenia. Primeramente intentó cortarse las venas de los brazos con las tijeras. Luego se cortó las mechas. Él mismo, con la sangre que le escurría, pintó con sus dedos la leyenda de la portezuela izquierda y al comenzar a sufrir, optó por acelerar su muerte. Colocó el desarmador en su nuca y se dejó caer de espaldas para clavárselo. Fueron dos intentos los que hizo, pues había dos heridas en la misma región. El individuo del que sospechan, ese de los perros, pudo en todo caso haber ayudado.»

Los pastores protestantes comentaron después que la víspera de la muerte Fernando Marcos fue a visitarlos para redimirse. Se le veía muy triste, desaliñado. Contó que era infeliz con su esposa, una católica que no lo entendía. Cuando pasaba cerca de un accidente y había muertos, se bajaba con gusto a pararse en la sangre porque sentía que un espíritu maligno se apoderaba de él. Confesó haberse exorcizado varias veces y en las noches su corazón dejaba de latir, señal de que Dios lo quería a su lado. Salió renovado y les dijo como despedida:

«El que está dentro de mi cuerpo ya no quiere estar ahí y se quiere suicidar.»

Un judicial me comentó que no le creía al médico forense. Estábamos en una cantina del centro, en la que por costumbre tañe lánguido un trovador de bisoñé anaranjado, por el que asoma su pelo entrecano: «La escribiré con sangre, con tinta sangre...», hora de ensimismamiento de los reporteros de la fuente; cierran la nota del día y aguardan el último minuto del metro, para regresar a sus casas en colonias tan oscuras como las que reportearon durante el día.

Oyen con desgano al judicial que viene de visitar la capilla de la Santa Muerte, en la calle de Alfareros, patrona de narcotraficantes y policías afligidos. Está convencido de que el muchacho que anduvo separando a los perros y no aparece, se apareció para darle impulso al taxista, le tomó la mano para que se clavara el desarmador. Era un demonio pero en forma de creencia. Así se les puede ver, insiste, y lo vieron los vecinos; es evidencia, pero esas creencias no se persiguen.

El caso fue oficialmente cerrado como suicidio.

Vasto y golpeado abanico de la «gaycidad»

«A muchos los han echado y como quien dice se las han echado, allá en la laguna de los patos, frente al Parque México. Allá los policías las encueran, las remojan, le dan toques en las chichis a una, bueno, a uno. ¡Ay, señor! Son unos terroristas». Habla «la Winnie Poo»; de cabello azafranado, la carne rolliza desborda el vestido rojo amanecer y lo demás «naturalito, nada de inyecciones para el busto y las nalgas.»

Escualos en el agua urbana de la noche con torretas y luces apagadas, cobran sus presas los carros policiacos. Travestis, prostitutos y gays obvios o bajo sospecha, son detenidos a mansalva y sólo de cuando en cuando llegan a la comisaría.

Misisipi y Melchor Ocampo. La patrulla 03172 levanta a dos *vestidas*. Gritos, una vara en el aire estilo kung fu. El par de policías los trepa por la puerta trasera. Pregunto qué ocurre:

—Son hombres, están ejerciendo la prostitución.

—Sospechosos —dice el otro— están rondando la embajada de Estados Unidos. Una de las vestidas impregna el cristal con sus labios rojos. La embajada está a medio kilómetro.

Arrancan, encienden luces y sirena. Doblan por Sullivan, la calle está retacada de prostitutas intocables, serrallo de un político. Un par de cuadras antes de la comisaría de la Cuauhtémoc, apagan luces y el ulular, dan vuelta en la calle de Mosqueta que a perpetuidad tiene sus faroles apagados *ad hoc* para la extorsión. Aceleran y se desvanecen con su cargamento en la penumbra.

En México es candente y retorcido el espectro de la homofobia; ocupa el segundo lugar en los crímenes por odio a la «gaycidad», después de Brasil. La muerte es el último gancho para colgar a las «malas costumbres» en el frigorífico de la moral. Empieza con el acoso en el trabajo, siguen en las expediciones punitivas callejeras.

Madrugada de un viernes de quincena en el barrio decoroso de la Condesa. Unas treinta *vestidas*, como se llaman en las cofradías travestis, me rodean lacrimosas, para narrar cuitas y maltratos de la policía. Corre el rímel por las mejillas, se mezcla el olor del perfume marca diablo con el albañal en la temporada de lluvias.

Los vecinos claman por «razzias». Hace unos meses llamaron a la policía, que encontró una nueva forma de extorsión: circular a la «plaga» sin eliminarla, caerle a quienes no obedecen la orden de moverse a otras esquinas.

En Insurgentes las vestidas restriegan el busto en los cristales de los automóviles. La clientela hace fila para escoger. Allí viene «la Winnie Poo»:

—Entre semana funcionan como señores, son jefes, tienen hijos y todo eso, se cogen a sus secretarias, a sus esposas casi no, al menos eso nos cuentan cuando estamos en el cuarto. Lo que más les gusta cuando nos encueramos es que les enseñemos el pito. Lo que más nos exigen es que nos *«póngamos»* lencería y luego se dan su antojo. Me llama la atención que la mayoría usa bigote y tenemos que hacerles el amor, porque casi todos son pasivos. Pero el negocio está cambiando, la policía ya anda también tras los clientes. Al salir del hotel los agarran y amenazan con denunciarlos a sus familias y en el trabajo. Todo depende de quién sea, porque algunas de nosotras ya se pasaron del otro lado y le sacan a los clientes quiénes son, los emborrachan y buscan sus direcciones. Si es importante le avisan a la patrulla que no los toque. Es una forma para que no molesten a las compañeras y las dejen trabajar sin mordida, así pagan su cuota. Yo no estoy de acuerdo, soy «éctica». Hay clientes a los que les sale lo macho y los llevan a la delegación, pero se les voltea, porque entonces llega un reportero de las revistas de policía y les toma una foto y les pide dinero. Si no le dan su retrato, sale en los periódicos y entonces los policías le dicen que saben dónde vive y trabaja, y pues sí... le sale más caro al pobre cabrón. Todos pagan. No se crea, algunos de esos varones, ¿santos?, regresan. ¿Me das un cigarro?... No, sin boquilla no, ¿crees que me volví puta?.

El círculo de travestis se inquieta, los afeites se contraen, otean como ñus cuando llega el olor de los leones y de pronto cae una lluvia de toletes y macanas; la gresca suena, claxonazos, histeria, trompadas y cachetadas. Un policía arrastra a una del cabello entre zanahoria y jitomate, se aprieta sus pechos plásticos, resiste el brasier, sus tacones sacan chispas en la banqueta, cuando la suben a la julia quedan zapatos sobre el asfalto, pelucas y pestañas postizas, detritus del zipizape. La Gigi se cae de borracha aferrada a un farol. Trepan a Zoraida, Diva y Divina. «La Winnie Poo» trota desafiante y menea la bolsa cual *Sweet Charity Hope*:

—Ya me la sé. Les van a hacer lo que a mí una vez que me apañaron. Los granaderos me lo hicieron hacer hasta con seis, me encerraron en un baño del edificio Aristos. Las patrullas 3061 y 3099 son las principales. Cuando una no trae dinero, de remate la ponen a hacer sexo oral, el *guagüis*. Me hicieron pasar por todos. Es el comandante de ellos el que nos tiene amenazadas, le dicen «el Perro» al señor.

Ningún vecino asoma por las ventanas de los edificios y casas, algunas de vago *art decó*, otras de efímero modernismo. Si tuvieran postigos, habrían salido con disimulo a cerrarlos. Llamar a la policía sólo complicó los pudores. Vecinos, jotos y autoridad, todos cómplices de un fragmento de universo en el que cada quien es sospechoso de ser degenerado.

Extravío en el reclusorio

El Torito es la cárcel para los que infringen el reglamento de las buenas costumbres, borrachos, maricones, travestis, padres de familia que no acudieron al citatorio por una deuda; es el caldero piadoso de las brujas de Macbeth en el Distrito Federal. Encierro de 36 horas, pasan lista: Christian, Sarahí, Narciso, Edwin, Pamela, Dinori. Llueve. Los que no están señalados por jotería dan su nombre gallardos. Putos clandestinos engolan la voz, algún ebrio se tambalea, la remesa de travestis cuchichea. Les quitaron el maquillaje para la ficha. Hay veteranas que han entrado medio centenar de veces. Fuera medias y zapatos de tacón para prevenir estrangulamientos y puñaladas. Brotes cactáceos, los vellos de las piernas empiezan a crecer, las barbas ensombrecen lo que resta de la diamantina en las ojeras y párpados. Son quimeras que cuchichean en la cuerda floja de la penumbra, mascan chicle, alguna tararea una canción de Ana Gabriel.

Carlos de día, Neftalí de noche, platica recargado en una mesa del comedor soporoso. El vapor flota con el olor de la entraña hervida que les dieron de cena. Es líder:

—Tratamos de organizarnos contra la corrupción. Nos apañan y no sabemos porqué. Aquí llegamos las que no pasamos el filtro, las que no le dimos dinero al policía ni al Ministerio Público o las que no pudimos pagar la multa, porque la policía o el Ministerio Público ya nos habían quitado el dinero. En julio nos plantamos frente a la Delegación y lo decidimos como el Día del Travesti. No sabíamos que eran elecciones. Nos reprimieron antes de llegar.

Se puso Neftalí creyendo que era nombre de mujer. Se le quedó.

Contra la virilidad gay y lo obvio

Su labor era la toma de espacios y la imprudencia su estrategia. La ciudad de México es una arpía timorata. La consigna fue pervertir las buenas costumbres de la urbe. Bajo este pendón, José María Covarrubias recorría andurriales y sitios de postín. Con tan sólo el garbo de un frenesí contra cualquier atisbo de injusticia, hizo del escándalo su alabarda. Comenzó esta lucha sin sospechar que los molinos de viento le iban a segar la vida.

Lo invitaron a un programa de televisión en el que participaba Jorge Serrano Limón, el adalid de Provida. Infló condones frente a las cámaras y casi se los restregó en la cara. En la emanación de los baños públicos de categoría sórdida repartió condones. Empezó esta campaña de tañidos irredentes a mediados de los ochenta. Solitario, se daba a la lucha apenas con su pareja y algunos asiduos. Fundador del Círculo Cultural Gay, pionero en las marchas del orgullo homosexual, naíf de travesura pícara, se encueraba durante las escalas en rituales festivos. Decía que «la 'gaycidad' es alegría que debe salir de un closet lleno de momias y no de esqueletos a secas.»

Cunde el sida. Es cosa pública. En el ámbito trastocado el homosexual es demonio y a los estigmas se agrega un ente nocivo e infeccioso, la muerte medieval con el pene convertido en guadaña. La estación del Metro Hidalgo se ha convertido en un purgatorio espeso para el ligue. Allí renueva la policía sus métodos de extorsión. A quien sorprenden con un condón, el hule se vuelve evidencia criminal.

—Basta que te lo encuentren para que te metan a patadas en una patrulla. Ya me tocó en la 330 y la 316. Dijeron que me dejaban ir si les hacía un *guagüis* —cuenta uno de los chamacos. El sexo oral como espada seminal de doble filo, el placer degradante, la homosexualidad enconada de la autoridad.

«Mientras más obvio eres, más te van a fregar, entre más joto pues, cuando transgredes con cierta feminidad. ¿Y por qué no hacerlo?», Jacinto, (RIP), seropositivo, estudiante de literatura en Estados Unidos, vacaciona en la ciudad de México. Se contonea por la Alameda, desafía a los gendarmes tratando de enraizar las buenas costumbres que disfrutan los homosexuales en Nueva York y San Francisco, pero en el ámbito defeño de «una ranchería con luz eléctrica que aparece en el mapa, pero ni siquiera pavimentada, mira nada más los baches». Los gay sueñan con el espejismo de la tolerancia extranjera. Patinan en su idea de nación.

—Se está en el derecho de trasgredir femeninamente —dice José María Covarrubias, Chema, «la Pepa», desgarbado, desempleado, casi siempre con pantalones amplios, playera y el anhelo de comprarse una prenda de diseño, pero gastaba lo poco que tenía en la denuncia—. No debe ser por eso que la policía se te venga encima. Uno está en su derecho. Esto de los amaneramientos es toda una política de la apariencia. Pero también hay machines de apariencia que son gays. Van a bares como El Taller, donde no se permite la entrada a mujeres. Eso también es discriminación y una patología de su dueño, la González de Alba.

El escritor Severino Salazar fue con unos amigos a ese bar; a uno le cerraron la puerta porque a los guaruras no les gustó cómo se cortaba el pelo.

—Aquí no es bar de locas —le gritaron en público.

—Entonces qué es.

Fue en vano, no recibió respuesta.

—Ya puesta en marcha, la vejación de los homosexuales es una parte del ejercicio del poder en todas sus niveles —jotea José María.

El San Sebastián asaeteado es el santo y figurín de las buenas intenciones gay que pavimentan las veredas del infierno citadino. El Círculo Cultural Gay denunció hasta la fatiga el caso de un travesti lapidado en San Antonio Abad, pero no consiguió que cayeran responsables.

Aparecer en un programa de televisión tiene consecuencias laborales. Le ocurrió a Roy, contador público, empleado de gobierno. Se desata en las pláticas de madrugada dentro del 42, bar próximo a Garibaldi. Asume su feminidad visible a sabiendas de que en el antro está seguro. Salir en la tele fue un estigma.

—Antes que nada somos humanos. Socialmente aceptados en la familia, pero no en la sociedad. Lo veo en mi trabajo. Nunca he cometido una falta, nunca me he metido con un trabajador, pero después de que salí en la tele el jefe y otros me preguntan si soy homosexual. Es una falta de educación. La gente del gobierno dice: pobre homosexual. Ellos se reprimen porque son políticos. Mi hermana es diseñadora, y muy buena, hace cosas muy elegantes. Si los modelitos se los ponen los niños «popis» no hay problema, pero en cambio si yo... Te suben porque te suben a una patrulla, y si no te rompen la cara. Unos judiciales nada más porque me vieron vestido así un día que me iba a divertir, se esperaron a que saliera del antro, me siguieron hasta mi casa, querían que les diera dinero cada quince días. Amenazaron con hacer un escándalo en mi trabajo. Les dije que se arreglaran con mi vecino que es judicial y me dejaron de molestar. Estoy seguro que es una loca reprimida.

El anhelo de la colectividad gay en la ciudad de México es un sano desvarío por despertar en Height Ashbury, pero sólo encuentra bares macilentos en un acoso de tinieblas. La boruca de unos cuantos atrae intelectuales desparpajados, defensores de la condición humana, anhelantes de la igualdad cosmopolita, soportes vanos de la «otredad».

En la cervecería Viena, al filo de la media noche, el ambiente es de rompe y rasga. La «gaycidad» se encarna en risas y barullo, allí se dan cita personal de todas las maneras e indumentarias: actores de televisión, escritores, gente del arte, empleados, —y por el porte y corte de pelo— soldados en día franco y espías.

Un funcionario de la Secretaría de Educación y su acompañante fueron asaltados a la salida del Viena. No son amanerados, pero haber estado en el bar puede ser un salvoconducto a la miseria policiaca. Los sorprendieron unos patrulleros por la espalda. No pudieron ver ni soca. De inmediato les rociaron la cara con gas. Obtuvieron un buen botín. Era día de paga.

Con todo, la gente se siente más segura en los antros, platica el circunspecto Rogelio, de consonantes fricativas y vocales redondas:

—Aquí rara vez hay pleitos que no pasan de un aventón. El horror está afuera y a las nueve de la mañana. Así me asaltaron cerca del Metro Allende, donde trabajo en un puesto de tacos. Me pusieron una navaja en el cuello: «No voltiés, ve para abajo». Me subieron a un carro de vidrios polarizados, con un paliacate en los ojos. Me lo quitaron en una casa muy fea por adentro, sentía frío. Eran tres y los tres me violaron. Sólo me quitaron la chamarra. No levanté acta. No supe a quién dirigirme, soy un joto muy obvio. Ya eran personas mayores, de más de cuarenta. Yo tengo veinticinco.

Bastó que un empresario próspero, apropiado y culto saliera una noche de El Taller. Abordó su auto y unas cuadras adelante lo interceptó una patrulla. Lo orillaron. Se detuvo. Le dijeron que traía droga. Como por telequinesia el asiento trasero estaba tachonado de pastillas. Lo subieron a la patrulla 031232. Lo agacharon en el asiento trasero. Fue a dar a un departamento amueblado. Había chavos bien vestidos, bocabajo sobre la alfombra, vigilados por cinco uniformados. Tenían que llamar a la familia para negociar un buen rescate o ser exhibidos en la delegación ante fotógrafos de prensa.

A un muchacho que vivía solo, le pidieron las llaves de su casa. Al rato regresaron unos policías con televisor, compact y videocasetera. Los fueron sacando uno por uno, para recorrer cajeros automáticos. El empresario salió al último. La tortura mental le costó una fortuna en tarjetas. Cree que no se pidió rescate porque los policías estaban cansados. Empezaba a salir el sol. No se denuncia cuando la autoridad tiene direcciones y teléfonos.

José María Covarrubias

A principios de los noventa no había rastros de que se fuera a suicidar. Aparecía en el trajinar de comisarías cuajadas de travestis, en las manifestaciones a favor de los zapatistas, en campañas a favor del aborto, en mítines para liberar presos políticos y en cantinas, muchas cantinas. Covarrubias era la obsesión misma por quitar las fobias contra el homosexual. Anotaba números de patrullas, se enfrentaba a los agentes.

Iba con dos banderas: defender la dignidad humana y exaltar el orgullo gay, aun a sabiendas de que el sector travesti era reacio a comprender el meollo de los derechos humanos.

Exigía apertura en la prensa. Su denuncia contra el acoso a los travestidos se publicó en *Filo Rojo*, *El Financiero*, y las «razzias» amainaron. Era apenas una pluma en el abanico de amplio espectro de la misión del activismo homosexual; iba a contracultura, dispuesto a pagar su cuota por la libertad de expresión aunque fuera a costa de fastidiar.

La pintora Nunik Sauret dice que José María iba por la vida reiterando, al pendiente de las bajezas que ocurren dentro y en los bordes de la sociedad. Vehemente y eruptivo, su nicho era el arte, a la vez los antros y lo exquisito de las galerías de pintura, la sordidez de las casas clandestinas de homosexuales a reventar de oscuridad. En los bares gay de exclusividad luminosa como El Taller o el Cabaretito se le negaba la entrada por impertinente. Los demandó y ganó el pleito por discriminar y violar la Constitución; por negar la entrada a las locas desaforadas.

Con la misma enjundia se fue agobiando. ¿Hasta dónde era imprudente? Un día esperó el amanecer afuera de mi casa para poder tocar. Cuando abrí, tenía un ojo reventado, la camisa rasgada, le había llovido. Fuimos a un hospital. Lo asaltaron unos «chichifos». Salió del 42, donde buscaba alguien que le invitara una copa. En un callejón se ligó a los tipos, su cartera estaba vacía, los golpes le dañaron el cristalino.

Ya no caía bien en los *vernissages*, una depresión lo merodeaba intransitiva, mientras buscaba quién financiara su activismo.

«Me duele respirar, caminar, vivir», decía. En el último par de años andaba con los anuncios de su muerte. Durante la última Semana Cultural Lésbico Gay que dirigió, subió a una de las torres del Museo del Chopo con el ánimo de lanzarse. Unos amigos, los que le quedaban, le dijeron que podría comprometer a los empleados de vigilancia. Bajó sumiso.

Estaba emaciado, sin el garbo con el que inflara condones frente a los beatos. Por su desfachatez, el José María, política y socialmente maleducado, se fue ganando su pasaporte a la guillotina de la intolerancia que combatió. Gays y no gays lo dejaron solo. La sociedad civil lo mató.

Lo que a principios de los 80 fue novedoso, una rebeldía irreverente y desbocada, lo fue devastando después, en buena parte por el repudio de sus pares, para quienes Covarrubias era abrumador; iba más allá de la etiqueta de la disidencia homosexual tolerable.

Sus mejores años los pasó en un departamento de la calle de Yosemite. Vivía en pareja inasible e inestable, dentro de su guarida pletórica de esculturas fálicas y vaginales, fotografías de Maplethorp, afiches, piezas de las exposiciones de la Semana Cultural Gay que organizaba año con año en el Museo del Chopo. La duela de su casa estaba carcomida por humedad y polilla, periódicos apilados, archivo de injusticias, recortes donde se mencionaba su trasiego, una escultura del San Sebastián asaeteado, como la vulnerable masculinidad.

Había que equilibrar el paso por una viga para cruzar de la sala a la cocina, donde aguardaba el platillo de langostinos que José María, buen gourmet, preparaba con ínfimos centavos y paladar espléndido para agasajar al invitado. Quien iba a su casa obtenía un lugar, sin nada a cambio, quizá tan sólo una pequeña salida a su desesperación, hasta que se quedó sin morada. Fue un desahuciado de todos los hogares.

Sin amparo, su bitácora la escribió en la necedad de buscar justicia, y exigió para esa causa hasta agotarse y extenuar lo que le rodeaba. Nacido en la costa de Nayarit en 1949, alcanzó a la UNAM en el ultimo carril de los 60 para estudiar psicología y tirarse luego a la deriva para reivindicar a la gaycidad cual cultura. Fue su naufragio aferrado al madero de la dignidad.

Sorteó el sida, del que nunca fue presa no obstante rondar los ámbitos de la promiscuidad libertaria. Repartió condones por doquier como acto de fe pragmática. Denunció las matanzas de travesti chiapanecos en 1992, para desmadejar complicidades de gobierno y policías. Empezó desnudándose en las marchas del orgullo gay por la avenida Juárez y a lo largo de 17 años organizó en el Museo del Chopo la Semana Cultural Lésbica Gay, con aportaciones de artistas como Nunik Sauret, Reynaldo Velásquez, Nahum B. Zenil y Francisco Toledo.

Malvivió con la venta de vez en vez de algún cuadro o escultura. Jamás tuvo beca o soporte de institución cultural, no obstante, publicó tres libros testimonios de la Semana Cultural Gay; incunables de nacimiento, paradojas auspiciadas por la UNAM. Allí quedan.

José María era presa de una crisis depresiva mayor, clínicamente diagnosticada. Abandonó el tratamiento, no tenía dinero para las medicinas; era el insoportable ser de sí mismo que en su nobleza engulló la fatalidad de su alrededor.

Anegado en la soledad, en la madrugada de un domingo, a unas horas de la clausura de la XVII Semana Cultural Lésbico Gay, en el Museo del Chopo, en un hotel a un par de cuadras, se inyectó insulina. Dejó todo en orden. Sobre el buró su credencial de elector y en el recado póstumo la indicación remarcada de no culpar a nadie. Un hecho consumado de su última expresión. Un acto de libertad. La indiferencia que repudiaba lo aniquiló.

Otra vuelta de tuerca

Reclusorio Varonil Norte. Celda pequeña pintada de rosa, lugar aparte en la prisión, pósters de Chayanne y Ricky Martin, repisa esquinada con carpetitas y afeites. Alejandro Gutiérrez, de 27 años, espera sentencia por disparo de arma de fuego. Salía del 42 donde es bailarín travesti, lo asaltaron, de una pistola salió un tiro. Los mismos atracadores lo llevaron a la comisaría. En los separos le ordeñaron los pechos hasta que reventaron con el silicón. Confesó haber disparado, aunque jamás tuvo una pistola en sus manos. Me muestra los magullones, ni siquiera lo cosieron, sus compañeros de celda, también homosexuales, le ponen apósitos de sábila.

En un hotel del centro apareció el cadáver de un maestro de la UNAM. Había decidido salir del clóset cuando lo ligó un «chichifo» de la Alameda. Están las pistas, no hay culpable. En México y desde 1995 la Comisión Ciudadana Contra los Crímenes de Odio por Homofobia, registra un promedio anual de 40 asesinatos de homosexuales por discriminación; la cuarta parte en el Distrito Federal.

En un bar de Bucareli, le cuento a la doctora Luciana Ramos anécdotas del reportaje, es la hora de la comida y el tiempo se deshilacha cuando no hay apetito, la plática es un inevitable *laisser-passer*, el *vodka tonic* es alcíbar. Psicóloga del Instituto Nacional de Psiquiatría, hizo un estudio con universitarios sobre el sida. Los alumnos atribuyeron la enfermedad a la pérdida de valores y a la vida inmoral. Dice que si estas falsas creencias se encuentran en los estudiantes de educación superior, qué se espera en personas con menos información. La destrucción del homosexual como objeto fóbico, implica el aniquilamiento de todo lo que significa: la persecución sistemática, la extorsión policiaca y el asesinato:

—Hay un tipo de gente que puede adoptar un papel heroico al eliminar a los gays, como si se tratara de un aviso, de que hay que hacerlo para que la amenaza termine. Es terrible que haya quienes llegan a ese grado de hostilidad, que abarca todos los niveles. Se está generando un nuevo fenómeno que ya no responde a los aspectos individuales, sino a una condición social.

Viernes de madrugada en la Delegación Cuauhtémoc. Misión cumplida para la patrulla 03070 que arrestó a un travesti. Mauricio Domínguez Teoba, de 22 años. Paupérrimo, aventado a las ergástulas. Olor de miasmas y alambique. La jotería detenida se cuida las espaldas de violadores, homicidas y la caterva que abarrota las crujías. Antípodas del espíritu festivo de lo gay, un ámbito feo.

Arriba, también es fea la oficina del licenciado y juez calificador Bernardino Pablo Bautista: «A ese homosexual, a mi no me importa que sea 'lilo', lo trajimos por adoptar actitudes contrarias a las buenas costumbres. Nuestra sociedad no admite que un hombre se vista de mujer.»

Sobre el archivero y como adorno, el licenciado tiene un enorme falo de barro vidriado. En el meato urinario le metieron una cajetilla roja de Viceroy que sostiene una antena quebrada de televisión. Un judicial cacarizo la orienta en vano. Persiste la imagen ruidosa de una locutora que entretiene con chistes de doble sentido.

Por la frecuencia policiaca de la radio se avisa que la patrulla 0311 pronto arribará con un «putarrón». Nunca llegó.

Quitarse la vida

Parte policiaco: «En el paraje El Retiro, en la delegación Cuajimalpa, de una rama de 20 centímetros de diámetro de un encino cuelga el cadáver de una mujer de alrededor de 20 años de edad. Viste playera blanca, pantalones de mezclilla y tenis. El lazo mide 2 metros de la rama al cuello. De los pies al suelo hay 2 metros de distancia. A un lado del árbol hay una bolsa de plástico de color negro. Tiene una bolsita de celofán con cacahuates, 7 pesos y un boleto del metro. El lugar está solo.»

Mondo cane: se dice que Gualterio Jacopetti esperaba a que la luz bajara para teñir de drama su documental y que una vez retrasó un fusilamiento para obtener un tono crepuscular. «El lugar está sólo», dice el registro, me aparté porque la noche estaba cayendo. Los últimos rayos del sol animaron tenues el paisaje de fondo en una ladera lejana, cortina de casas de lámina y tabique, un anfiteatro urbano ceniciento que apagó al encino.

Autopsia: «Se encontró fractura del cartílago tiroides, útero grávido con producto de 7 centímetros de longitud. Desconocida. Se remitió a la Facultad de Medicina de la UNAM.»

Así quedó asentado en el expediente del Servicio Médico Forense de la ciudad de México.

—Es desesperante. La muerte por ahorcamiento es agónica —narra Felipe Takahashi, médico legista; platicamos en la tarde al final de un pasillo desde donde veo a la joven amortajada para su viaje a la Universidad—. Dura en promedio, digamos, que entre cuatro y seis minutos. La principal causa de muerte es por falta de aire. Hay cuatro etapas clínicas. La primera es falta de oxigenación, cuando la piel toma una coloración azulosa. Viene una etapa convulsiva, que es cuando tratan de quitarse con lo que se están ahorcando. La tercera es una etapa de inconciencia, después de las convulsiones, y la cuarta es el coma, la muerte.

»El tiempo depende del instrumento que se utilice. Un alambre delgado, eléctrico, tiende a penetrar en los tejidos blandos a diferencia de una soga más ancha. Hay otras tres causas de muerte indirecta en los que se cuelgan. Por interrupción del paso de sangre al cerebro. Por estimulación del nervio vago que va a producir un paro cardiaco y respiratorio. Esto se conoce como ahorcado blanco ya que propiamente no hay asfixia. La cuarta es por fractura de las vértebras del cuello, cuando se avientan al vacío. Se les acaba el cordón que los está sujetando y entonces hay un jalón. Allí es donde se desnucan. Bastan dos metros.»

Para el especialista es una agresión extrema y brutal en quienes dejan su cuerpo de esta manera. La violencia no se ejerce tan sólo en quién se quita la vida. El grado del daño reverbera en los familiares que encuentran el cadáver colgando de la regadera. Es el último símbolo de la autodestrucción.

Una forma exacerbada del suicidio es arrojarse al metro; estrategia de aproximadamente 30 personas al año en la ciudad de México.

—Quedan irreconocibles —agrega Takahashi— politraumatizados. Hay fracturas en todos los huesos y traumatismos en todas las cavidades. No les queda órgano sin tocar. Son heridas muy impresionantes. Es muy frustrante encontrar los recados póstumos. Están despedazados o por la sangre no se pueden leer.

En defensa del pudor suicida y en aras de una metodología eficaz, el periodista inglés Derek Humphry escribió el libro *Final Exit* (*Salida Final*). Son consejos para el bien morir, con dignidad y sin mutilación. Está dirigido principalmente a enfermos terminales. Hay suicidas que lo han acogido. Rompe con los mitos de la muerte segura al emplear cianuro, armas de fuego, lanzamientos al vacío, electrocución o barbitúricos. Relata los pormenores del drama cuando los suicidas despiertan en la sala de un hospital.

La imaginación

Un modelo de artesanía suicida no consumada es el de un herrero. Diseñó un aparato infalible en apariencia para matarse. Lo construyó en su taller con soleras de fierro. Una jaula que instaló sigiloso en su habitación de la colonia Portales, cuando no estaba la familia. La empotró en la pared. Metió la cabeza en el artefacto y lo cerró con un candado. Hecho a su medida exacta no había espacio para ladearse ni retroceder. Del otro lado del muro instaló un taladro que se impulsaba hacia adelante con un mecanismo que se activaba al encenderlo. Le dio *on*, la broca larga y afilada empezó a sacar virutas de piel y hueso.

La pared estaba salpicada de sangre, pero no había ni un miligramo de masa encefálica. El herrero hizo su artefacto con toda precisión y confiando en la muerte, pero no sabía nada de anatomía y la broca penetró 15 centímetros entre los hemisferios de su cerebro donde no hay tejido vital. Cuando acudieron los allegados hablaron a los socorristas. Los bomberos quitaron la jaula con un pedazo del muro y así fue transportado al hospital en la ambulancia. Vivió.

Los suicidios tecnológicos y el éxito para lograrlos tienen que ver con el desarrollo de los países, aunque los resultados sean diferentes. Un mexicano leyó en un diario la noticia sobre un suicidio en Japón y quiso imitarlo. Amarró un alambre de electricidad a la perilla de la puerta de su cuarto y lo conectó al interruptor de la luz. Ensamblado al tambor de resortes en la cama, se echó a esperar que alguien abriera la puerta y prendiera el enchufe. La corriente pasaría al tambor para fulminarlo en un instante.

El caso japonés tuvo un desenlace fatal e inmediato. El del mexicano una agonía prolongada. Murió porque el colchón se incendió y le causó quemaduras de tercer grado en 70 por ciento de su cuerpo. No es el único caso en México de suicidio por electrocución o del intento. Otro hombre se forró con alambre como si fuera una bobina. Se conectó al apagador y a la perilla de la puerta. Aguardó, abrió la puerta un sobrinito y se fulminó. La polaridad estaba invertida por alguna razón. El suicida fallido fue a la cárcel por homicidio imprudencial.

Un señor leyó que en Arizona alguien se hizo morder la mano por una víbora de cascabel y murió veloz. Compró en el Mercado de Sonora una mascota parecida y quiso mejorar la técnica. Se la metió en la boca y el animal le traspasó la lengua con los colmillos. Había arrancado la cerradura de su cuarto en una azotea aislada. Agonizó durante dos horas, según los forenses. Murió entre la asfixia por su lengua hinchada y los efectos del veneno.

«En el paraje El Retiro...» La inmovilidad del parte policiaco y la tranquilidad del paisaje no revelan la agonía de los momentos suicidas. Tal vez desolación.

Punks en la sombra

Desolados en un medio día soleado, trece cabelleras, a rape, fosforescentes, a lo mohicano o espinudas, sudaban en los verdaderos precipicios de la sociedad a la que desafiaban, un patio en el Reclusorio Varonil Norte. Les tocó el turno de ser despreciados por la carne auténtica de presidio. A los reos muy baqueteados no les interesaba ni habían oído *Criminals* o *Madness*. *Eminem* les resultaría piadoso. Aquí el crimen vale su peso en oro. Rabia y locura son moneda de cuño corriente. Los convictos calaban con mirada candente o de reojo a esa parte de la remesa punk que llegó la noche anterior, que ahora se replegaba y casi quería untarse en el muro.

—A uno que se me acercó y que como que me amenazaba le dije que yo andaba con el rollo de Rosa Luxemburgo, pero nada más me dijo *ooouuuooo*. Está grueso.

Venían de un concierto de rock en Los Reyes, por las goteras de la ciudad y los charcos del oriente de la zona metropolitana en temporada de lluvias. Eran sesenta los que repartieron por todas las cárceles de la ciudad. Estaban acusados de hacer desmanes en vagones del metro. Uno en Pantitlán y el otro en La Raza. Vidrios rotos y gritería de rock guerrero.

En los periódicos de la mañana aparecieron como «chavos banda», viciosos, crápulas, ebrios, drogadictos y pandilleros. Un lujo de fotografías para ilustrar la perdición. Insistían en su inocencia, incapaces de dañar a su propia ciudad, la ley y el orden. Un joven poeta vestido como Aristide Bruant, con púas de pelo verde, me dijo sofocado por la bufanda roja que no se quitaba por miedo a que se la fueran a robar:

—Que alguien señale quién de nosotros fue. Nos trajeron sin decirnos nada, con engaños, sólo por vestirnos así. Veníamos de celebrar el Día del Punk, de oír a un grupo que vino de Nueva York. Se llama *Enfermos de todo*.

—Es un día internacional —se cuela Jairo, decano del grupo— y no nos gusta el vandalismo. —El jefe de custodios no lo dejaba acercarse a la plática, porque ya es viejo, tiene 23 años, no se viste como punk y no tiene nada de estrafalario. Sin embargo, sus compañeros lo reconocen como el más genuinamente punk. Desde la adolescencia se pintó el pelo, se hizo tatuajes, se vistió de negro y se puso un collar de perro con estoperoles. Su erudición musical va desde el más remoto *ska*, pasa por Jimmy Cliff y remata con el minimalismo de Philip Glass. Ahora es empleado de una compañía. Trata con clientes, necesita otra facha, pero sigue con la proclama punk del desafio a la sociedad, aunque hace un paréntesis en este reclusorio. Empezó su tesis sobre Wilhelm Reich y el *orgone*, pero la cambió por Theodor W. Adorno.

—Para mí el movimiento punk es ser yo, nada más. Mis desmanes, mis traumas, lo que sea. El significado de las cadenas, los tatuajes en la piel, todo eso. Es mi inconformidad con la ciudad, con la policía.

—En este lugar todo el mundo está inconforme con la policía —le digo.

—No, aquí no.

—¿Aquí no están inconformes con la policía?

—No, aquí no. El punk es un movimiento pacifista. Creen que no tenemos personalidad porque nos vestimos así, que imitamos a los grupos de rock, pero no idolatramos a nadie —concluye el que dejó la indumentaria.

—¡Sí, eso es! —corean los compañeros, estudiantes de preparatoria, obreros. —Nosotros no estamos contra la policía, pero sí contra la libertad de expresión. Consideramos injusto que nos consideren delincuentes sólo por como nos vestimos. Y sí. Si nos quieren llamar escoria es lo que... somos. —El joven pálido con un arete maorí, se percató que estaba rodeado de escoria.

Se acercaron dos custodios jugueteando con aerosoles de gas. Uno les dice que se muevan, lo va a llevar a Z.O.

—¿Qué es Z.O? —me pregunta un muchacho, que elude cualquier contacto con el celador, que le responde frotando el gas y le sonríe.

—Zona Olvidada.

El patio se oscureció aún más. Se les acusó de daño en propiedad ajena y se les obligó a firmar lo que no habían declarado. Esa tarde salieron libres.

En el Reclusorio Femenil Norte metieron a tres muchachas. Las internas las acogieron divertidas. Nada más Ana Raimunda, rea veterana, le rasgó a una muchacha el lóbulo de la oreja cuando le robó un arete. La mayor, Abigail Rosario, tiene 20 años, un inmenso tatuaje que baja por las clavículas y se pierde en el pecho por debajo de la playera blanca. Se reconoce como heredera y continuadora del movimiento *hippy* de los setenta. Sus compañeras asienten. No quieren sacar esa faceta desconocida de su activismo para no comercializarla, por eso no se balconean con el *peace and love*.

Tania, de 18 años, me platica que su papá es de izquierda: «La gente piensa que los punk son agresivos, pero eso no es cierto. Los que hicieron los desmanes fueron roqueros. Esos no tienen ningún objetivo, a diferencia de nosotros que tomamos ideas, por ejemplo, de Ricardo Flores Magón, de Bakunin.»

Quiere estudiar filosofía. Salieron libres por la tarde.

Un precipicio en el metro

La enferma interrumpió la entrevista. Lanzaba frascos de curación contra las paredes y vidrios de los consultorios. El manicomio quedó estallado al final de la sala de urgencias. Esa mañana platicaba con un hombre agobiado por la xifoescoliosis. Tenía 42 años, el cuerpo y la mente emparedados entre dos inmensas jorobas. Padecía una depresión mayor, extrema y florida, joya por igual de los anales de la psiquiatría y la nota roja. Un suicida le había ganado su lugar.

Llegó un par de horas antes en estado crítico al Fray Bernardino Álvarez. Un poco más en calma, con una psiquiatra en el cubículo, contaba aflicciones amorosas, el ninguneo de sus escasas mujeres. Recitó de memoria algunos poemas que les había dedicado, pensaba escribir *Poemas y Reflexiones de un burócrata enamorado*, donde daría cuenta de las partes luminosas de sus amoríos y de las demoníacas, de una dama que le expolió su pensión de auxiliar de contador. El día anterior y cubierto por el aura negra del suicida, se metió a una estación del metro para arrojarse al paso del tren. Meditó un rato, cuando la luz al final del túnel no es la salida y la total absolución es lo que se viene encima. Pasaron dos o tres convoyes y tomó impulso cuando se aproximaba el verdugo elegido. El destino es aparentemente generoso en el suicidio. Con lo que resta de ánimo, se puede escoger al ejecutor en la aniquilación del uno mismo.

De repente escuchó gritos, una alharaca de muerte le quebró lo único que le quedaba de voluntad; la necesidad de matarse. Sobre el parabrisas ensangrentado del tren que se aproximaba con el chirriar de los frenos vio un brazo. Un suicida consumado, a saber quién era, había tomado la delantera. Uno más de los treinta y tantos que cada año se inmolan así. El destino envuelto en egoísmo puso a otro en su lugar.

Lo volvió a intentar. Anduvo en la madrugada por las calles; el suicidio frustrado se le había vuelto un castigo más insoportable que la vida. Esperó frente a las rejas a que abrieran el metro. En un acto último de lucidez miró una patrulla, pidió ayuda. En un bolsillo traía de nuevo el recado, que no se culpara a nadie de su muerte, que era mejor así, nota que había escrito al infinito, «mejor así», de modo adverbial sin extrañezas. Fue a dar al Hospital 20 de Noviembre, lo serenaron, una ambulancia lo trajo al Fray Bernardino Álvarez la mañana que concluyó la entrevista con el estallido de la loca.

Por el vidrio hecho añicos vi a la mujer morena profunda y gorda desgarrarse la bata de enferma; quedó medio desnuda, blasfemando aventó frascos de mertiolate, verde brillante, yodo, que dejaron en las paredes una abstracción impresionista. Recordé a Jackson Pollock, era un fantasma en el trazo enfurecido de aquella mujer. La psiquiatra estaba absorta, el deprimido jadeaba. Llegaron los enfermeros, la amortajaron con una sábana cual camisa de fuerza. El hombre no pudo hablar más. La sala de urgencias quedó en el silencio protocolario de todos los manicomios del mundo, cuando la locura amaina.

El destino tuerce al absurdo. Los filos de la irracionalidad a veces se vuelven certeza, como las espinas fósiles en la columna vertebral de un demonio prehistórico. Años después de aquel incidente en el manicomio, caí en el marasmo siniestro de una depresión mayor. Se me reventó la fuente de la nota roja y se vertió en la laguna Estigia. La orilla fue el Instituto Nacional de Psiquiatría. Al entrar, y hundido en la estela de hidras y cerberos, con la negrura puesta a su servicio, vi en una salita al jorobado que entrevisté aquel día en el que estallaron los vidrios. Creí que la depresión cursaba con un brote de psicosis y era una alucinación. Pedí el alta voluntaria, acudió el director del hospital a convencerme de que me quedara. Era mi amigo, conocía bien mi trabajo y se asombró de la coincidencia. Así continué la nota mínima publicada una década atrás en la que sólo mencionaba: «Suicida cumple con eficacia y arrebata su lugar en la fila mortal del metro a hombre contrahecho con vehemencia suicida y experimentado en los anhelos de matarse, etcétera, etcétera.»

Carlos del Rosal Cardoso, era escritor y poeta inédito. Malformación congénita de columna vertebral. Metro y medio de estatura. Socialmente repudiado desde la infancia carente de muestras de cariños de los demás. Trabajó como ayudante en la fabricación de anuncios de luz neón. A eso se dedicaba hasta que cayó de un andamio desde un tercer piso. Lo hospitalizaron con fracturas múltiples. Se pagó sus estudios de auxiliar de contabilidad. Trabajó como oficinista en el gobierno hasta que pidió su jubilación anticipada por su mal incapacitante. Obtuvo el dinero en una partida. Se casó. Escribió:

Un ángel se ha caído del cielo y yo me lo he
encontrado,
lo tengo guardado en mi corazón
lo tengo prisionero
en las redes de mi amor
ese ángel se parece a ti
bello y hermoso como tú
sus ojos son tan bellos como tus ojos
su sonrisa es encantadora
como la sonrisa de tus labios
un ángel se ha caído del cielo... Charly.

El día de la boda la mujer no quiso comprar las fotografías, jamás lo presentó con su familia.

—Me decía que me prefería cojo, manco o tuerto, menos lo que soy.

Le quitó la pensión. Una noche le llevó a un amante. Le dijo que se iba con él. El hombre le dijo a Carlos que lamentablemente se había dado cuenta demasiado pronto de la infidelidad de su mujer, pero que, en buena onda, la mantuviera diez días más. Escribió:

Hoy la tempestad
ha llegado a nuestra vida
para arrasar sin piedad nuestro amor.
Tú te encuentras en el ojo del huracán,
observando cómo se desgaja mi amor... Charly.

Atardecer en Sanborn's. Domingo, *holyday blue*

Han pasado cinco años del encuentro en la clínica psiquiátrica y se sigue exprimiendo el periodismo de lo absurdo. Carlos del Rosal trae un paquete con sus escritos. Lee un diálogo imaginario entre psiquiatras: «Bueno, colega, usted sabe que el depresivo es manipulador, como una forma de pedir ayuda, porque en realidad nadie los comprende, no los aceptan y mucho menos manejarlos... También dicen que son buenos actores.»

Día de recogimiento. Poca gente en la cafetería. Lo han internado un par de veces en el Instituto Nacional de Psiquiatría, único ámbito decente para la locura en todo el territorio nacional. No regresa, no le alcanza ni para la cuota de recuperación. Tres veces ha estado en el Fray Bernardino Álvarez. Sale peor de cómo entró. Mezclan diferentes tipos de enfermedades. Se siente adentro de un escaparate con esquizofrénicos, psicóticos y *delirium tremens*. Lo vivido ahí se le enquista en la memoria. La depresión es una enfermedad mental en la que no hay demencia, empeora con la revoltura de los lunáticos, y platica:

—Ella gritaba, golpeaba y la amarraban. Un día llegó un señor al que luego luego amarraron de pies y manos. Así lo jalaron al baño. De pronto le vino la lucidez cuando vio a la mujer que gritaba y él gritó que era su hermana y sí, eran hermano y hermana. Todos los otros enfermos se pusieron a gritar.

Y otra vez...

—Yo no sabía que alguien se dejara morir con todo y el hospital. Esa persona era ya como una bebé. Ya no se dejaba alimentar ni por sonda. Alcanzaba a decir que dejaran que se muriera, creo que por la pérdida de sus hijos, porque decía «mamá, yo no tuve la culpa». Está uno allí deprimido y le ponen a esa mujer enfrente, y además se muere...

Carlos del Rosal ha tenido varios intentos de suicidio. Tiene la historia encarnada en la que otro se le adelanta en la muerte. Sabe que el alcohol es depresor. Bebió durante días y remató con un frasco de Valium. Lo encontraron sus padres, lo llevaron al hospital López Mateos, de ahí al Fray Bernardino. Siempre está listo para matarse, con ideas o preparando raticidas, jugando con el *cutter,* que desliza por las muñecas.

—Mis versos son el ejemplo palpable de mis decepciones amorosas, de mis fracasos con las mujeres, porque, siendo sincero, en la práctica siempre he sido malo para enamorar a una mujer. Aún más, en el colmo de los colmos, yo me pasaba la vida dando consejos de cómo enamorar a una mujer o más bien a una pareja. Me sentía el Eros, Cupido, cuando en realidad yo era pésimo para llevarlo a la práctica:

> Oh soledad ingrata
> has creado un abismo entre el amor de mi vida
> el lazo que nos unía.

«Mi suicidio»

Carlos del Rosal ha escrito un largo monólogo a partir de la experiencia suicida que falló. En la fantasía camina por las calles, entra al metro, se arroja a las vías y despierta en la plancha de una morgue. Llegan médicos, estudiantes, y empieza la necropsia con la descripción del maestro: «La malformación del tórax ayudó a que sufriera más lesiones de las que normalmente sucederían en este tipo de percances. Si empezamos por la cabeza, siguió explicando, observaremos que presenta hundimiento de cráneo, el ojo izquierdo está reventado; así mismo, sufrió desprendimiento de la oreja del mismo lado, continuando por aquí abajo, dijo, y como les conté anteriormente, por las malformación del tórax sufrió de fracturas múltiples. La columna vertebral prácticamente se partió en dos. Todas las costillas están fracturadas, lo que se puede comprobar, si palpamos con ambas manos el pecho, aclaró el doctor, a la vez que invitaba a los estudiantes para que lo imitaran.

»Si abrimos por aquí veremos las costillas fracturadas y el daño que causaron; como les decía, continuó, esta costilla perforó el pulmón izquierdo, que se encuentra más comprimido que el derecho, por el mismo estado físico de la caja toráxica; asimismo, podemos observar que el sujeto padecía lo que se conoce como hipoventilación alveolar; esto se deduce por la fibrosis que se estaba formando en esta parte del pulmón; otra señal de la enfermedad es la falta de oxígeno en la sangre; lo que provoca que la misma se ponga espesa...

»No quise escuchar más; indignado porque no prestaban atención me levanté furioso, maldiciéndolos, gritándoles: ¡Están locos!, pero nuevamente me ignoraron, ni se inmutaron siquiera, seguían inmersos en lo que se suponía era mi cuerpo.»

¿Vida?

Carlos del Rosal es un veterano de los hospitales psiquiátricos, un artista de la intención suicida. Ni siquiera consiguió sus 15 minutos de fama en la nota roja. Fueron apenas segundos en las líneas de un diario, que sirvieron para envolver la basura del día siguiente. «El que intenta quitarse una vez la vida, lo va a conseguir», dice un axioma de la psicología moderna en el que no basta aferrarse a la vida cuando hay depresión profunda. El poeta y escritor ignorado lo sabe bien, lo dice en el prólogo de su libro: «Cuando se llega a tomar la decisión de suicidarse, el individuo está pasando por una depresión severa o, mejor dicho, por una depresión mayor; es cuando para él mismo ya no existe el tiempo ni los seres queridos.»

«La depresión encierra al individuo en una cárcel sin rejas, lo sume en un hoyo sin fondo, en un oscuro abismo del cual resulta difícil salir; al contrario, si no se trata por un especialista, se puede ir perdiendo más y más, hasta que llega el momento del suicidio. Algunos lo logran, otros sólo quedan peor (física y moralmente) que antes de que lo intentaran, y eso los orilla a intentarlo nuevamente hasta conseguirlo.»

Vive con sus padres en un departamento pequeño de interés social. Trabaja de empleado de mostrador o como auxiliar de contabilidad. Después de la jornada y cuando se siente mal se pega a un aparato de respiración que lo surte de oxígeno:

—Hay veces que busco la lástima cuando estoy muy mal.

No se identifica con grandes personajes, como «El jorobado de Nuestra Señora de París», le repudia el giboso, también la corcova como fetiche supersticioso.

—Jorobado —platica—, es uno de los defectos más criticados, atacados por la sociedad, en el cine, literatura, los juegos de azar. Me da coraje cuando voy con una mujer por la calle y hay gente adulta que se burla abiertamente. En el metro, sí, en el metro, en el metro la gente me toca la espalda. Si eso fuera de buena suerte, yo sería millonario. Unos sólo dicen «disculpe», otros ni siquiera piden permiso. Sí, en el metro.

Rabia

Bailaba el danzante en la orilla del templo mayor, plumas de peluche entramadas con las de pavo real. Otro de la cofradía de concheros retumbaba el huéhuetl. El que bailaba vestía taparrabos y en los tobillos llevaba semillas de cola de fraile. Justo arriba lo mordió el perro, en la pantorrilla desnuda, y siguió con la danza; la mordida no le desgarró el músculo, pero bastó para que a los tres días muriera con las convulsiones de la rabia. El animal lo atacó en la contra esquina de Palacio Nacional, donde oficia el presidente, a la vista de peatones, policías y turistas. Fue el primer caso de hidrofobia en el año.

El doctor Eduardo López Corella, renombrado patólogo, dice que si es indignante la muerte en México por desnutrición y diarrea, es vileza que la gente aún muera de rabia. La mortalidad en México es alrededor de una docena de casos al año. Pasteur descubrió la vacuna en el siglo XIX. En Europa, Canadá, Estados Unidos y Cuba no hay rabia por mordedura de perro. Una vez que se instala, es incurable.

Un perro con rabia puede recorrer hasta 30 kilómetros con sintomatología babeante. Es fácilmente detectable, pero las autoridades no se percatan. El caso del conchero lo demuestra. Una de las causas es la sobrepoblación canina callejera. No hay control ni responsabilidad sobre estos animales, tampoco en los que tienen dueño. Falsos inspectores vacunan con agua. Cálculos oficiales señalan que hay por lo menos un perro por ocho ciudadanos y, con la miseria y desempleo proliferan. Ante el hampa no sirven de guardianes y son una boca más que alimentar. México está entre los diez países latinoamericanos donde existe la rabia y no hay cultura para detenerla.

De un hospital en Aguascalientes salió un enfermo desesperado por las contracturas de la rabia en la laringe. Ni enfermeras ni médicos se atrevieron a detenerlo, menos los transeúntes azorados. Llegaron dos charros a caballo con sendas sogas, lo lazaron, y así, con todo y caballos, lo volvieron a meter a la clínica. Superstición. La rabia no se contagia entre humanos. En México, el perro es el principal transmisor.

La muerte llega frenética y se va en cuatro días. La agonía empieza con un malestar indefinido: fiebre, dolores musculares, acalambramiento, dolor de cabeza, fatiga; la sensibilidad se exacerba en el lugar de la mordida. Luego vienen los dolores en la garganta, al tragar; la víctima está excitada, su conducta es extraña, alterna periodos de confusión y lucidez, lo postra la contracción dolorosa de la faringe, respira con dificultad, un último boqueo y muere.

En el cerebro, visto con microscopio, las neuronas que regulan el movimiento, la respiración, las funciones vitales, se hallan incrustadas con esferas rojizas en el interior; es el *rabdo virus* que ha penetrado para reproducirse.

En la rabia furiosa del perro, la más común, si el animal es juguetón y activo, se vuelve taciturno y viceversa, el animal tranquilo tiene brotes de excitación. Con el gusto pervertido, los animales infectados devoran excremento. Si los atan, muerden las cadenas hasta romperse los dientes. Sueltos, caminan erráticos. Alucinan. Tiran mordidas como si cazaran moscas, arremeten contra lo que encuentran, impelidos por dolores atroces en los músculos que se contraen y obstruyen la garganta. Mueren. Así actuaba el perro que mató al conchero. Pero nadie hizo caso.

El antirrábico misterioso

El control para un visitante es más furioso que un penal de alta seguridad. Imposible llegar a los directivos, la entrada es subrepticia al sitio donde encierran a los animales; el tipo de intromisión que detesto como reportero. ¿Qué se oculta con tanto celo? Muerte y tortura que espeluznarían a los civilizados europeos. La rabia es asunto de países tropicales, del cinturón ecuatorial.

Centro Antirrábico, Culhuacán; en medio de un patio había un mozo junto a una montaña de perros muertos con la lengua de fuera. La sangre escurría por las pieles de uno sobre el otro. Eran los olvidados, los que estaban bajo observación y no fueron recogidos por los dueños. La mayoría eran callejeros, atrapados en esporádicas redadas, descerebrados de un balazo. Llegó un camión de limpia y el mozo con guantes rojos, y sin hacerme caso, empezó a aventar animales a la caja del carro. En el envión al carro salpicaban sanguaza por el aire; cuando no le atinaba caían al piso con sonido hueco o el de los dientes que se quebraban. Todos los cadáveres enseñaban los dientes. Al viejo mozo le gustaban los dientes y le platiqué el cuento de Tolstoi: En un mercado la gente se asqueaba con un perro muerto. Llegó un hombre; dijo que los dientes parecían perlas, se fue. Alguien preguntó quién era aquel personaje, se enteró que era Jesús, el único que podía encontrar belleza en la carroña.

Le gustó el cuento al empleado de los despojos, nos hicimos de confianza. Estuve a punto de recitarle *Una carroña*:

> ... con las piernas al aire, cual lúbrica mujer,
> ardiendo y sudando venenos,
> abría descuidada y cínica su vientre
> lleno todo de exhalaciones...
> ¡Y serás sin embargo igual que esta inmundicia,
> igual que esta horrible infección,
> tú, mi pasión y mi ángel, la estrella de mis ojos,
> y el sol de mi naturaleza!»

Hubiera suscitado desconfianza con Baudelaire.

Junto al patio había un galerón. Hileras de jaulas, de un metro por un metro, atestadas de canes en observación, sin importar que tuvieran el tamaño de un San Bernardo. Ladridos entre los pasillos, lastimeros como si aullaran en el eco de esas capillas de los secretos donde los monjes hablaban en los rincones. No había ningún humano. Lo único libre eran ratas corriendo por los desagües abiertos, por las canaladuras. Anduve como si una paranoia aleteara a mis espaldas. En cada recodo esperaba que apareciera un perro con ira babeante. Cosas de la atmósfera. A los perros rabiosos los encerraban en jaulas con los barrotes pintados de rojo. Las dentelladas habían mellado la pintura y el óxido se mezclaba con las costras de sangre. A estos no los mataban. En su agonía, los dejaban morir de muerte natural.

Regresé al patio, el mozo había terminado de cargar el camión que estaba a punto de partir. Se peinaba en un espejo roto debajo de una virgen de Guadalupe. Era viejo, tenía algo de caporal. Me contó que los perros rabiosos y los sacrificados iban en la misma remesa a los tiraderos de Santa Cruz Meyehualco. Los pepenadores de inmediato se abalanzaban y los abrían en canal. Entrañas, carne y hueso van destazadas a las fábricas que procesan alimento para animales. La piel va a las curtidurías, pero que no imaginara que la carne iba para tacos:

—Eso es de mal gusto hasta para pensarlo. Eso se hace con los perros finos, bien comidos, de clase media para arriba y no pasan por los tiraderos. Los escoge el jefe.

—¿El jefe? ¿Quién es el jefe?

—Pues el jefe.

El camión de basura se fue, con esos perros que describió Micrós en el siglo XIX:

«...perros de raza indígena, de un color amarillo sucio, manchado de negro, lo que le valía su nombre de Pinto... El carro de limpia fue su ataúd y el muladar su cementerio.»

Reportaje rutinario

El balazo que entró en el parietal derecho con orificio de salida por el occipital del mismo lado, fue el que causó la muerte. Atravesó la cabeza de negra y abundante cabellera, con una impecable trayectoria perpendicular. Otro de los tiros pudo haber puesto en aprietos a los cirujanos, pero no fue mortal. Se puede afirmar que el sujeto tenía la boca abierta en un rictus de sorpresa cuando le sorrajaron la bala fatal. El segundo proyectil entró por la comisura de los labios. Destrozó tres muelas antes de alojarse en la rama ascendente del maxilar inferior. El orificio en la boca, dejó la mueca de una sonrisa en el cadáver del fornido judicial federal, igual que en los muertos de Dashiel Hammet, como si retara inútilmente a las parcas. Le pregunté al legista si era obra de expertos.

—No fue un trabajo de profesionales —conjeturó el doctor Felipe Takahashi en el Servicio Médico Forense—. Dispararon siete tiros y sólo le pegaron cuatro. Los dos de la cabeza, otro en el tórax que no lesionó ningún órgano y otro en una pierna. Los primeros se los dieron como a 30 centímetros de distancia.

Cuando el cadáver aún estaba en la calle, quise platicar con los policías judiciales, de la ciudad y federales, que acudieron con velocidad inusitada al lugar de los hechos. La noticia de estos crímenes corre al ritmo de una certeza que apenas la frena la incertidumbre cuando de policías se trata. Había una docena. Un gordo se mondaba un diente de oro, con un palillo de oro, con punta de rubí. Miraban al colega en el piso, junto al *Trans-Am* último modelo. Había un silencio en aprietos, como si la escena fueran los avances de una película en cámara lenta.

Me llamó un policía que pocos meses después sería acribillado de la misma manera. Le pregunté si los homicidas eran profesionales. Respondió que no, al estilo *El Chacal*, de los que se apostan en la azotea de un edificio con un rifle de mira telescópica y aciertan sin ruido en el entrecejo, pero sí matones a sueldo. Al judicial lo mataron a la usanza de los narcotraficantes sin importar cuántos tiros: cincuenta, veinte, cinco. Lo importante es matar en las calles, que la gente vea y mientras más obsceno resulte el cuadro, tanto mejor. Hay que salpicar la escena del crimen. Los narcos matan cuando son traicionados. Aniquilan sin piedad. Es el mensaje.

Era una media tarde sabatina de abril. Antes de morir, el segundo comandante de la Policía Judicial Federal sudaba la piel sobre sus músculos a punto de reventar. Era dueño del gimnasio bien puesto en la colonia Narvarte. Ejercitó una y otra vez tórax y muslos donde al rato se le iban alojar algunas balas de la andanada. Lo apodaban «el Conan». Era conocido por sus joyas y gusto deslumbrante. Su compañero no me dijo que era narcotraficante, sólo que así se muere en esos ámbitos; son tantas las muertes en esta usanza, que la venganza es rutinaria.

Cuando se llega a cierta categoría policiaca sesgada al narcotráfico, se vive en fraccionamientos de nombre panteísta, campestre, de calles adoquinadas, casas con *man-*

sard, y el físico culturismo se practica en gimnasios de clase media. La clase media es un punto de llegada y, aunque se parta a otras alturas, nunca se deja del todo. Es el último vestigio del decoro. El Ph.D. es el diploma del curso con los *Marshalls,* en Mission, Mcallen. La más extrema latitud es Houston, la mejor vianda es el ceviche con catsup, el corte herford que se mide por kilo, papas francesas con salsa *Tamazula*, cubas con *Hennessy*. La cripta familiar de granito y ónix se termina antes que los cimientos de la casa. En los bares de hotel cinco estrellas se puja por subastas de protección de los unos a los otros; se formalizan trueques de joyas por droga, diamantes montables *Marquis Baguete* de 19 kilates, *Rolex*, palillos de dientes de oro con punta de rubí.

No son las estratósferas de los capos en el nivel «El señor de los cielos», aunque la monotonía es pareja y la bilis negra una trampa de melancolía, como lo describe un testigo en arraigo que fue Director de la Policía Judicial Federal:

«... quiere señalar que mi compadre Amado Carrillo Fuentes solicitaba algunas veces, principalmente cuando se desvelaba, que su médico de cabecera le aplicara el *Dormicum*, que esto le consta, ya que en una ocasión en Santiago de Chile, el de la voz y Amado Carrillo, se quedaron jugando póquer hasta altas horas de la noche, encontrándose en esa ciudad de Santiago de Chile y que siendo aproximadamente las cuatro de la mañana, al notar la presencia de los niños que todavía se encontraban jugando, le solicitó a su médico de nombre Arturo Hernández Cárdenas, le aplicara dicho *Dormicum*, comentando en seguida que se le dormía la boca y a continuación se iba a dormir, pero el de la voz ya tenía conocimiento que la usaba frecuentemente, esto cada vez que se desvelaba o tomaba bebidas alcohólicas, que a él le gustaba jugar póquer, que tomaba tequila y que tenía prohibido tomar bebidas embriagantes, ya que inclusive como lo ha dicho anteriormente tenía un problema del hígado, que en una ocasión Amado Carrillo le comentó que el gobernador del estado de Morelos, General Jorge Carrillo Olea, y el gobernador de el Estado de Sonora, Manlio Favio Beltrones, eran amigos de él...Que el de la voz fue invitado posteriormente a Cuernavaca, hospedándome en el hotel Villa Béjar... y de ahí aproximadamente tres días después y me llevaron a una casa que había pertenecido al Sha de Irán que era de Amado. Que ahí le comentó un guardaespaldas de nombre Cesáreo, que la alberca no tenía agua porque se le había ahogado una niña al patrón... Que Amado Carrillo tenía muchos bienes entre autos, casas, propiedades y dinero, usaba un reloj con brillantes y un anillo con brillante; que Amado Carrillo tenía una tesis con respecto al narcotráfico ya que en una ocasión comentando el de la voz con él le propuso que se retirara, y él me contestó: Yo no sé hacer otra cosa compadre, es lo único que sé hacer, además, es más ingrato el que se roba dinero en México y lo saca del país para llevarlo a Suiza, que yo que aparte de que no vendo ni un gramo de nada aquí en México, ni siquiera la que se me cae se queda aquí en México, yo sí traigo el dinero aquí a México y activo la economía, que en los mismos aviones que envío regresa el dinero.»

El paisaje

Gente ordinaria, gente común, *Ordinary people* sin el Oscar de Robert Redford, monotonía en Santiago de Chile y en Mcallen, aplanamiento hasta en las muertes.

Aburrición por igual en *Traffic* y *Scarface*. El narcotráfico es incoloro cuando se le pide al reportero una nota de color. Habitando en una casa del Sha o muriendo en la calle, hay convergencias de humores grises. El asesinato es una vulgaridad.

Afuera del *gym* se detuvo una *Kawasaki* morada. Bajaron dos individuos. Se estacionaron en la contraesquina. Media tarde calurosa. Los motociclistas de la ciudad acostumbran airearse por Insurgentes y calles aledañas. Pasaron inadvertidos en el reflujo de un grupo de niños que jugaba futbol en la banqueta, entre las familias que regresaban del parque, de la panadería, de la gente en las fondas de antojitos. Calma, víspera del crepúsculo que restalló con los disparos y el cuerpo desmelenado de «el Conan» en un charco de sangre.

«Las heridas en el cráneo sangran como un cerdo». Takahashi fue sucinto.

«El Conan», de 41 años, había peinado su cabello minutos antes y por última vez. Era un hombre acicalado y de rutina gris, que pulía con quilates. Se puso el *Rolex* de oro en la muñeca y salió acompañado por su hijo de 11 años. Empezaba a refrescar con esa sensación de brisa que llega luego de hacer ejercicio y tomar un baño de vapor. Orondo, se subía a su *Trans-Am*. Una vecina se dio cuenta de que algo pasaba, porque los pájaros revolotearon irracionales en las marquesinas. La vida en la colonia se fragmentó un instante y la costumbre se volvió a cerrar como el charco de aceite cuando se avienta una piedra. El hijo no entendió lo ocurrido, aún inmerso en la escena del crimen.

Los Chimalapas en fuga

Talamontes, ganaderos y narcotraficantes han invadido sin piedad las tierras; intimidan a los campesinos, los vuelven deudos de ejecutados, amenazan, se roban a las mujeres, fabrican delitos y, harta la gente, declaró la autonomía indígena e hizo valer títulos virreinales de hace cuatro siglos.

La reunión fue en Casa Blanca, Chocomanantlán, lo que fuera una finca de talamontes y cafetaleros, a 1 500 metros sobre el nivel del mar, rodeada por bosques de pino y encino, tupidos, con aroma de juncia y bellota. Al otro extremo, hacia el norte, en la vertiente del Golfo de México, los parajes son de selva alta perennifolia, mediana subperennifolia, bosque mesófilo de montaña o niebla y selva baja caducifolia. Nadie la ha cruzado a pie por la profundidad de los barrancos. Murieron los que se aventuraron.

En una mesa estaba la escritura del siglo XVII: «...Y en nombre de dios nuestro señor y de su majestad, otorgo y vendo en mancomún de todos los vecinos y sus sucesores del pueblo de Santa María Chimalapa que compran el terreno boscoso ya señalado». Con el artículo 105 de la Ley de Reforma Agraria, que permite a los indios crear formas propias de gobierno, fue proclamada la separación de Chiapas y Oaxaca, para crear la primera Reserva Ecológica Campesina en Los Chimalapas; nudo montañoso en medio del Istmo de Tehuantepec, territorio en secesión de la República Mexicana.

En Chocomanatlán, un día de jornada por mala brecha maderera que parte de la carretera panamericana, Casa Blanca fue la primera expropiación para la Reserva. De aquí sacaron al hermano del gobernador Absalón Castellanos, el dueño espurio. Muchos campesinos caminaron dos o tres días por el monte para llegar al acto. Los pocos caminos de rueda sirven para sacar madera clandestina.

Se reunieron para ponerse al día con la naturaleza, lo político y lo social. Contrastaba su indumentaria con la de unos ecologistas que acudieron en buenos *jeeps* y camionetas, invitados por Maderas del Pueblo. Los campesinos vestían garras de tela sintética, huaraches o zapatos de plástico, morral con pozol para el camino, machete y sombrero de palma. Los otros calzaban botas *Solomon Pro*, *Chippewa* con soporte para el tobillo y aislante, mochilas *Lowell* y prendas de *Timberland*. No caminaron. Las tiendas *Marmot* se quedan en los vehículos. Los Chimalapas se había convertido en una especie de Shangri-La ecológico. Los campesinos a través del Consejo de Representantes se encargaron de la organización para medio centenar de moradores de Los Chimalapas y los huéspedes. Hubo acopio de maíz y frijol, horas mujer para tortear la masa y hacer las tortillas. Los oriundos durmieron a la intemperie. Los invitados del Pacto de Ecologistas en los cuartos vacíos de la casona de muros espesos construida en el siglo XIX, vestigios de un negocio de café sembrado en las hondonadas y transportado a lomo de indio zoque, al final del siglo XX.

En el patio, junto a las mesas del estrado, una víbora de cascabel colgaba de un árbol, la hallaron merodeando y la mataron de un machetazo, un gesto para que los convidados se sintieran seguros. Atardecía, unos campesinos del Consejo General de Los Chimalapas hablaban en un esquina del portal, mostraban preocupación, me veían de reojo, uno agitó hacia mí el cascabel de la serpiente, luego unos papeles y se me acercó, fuimos a un lugar apartado, en el protocolo indio había una petición apenas insinuada. Se trataba de sacar a un fugitivo y que diera a conocer su caso.

Marcos Ayala estaba en problemas. Era un guerrerense de 42 años. Apenas acababa de salir de la cárcel de Cerro Hueco, en Tuxtla Gutiérrez, donde purgó cinco años acusado de narcotráfico. Ahora lo buscaban por secuestro. Su caso se ventiló en una asamblea a puerta cerrada, con las cumbres de la sierra como dintel.

Pregunté por los detalles, se acercó el hombre, anduvimos por una vereda. Reservado, me platicó que de niño fue correo del Partido de los Pobres que dirigía Lucio Cabañas. Sus padres eran militantes. Muerto el guerrillero, se quedaron sin tierras. El Ejército incendió la casa y su familia fue perseguida. Creció proscrito, se vino a refugiar a Los Chimalapas y se estableció en Pueblo Nuevo. Sí tenía pinta de mensajero subversivo. No sé por qué me escogieron para la fuga. Las influencias del periodista son en principio un camelo.

Antecedentes

Unos años antes, el gobierno de Oaxaca convocó a una reunión de ecologistas, para conservar la naturaleza en el estado. Les pagó el avión y la estancia en un hotel elegante de la capital oaxaqueña. No invitaron indios ni campesinos, yo fui como periodista. De pronto, una sesión fue interrumpida por un grupo de indígenas y mestizos del campo. Venían de Los Chimalapas, el salón se impregnó de olor a humo de fogón, bosque y caminata. Con ellos venía el antropólogo social y chilango Miguel Ángel García. Tomó la palabra. Había sido testigo de la depredación en aquella zona. No caló en los ecologistas el recuento de tropelías que hizo el antropólogo. Los campesinos tampoco produjeron más impacto que el de un golpe de folclor. Los convocados planeaban ecoturismo y lanchas anticontaminantes para navegar los ríos. Remotamente habían oído de Los Chimalapas y propusieron hacer campamentos conservacionistas. A una voz los campesinos les dijeron:

—Señores. No se vengan a meter en nuestras casas. Tenemos presos políticos, talamontes, narcotraficantes, invasiones de campesinos pobres, límites entre tierras ejidales y comunales, y con los estados de Chiapas y Oaxaca. Si se va a cuidar el medio ambiente, primero será con nosotros.

De aquí surgió Maderas del Pueblo del Sureste, asociación civil de combate pacífico, gestora y promotora de una Reserva Campesina con participación india. No existía ni existe un inventario de flora y fauna. Se calcula que en una hectárea crecen 900 especies vegetales y 200 de animales. Si llegaban científicos, lo averiguarían en común.

Marcos Ayala estuvo entre los que irrumpieron en la reunión de los ecologistas. Era radical en asuntos contra los invasores de tierra y desmontadores a costa de los campesinos. Promovía caminos y escuelas en Los Chimalapas. Le sembraron mariguana en su parcela, *modus operandi* de los poderosos chiapanecos para desprestigiar y eliminar rijosos. Denunció el hecho con un comandante de la Judicial del Estado apellidado Montaño. En vez de abrir una averiguación previa, lo fue a detener con un piquete de sardos y policías. Marcos huyó. El comandante Montaño torturó a familiares y conocidos para que lo involucraran. Se escondió en la Huasteca. Regresó a Los Chimalapas. Cuando se iba a internar en la montaña, lo aprehendieron en Cintalapa. Pasó un lustro en la cárcel. Acababa de salir libre cuando hablamos en Chocomanantlán y ya era de nuevo perseguido. Yo no lo recordaba de aquella reunión, me refrescó la memoria.

Al anochecer en Casa Blanca, con iluminación de velas y antorchas, el Consejo de Representantes ventiló de nuevo el caso del guerrerense. Me invitaron a la plática. Campesinos como él, despojados en varios lugares del país, vinieron a tomar tierras de los zoques. Los conflictos con esta inmigración de empobrecidos se estaban resolviendo. Acordaron que las tierras comunales debían ser pluriétnicas, y a partir de este momento, seguirían un combate pacífico en contra de las invasiones de ganaderos, traficantes de madera y de indígenas impulsados por el gobierno de Chiapas. Su propuesta era precisar linderos, poner orden en los terrenos, declarar la autogestión y proteger al guerrerense.

En corto, en un rincón de Casa Blanca, el consejero Roque Antonio Guillén me mostró fotografías de Marcos Ayala. Su ficha penitenciaria ha sido repartida por todo Chiapas. Era el «enemigo público número uno» del estado. Salió en periódicos, televisión y radio. Policía y tropa peinaban ya los bosques, ardua tarea hallar un fugitivo en los repliegues de la selva montañosa. El prófugo acudió a refugiarse en la reunión de Chocomanantlán.

Los consejeros lo acogieron y se comprometieron con su inocencia, así me lo dijeron. Era larga la historia de los delitos que le habían fabricado. Ahora lo acusaban de secuestrar a un ganadero en el paraje Monte Líbano. Marcos tenía dos caminos, refundirse en la montaña y atraer la represión a los comuneros de Los Chimalapas, o protegerse en otro lugar. Los alrededores de las tierras bajas estaban ya erizos de judiciales; corría la voz.

Riqueza y miseria, invasiones revueltas

Los zoques son dueños originales de la región. Descienden de los mocaya que se asentaron hace 6 mil años, llegaron de lo que hoy es El Salvador. Conocían la agricultura sedentaria, hay petroglifos y huellas de manos estampadas en rocas. De los primeros zoques hay vestigios de ciudades perdidas en la selva. Era un pueblo pacífico de comerciantes, navegantes hábiles de los ríos. A finales del siglo XV los dominaron los mexicas —aztecas— y los obligaron a pagar tributo. La etimología chimalapa es incierta. En zoque significa *jícara de oro*; en náhuatl quiere decir *lugar entre dos escudos*. El primer encuentro con los españoles fue devastador, les quitaron una tajada a su tierra. De las cumbres de la Sierra Atravesada, la de Tres Picos y el Espinazo del Diablo, salen arroyos que se vuelven los ríos Coatzacoalcos, Uxpanapa, Grijalva, Usumacinta y Tehuantepec; 40 por ciento de todos los escurrimientos fluviales que van al Golfo de México. Se dice que en el río del Corte, afluente del Coatzacoalcos, fueron talados árboles para los navíos de la Batalla de Lepanto, en 1571. Cedro, pino y caoba transportados río abajo al Golfo de México y por barco al Mediterráneo, para que la Corona combatiera a los turcos. El segundo encuentro y evangelización ocurrió en 1647, cuando Fray Francisco de Burgoa oyó rumores en Tehuantepec:

—Otro [pueblo] tiene esa doctrina, en la montaña, siete leguas de la cabecera de malísimos caminos. Llámese Chimalapas y es el mayor. Tiene hasta cien casados.

En 1687, para emanciparse de los conquistadores y recuperar sus tierras, los zoques pagaron 25 mil pesos en oro a la Corona de España. Recibieron títulos virreinales por el equivalente a más de 900 mil hectáreas que amparaban a Santa María Chimalapa. Quedaron adscritos a la alcaldía de Tehuantepec. En 1850 el presidente Joaquín Herrera reconoció el valor de los documentos. En el siglo XX empezó el saqueo e invasión a matarrasa. Se pasó por encima de los documentos de propiedad. En 1910 la *Mexican and Land Coffee*, los despojó del Uxpanapa. El *Corte and Chicago Title and Trust* comenzó la tala, la fundación de fincas ganaderas y de café. En vano trataron los zoques de hacer valer sus títulos ante los gobiernos revolucionarios.

En 1967 el presidente Gustavo Díaz Ordaz expidió dos decretos reconociendo las tierras comunales, pero las dividió en Santa María y San Miguel. Les quitó 300 mil hectáreas del total que compraron durante la Colonia. Les dejó 594 mil. En los 70 llegaron chinantecos expulsados por la construcción de las presas Miguel Alemán y Cerro de Oro. Luego empezaron a invadir chatinos, mixtecos y mestizos empobrecidos del centro de Veracruz. La Reforma Agraria favoreció la colonización con espejismos priistas. Una década después hubo una oleada de tzotziles y tzeltales chiapanecos, azuzados por los gobernadores Absalón Castellano y Patrocinio González Garrido. Ladrones de tierra, metieron a los indios como peones para asegurar territorio. Cabeza de playa miserable.

Una cauda de esta pléyade lumpen cosmopolita, de sobreposición de linderos de Chiapas en perjuicio de Oaxaca y los zoques, ocurrió en los años 50. El maderero michoacano Rodolfo Sánchez Monroy obtuvo una concesión para tumbar árboles y poner aserraderos; en 55 mil hectáreas en el poniente de Chiapas. Cuando se le acabó el estado, vio árboles más allá de los límites y extendió las mojoneras en suelo oaxaqueño. Conforme talaba, corría más el lindero, sin que hubiera protestas del gobierno invadido. En el terreno arrasado fundaba ranchos ganaderos: estableció cinco haciendas. Obtuvo un centenar de títulos de propiedad y dejó 160 mil hectáreas en conflicto desgarrante.

Los trabajadores eran de Michoacán, San Luis Potosí, Durango y Zacatecas, la peonada. En 1960 Sánchez Monroy mandó a dos exploradores para que cruzaran la Sierra de Tres Picos, armados con machete y carabina. Nunca regresaron. Diez años después encontraron los esqueletos con el cabello, restos de las ropas y las armas. Dicen que los mordió una nauyaca, que los devoró un jaguar. A saber, nadie ha cruzado el territorio por su eje más largo. Tal vez un viejo que apareció agonizante por los años 20 cerca de Santa María Chimalapa. Lo hallaron boqueando al pie de un guanacaste. Alcanzó a balbucir que venía de allá, de más allá, de donde se desenreda la niebla en los bosques de liquidámbar, en el lado oscuro del Espinazo del Diablo, en cuyas cimas brotan las nubes. No pudo contar si en los despeñaderos, las raíces de los caobos se sujetan a las rocas. No dijo si en las simas moran los antepasados de los zoques, que a la llegada de los españoles prefirieron hundirse en las barrancas antes que sucumbir a la esclavitud. Volvieron al estado primigenio. Les brotó un vello hirsuto para cubrir su desnudez. Habitan en cuevas, perdieron la lengua y los gestos son el idioma. Tampoco reveló si los pájaros y monos que se balancean en las lianas son indios que se transformaron al despeñarse, huyendo de los conquistadores. Al paraje donde murió le llaman El Viejo. Cada año aparecen flores en su tumba.

En los años 70 los jornaleros de Sánchez Monroy empezaron a establecerse y a sembrar milpas. El patrón los vetó, armaron un sindicato, el patrón lo compró con mañas priistas, pero:

—El sindicato charreó, es cierto —me platicó Alfonso Alvarado, anciano duranguense, pionero de los leñadores que contrataba Sánchez Monroy y al que se le rebeló—. Tuve que salir huyendo porque me iban a matar, pero luego regresé, nos unimos a los comuneros y le expropiamos la tierra al patrón. Le ganamos al sindicato y a sus caciques.

Al filo entre invasiones

A principios de los años 90 había 43 núcleos chiapanecos, ejidos ilegales. Se desató la codicia de ganaderos, talamontes y narcotraficantes. La droga es tentación fuerte. Las parcelas se rentan al narco en 50 mil pesos al mes, donde las familias ganan mil 500. Al que no le entra, le siembran para escarmiento amapola y mariguana. Marcos Ayala había sido de los primeros chivos expiatorios.

El gobierno es incapaz de hacer un deslinde y sobre los campesinos cae un alud de papelería oficial. Jinetes forasteros arrasan pueblos, hay mujeres violadas, hombres asesinados, aldeas que mueren de hambre. Las pocas vacas que tienen los lugareños para salar la carne y comerla aparecen destazadas en sus parcelas, hasta las tripas se llevan. El rastro de sangre se pierde en la selva donde operan gomeros y mariguaneros.

Conrado Solano Jiménez, comunero, platica lo que pasó un día que la Iglesia les dio provisiones:

—Los policías son los que provocan más el problema a través de los terratenientes chiapanecos y el problema de enervantes. La parroquia de Zanacatepec nos donó despensas para la congregación, porque no había qué comer, pero desgraciadamente la policía destacamentada en el ejido Gustavo Díaz Ordaz nos las quitó cuando venía el cargamento a caballo, y a los comuneros se los llevaron al bote porque no querían que las comunidades tuvieran ningún apoyo y mucho menos despensa. Fuimos a San Antonio a ver qué pasaba y encontramos a la policía que ya venía, pero sin los compañeros de nosotros. Detuvimos la camioneta donde venía el comandante y tres policías preventivos. Ellos dijeron que las tierras eran de Chiapas y que por lo tanto los zoques no teníamos nada que ver. Entonces, como estas tierras son nuestras, la mayoría decide detener al comandante y a sus elementos, pero una persona embustera corrió al destacamento de ellos a informar que se había detenido al comandante. Al rato llegaron los demás policías con una manera muy prepotente y queriéndolos rescatar a balazos, pero no nos dejamos. Uno de ellos llevaba una reata para amarrarnos. Entonces los compañeros se decidieron cuando vieron que nos disparaban, y un policía fue herido y otro muerto, así no más, con escopetas viejas de la gente de aquí, porque ellos tienen armas de alto poder. Por esa causa hubo un poco de respeto en la zona, aunque al día siguiente llegaron muchos policías judiciales en camionetas que prestaron los terratenientes. Se llevaron hachas, machetes, todo lo que ocupa el campesino. A las mujeres se las robaron, las llevaron al río y las maltrataron.

A huir de nueva cuenta

«Ni Chiapas ni Oaxaca», clamaron unánimes los campesinos en la finca Casa Blanca. Para terminar la reunión, desenmascararon a Pablo López Lorenzo. Un traidor que concertó un negocio maderero con una compañía canadiense. Estaba coludido con los topógrafos de la Secretaría de la Reforma Agraria. Salió humillado.

Casa Blanca será un día sede de la Universidad Campesina. De aquí sacaron a Erasto Castellanos, hermano del general Absalón Castellanos, el ex gobernador chiapaneco, al que tiempo después el Ejército Zapatista de Liberación Nacional tomó como prisionero de guerra y le perdonó la vida. A Erasto, dueño de Casa Blanca, le expropiaron la finca. Amarrado lo llevaron día y noche, maneándose por las veredas de los indios hasta Santa María Chimalapa. Allí lo liberaron. Los problemas empezaron a atenuarse pero sin resolverse del todo. Por lo pronto proclamaron su autonomía. El gobierno de Oaxaca no responde por 160 mil hectáreas que le robó Chiapas.

En la reunión de Chocomanantlán los zoques decidieron ir comunidad por comunidad con la voz de la paz. Los acompañó Maderas del Pueblo del Sureste. Tratan de olvidar los conflictos porque «todos son campesinos y mexicanos». Respeto mutuo y absoluto a la posesión de la tierra de los verdaderos campesinos, que vivan en y de la tierra chimalapa. Alto a las provocaciones y agresiones entre ejidatarios y comuneros, paz social entre campesinos. No más asentamientos. Sí a la Reserva Campesina de la Biosfera. Los Chimalapas, universalmente étnicos.

Pasaron los tres días de la reunión. Anochecía y empezaba a caer el fresco, los representantes procuraban la salida de Marcos Ayala. Se acentuó grave el rumor. Judicial y tropa estaban en la falda de la montaña. Los ecologistas partieron presurosos. Quedaba una combi de la UNAM con una bióloga y una economista que aceptaron participar en la huída, buen subterfugio para un fugitivo. Tenía una llanta baja, trabados los pernos de la rueda, no valían de nada los martillazos. La fuerza de Marcos los desatornilló. La llave quedó torcida y con la punta señaló al cielo. Los representantes se apartaron para hablar sin quitar la vista del firmamento. Mal momento para salir, había un eclipse de luna, la montaña se volvía penumbra al ritmo azorado en las copas de los pinos que se fueron desvaneciendo.

En la brecha del malpaís, con las luces aparecían ojos rojizos iridiscentes, grupos de mapaches y tejones, ciervos encandilados que se pasmaban en un instante congelado, para trotar en desconcierto a un costado de la camioneta destartalada de la UNAM, que avanzó a trompicones en el fango. Se atascaba, el tiempo de la huída era un atoradero y daba tiempo a los traidores. Marcos era templado, pero decía que alguien corriendo cuesta abajo por las veredas, en una estafeta de voces delatoras, ya podía haber avisado a los judiciales. No quería acabar su vida de luchador social en la cárcel. Las credenciales de la UNAM sortearon los retenes en la carretera, Marcos Ayala iba tumbado en el piso. Faltaba La Ventosa, donde arremetían implacables los vientos del Océano Pacífico, húmedos con olores de Mindanao, en la última garita policiaca del territorio chiapaneco.

Estaba retacada de federales, agentes de migración, militares y judiciales del estado. Una gavilla constante para esquilmar y robar a los emigrantes ilegales y lo que se pudiera. Hacer igualas con madera, narcotráfico, y de vez en cuando, buscar a un fugitivo como el que iba en la combi de la UNAM. Las credenciales volvieron a surtir efecto y las universitarias eran guapas. La mejor fórmula para garantizar la fuga. Las linternas se deslizaron sobre las sombras de las mochilas y los *sleepings*; Marcos Ayala era un bulto. A un paso estaba Oaxaca. La academia es tan vasta, que esa noche sirvió para que un hombre huyera. Adelante esperaba un vehículo de Maderas del Pueblo, para llevar a Marcos Ayala hasta la ciudad de Oaxaca. De la gasolinera llamé a Carlos Moreno, delegado de la Reforma Agraria. Se encargaría de gestionar un amparo y llevar el caso a Derechos Humanos.

Las universitarias entraron por refrescos a un paradero de camioneros, el celofán de las papas y frituras, el estaño de los chocolates, le daban brillo al lugar con choferes reposando la fatiga. Estiré las piernas rumbo al retén, alguien me llamó desde adentro de la caseta, era un policía al que nunca reconocí; de tanto andar en este oficio, a veces los miro como si fueran la estampa en el rotograbado de un periódico viejo. No sé de dónde me conocía, sacó una botella de *Remy Martin*, tal vez del último vehículo que revisó. Se hizo una cuba, me serví un vaso sin mezcla. Me dijo tener un caso que sería buena noticia. Sacó de su chamarra una foto de Marcos Ayala, «enemigo público número uno». Brindamos por algo que no recuerdo, el olor era rancio, siempre huele así donde duermen los policías; sus humores se entreveran con el sudor adrenal de los detenidos. Regresé a la combi y agarramos camino rumbo a la ciudad de México. Fui a Los Chimalapas por un asunto ecológico y volví con una nota roja.

Marcos Ayala regresó absuelto a su parcela a luchar contra los ganaderos y el narco. No era un héroe local, el esfuerzo había sido de muchos. La reconciliación entre indios de toda etnia y campesinos de todos los estados estaba resultando una exitosa pléyade cosmopolita. Poco después lo mataron en Pueblo Nuevo, Chimalapas, por un lío de faldas.

Retrato hablado

«A veces no hay que ir muy lejos. Hace poco vino una mujer a denunciar que fue violada. Describió al tipo, hice el dibujo y como en todo buen retrato tenía que haber movimiento, una historia personal en los rasgos. Se le quitó el nerviosismo natural, volteó hacia los pasillos y vio a un tipo que caminaba igual al que había descrito. Lo señaló y dijo que su agresor era igualito al que pasaba, es más, dijo que era él y efectivamente, el retrato que hice coincidía con el sujeto. Era un policía judicial que resultó ser culpable. Mire que ironía, cuánto puede rendir el arte.»

Ocurrió dentro de la misma Procuraduría General de Justicia del Distrito Federal, en Servicios Periciales, donde están los dibujantes. Así me lo cuenta Francisco Mejía Martínez, artista de la recreación criminal.

Lo siniestro se desliza en los trazos suaves del lápiz. En el esfumado aparecen líneas de un arte que se da y crece en la brutalidad. No la borra ni la delicadeza con la que los dibujantes delinean. En la calavera hallada en el baldío o en el drenaje, los músculos cobran vida en el papel. Se insertan en el mentón, en los pómulos, alrededor de los párpados, para mover ojos que ya no existen. La osamenta se va llenando de carne hasta que el rostro concluido tiene expresión con su mirada, piel y a veces hasta sonríe. Francisco Mejía va trazando la plática en el aire, no en el restirador de su oficina, donde una mujer da los pormenores sobre su agresor. Me asomo a ver si los rasgos coinciden con otro judicial que pase. Vuelvo con el dibujante emocionado en sus garigoleos en el espacio.

—El estilo de este dibujo ni es retrato ni es hablado, va más allá de la imagen, reconstruimos un cadáver para dejarlo como persona, también describimos a un delincuente que es una persona, pero no sólo con datos tan vagos como el mentón, las cejas, la boca...

»Conforme dibujamos tiene que aparecer la personalidad, la forma en que se mueve y camina, vamos, hasta qué tipo de diversiones le gustan o cuáles son sus gestos al comer, y eso nos permite ver el tipo de comida que le gusta. Esas actitudes son las que llevan al investigador, mejor que un sabueso, hasta el lugar de los hechos, o mejor todavía, hasta la persona en caso de que viva y, si no, hasta el asesino que anda impune.

—En el cadáver desconocido, entre la víctima y el victimario, hay un fantasma que se hace carne y hueso cuando se le describe, su rostro toma forma en el grafito y el papel. ¿Son ustedes artistas de la violencia?

—Sí, pero no tanto —responde el sexagenario Raúl Estrada y Díaz—. Para escenas de tormenta humana está en primer lugar Dante Allighieri y luego, bueno, Agatha Christie y tantos escritores de novelas policiacas y directores de cine que nunca han visto un muerto en su vida y menos a uno despedazado. Esta crueldad nosotros la vivimos a diario y ellos en su imaginación. Ellos se figuran delincuentes, nosotros, señor, estos dibujantes que usted aquí ve, recreamos los horrores de la verdad, pero no para nuestro regocijo.

En las madrigueras de este arte, capaz de lograr la mejor galería de monstruos, la víctima siempre recuerda en un destello el rostro del agresor, aunque después venga un bloqueo y los rasgos se agolpen. El dibujante tiene que borrar una y otra vez, esfumar líneas, sombras. En esos trazos se devela también el panorama de la cultura en el país, ese 17 por ciento oficial de analfabetas, ese número más alto de los que no saben expresarse aún habiendo ido a la escuela. Son los que nunca han visto un cuadro y ahora, el primero que ven, es el de su agresor.

—Hay gente que no sabe leer ni escribir y a la hora de redactar un retrato dan apenas una apreciación, no sólo por el trauma, sino porque no se saben expresar. Luego el mexicano le tiene miedo a ser feo, dicen que un pariente extraviado es güerito, si es chaparro lo describen alto. Eso es desesperante para nosotros, cuando sabemos que hay un asesino suelto al que se puede capturar cuando lo materializamos.

La Prensa, nota de Antonio de Marcelo:

«Apresaron a Matamujeres —dice la cabeza—. Justicia exigen las mujeres de La Merced. Piden a las autoridades garantías ante la ola de violencia que viven quienes se dedican a la prostitución. Al ser encontrado en el baño de un hotel el cuerpo desnudo con una toalla enredada al cuello y apuñalada, las primeras investigaciones dejaron al descubierto que la mujer acudió a dicho lugar con un cliente joven cuyas características dan un retrato hablado, proporcionadas por testigos que la vieron ir a trabajar. En un año 18 de sus compañeras fueron asesinadas en hoteles de paso. A 15 días del asesinato de una mujer de la vida galante el homicida fue capturado, por compañeras de la hoy occisa en los momentos en que merodeaba en busca de su próxima víctima. Se trata de

Carlos Olmos Flores, de 24 años de edad, que se desempeñaba como inspector de la vía pública en la Delegación Venustiano Carranza.»

Su retrato circulaba por la «senda del crimen» hecho por un artista sin reconocimiento que captó el pelo lacio, la cara redonda, cejas escasas, ojos regulares, nariz recta, mentón regular. Quien lo materializó se llama Enrique Guzmán Ibarra, dibujante de policía, sus trazos condujeron a la captura de un homicida en serie, uno de esos delincuentes que tanto alimentan la imaginación de escritores y cineastas.

—Los especialistas en retrato hablado conjugamos artes y ciencias que vienen del siglo pasado, cuando Alphonse Bermillón, en París, se opuso a que marcaran la piel de los delincuentes. La costumbre les cauterizaba una V en la frente a los ladrones, la F para los falsarios, W para los reincidentes y la abreviatura GAL para los destinados a las galeras. Pero se les podía describir de acuerdo con su historial y características físicas. Bermillón descubrió que las medidas de un cuerpo humano nunca coinciden totalmente con las de otro y así, dibujando, creó el primer archivo ilustrado de la delincuencia.

—En los dibujos de esta oficina, maestro Regino Maldonado, se ven rostros feroces. Dibuja usted con una idea prestablecida?

—Nunca, no se puede ni se debe descalificar a alguien por su cara. He dibujado homicidas terribles que tienen aspecto de príncipe de cuento de hadas, también a gente de aspecto... digamos... feroz, que son hombres de bien. Tenemos que ser muy cuidadosos, trabajamos con aproximaciones y pueden agarrar a un fulano inocente. A veces nos dicen que el agresor parecía padrecito y luego cuentan que sacó el puñal y era un violador.

Con la escuela del dibujo artístico o publicitario, estos trabajadores de la procuraduría capitalina ganan tres mil pesos al mes y cada uno realiza en promedio 8 dibujos al día. Se consideran artistas porque abarcan todo el mundo de la anatomía, la sociedad y la psicología, a veces con el testimonio de una persona que sólo vio al criminal de reojo. Su técnica no es igual cuando entrevistan a quien fue asaltado, a una mujer violada o a un delincuente que inventa los rasgos de su cómplice.

—Nuestra posición es creerle a la víctima y no al victimario. Le pongo un ejemplo. Se encuentra un costal con restos de un ser humano, desintegrado, con muestras de pelo y bigote. Hago la reconstrucción. Se pone en el Servicio Médico Forense y otros lugares. A los dos días llega la esposa con una fotografía y resulta que era un delincuente, la mujer lo ignoraba, pero con el dibujo se logró la captura de los cómplices que lo mataron para repartirse el botín —platica Maldonado—. Un diario cabeceó la nota con el retrato hablado: «Por abusar con el botín mataron al encostalado». Se veía tan decente.

El Crimen y las Bellas Artes. En su tiempo libre los dibujantes hacen paisajes, rostros indígenas, muchos, una tempestad, Luis Miguel en la infancia, Pedro Infante en la vejez, desnudos de mujeres bruñidos al carbón, acuarelas, óleos, crayón al estilo Frazetta y personajes interplanetarios. El laberinto criminal se aparta en las pinceladas de los dibujantes del crimen, fuera de las oficinas policiacas.

—No podemos ser sólo artistas de lo realmente monstruoso, —dice Maldonado al tiempo que muestra el cuadro de una mujer que cierne maíz— caeríamos en la frialdad de un técnico, tenemos que vivir también de la armonía.

Estos dibujantes completan sus ingresos magros con la venta de su obra. Exponen los domingos en el Jardín del Arte y se desafanan del trazo cruento. Su lápiz no para ni el delito tampoco, pero se dan tiempo, pues como dice Raúl Estrada y Díaz:

—No podría vivir a diario con la imagen de una niña de doce años tasajeada, violada, con el rostro desfigurado, una cara que tengo que reconstruir con líneas y sombras, imaginarla cómo fue. Por eso pinto rostros indígenas, de mujeres, que son los que veo en el metro, se me quedan grabados y nunca me los imagino que llegarán conmigo para describir a un delincuente, tampoco pienso en su osamenta.

Senderos de extravío

Sombrero negro atejanado, buena pinta podría decirse, bien plantado de no ser porque está incompleto. Le faltan las piernas. Los muñones de los muslos están forrados de cuero prieto y estoperoles brillantes. Secuelas de la guerra de El Salvador en éste que fuera miliciano. Hoy espera colarse a México en la resolana de una plaza del fronterizo Tecún Umán.

Sabe que le va a costar trabajo arrastrarse por los llamados caminos de extravío, mil y uno, para evadir a las autoridades. Me dice que hallará el modo de abordar un tren de carga, meterse a un vagón cisterna de vapores tóxicos o treparse en un camión bananero. Si no alcanza Estados Unidos se quedará en México, mejor morir de hambre aquí y no en su tierra, donde no hay sobras ni para los mendigos.

Tecún Umán, Guatemala, pueblo rabón polvoriento, narcotráfico soterrado, sopor de canícula perpetua, 10 mil lugareños y 11 mil que están de paso rumbo a Estados Unidos vía territorio, deportados recientes que anhelan volver de nuevo.

Tecún Umán, caudillo mam que resistió a los conquistadores españoles da nombre a este sitio donde hombres, mujeres y niños de Honduras, El Salvador, Guatemala, —uno que otro pakistaní, chino, yemenita o filipino— se agüitan por el sol en el zacate seco de la plaza, olor picante a urea y un letrero que prohíbe orinarse.

En corrillos rodean a los traficantes guatemaltecos o mexicanos. La puja de la tarifa es ardua a partir de 100 dólares para cruzar a Chiapas, 5 mil por atravesar la frontera norte. Abundan las mujeres que mejor se quedan aquí. Se arraigan en cualquier antro de la calle larga plena de burdeles.

Melita Estefanía, de 17 años, rubia, menuda y daifa de El Diamante, gana 15 pesos mexicanos por cliente y le da cinco al regenteador, que toma estricto el tiempo de 20 minutos. Se cumplen manotea las puertas desvencijadas de los cuartos en la trastienda. Le va bien a la chamaca con 10 encuentros al día. Bosteza, recarga el codo en la mesa de lámina cual colegiala en el pupitre. La penumbra del congal tiene telarañas. Sólo brilla el zinc de la barra donde se amodorra el coime. Otras putas son siluetas fodongas que envidian a Melita Estefanía porque les quita chamba, mientras ellos maduran, el futuro se esfuma y la salida como sirvienta en el Distrito Federal está cada vez más cerca.

Cruzar la línea fronteriza es una raya en el agua. Por las mañanas el río Suchiate es una efervescencia de mercado. Huacales de jitomate, carne y fayuca llegan a México. Ropa, reses y puercos de abigeato, jabón y latería van a Guatemala. Judicales del estado, federales y agentes de Migración, reciben billetes y centavos por dejar pasar indocumentados. Dirigen el tráfico, desanudan la aglomeración de balsas y personas.

Alcanzar Centroamérica de ilegal es cosa fácil, casi nadie lo hace, a diferencia del sentido contrario. Por unos cuantos pesos o quetzales se aborda la balsa endeble, cinco tablas arriba de cuatro cámaras de camión amarradas con mecate. Se trepa una mujer temerosa de un naufragio, pero el agua es mansa y el río poco profundo. De la balsa tira un muchacho que patalea cuando nada, camina cuando toca el fondo y el pasaje llega a salvo hasta la otra orilla. Unas mujeres lavan ropa junto a un sitio de *ritkas* que llevan al centro de Tecún Umán.

En esta especie de mínimo arrabal tijuanero que eleva al cubo la sordidez, la industria de indocumentados es jauja en la elaboración de papeles mexicanos. Cartillas, pasaportes y credenciales de elector a mil dólares. Se imprimen manuales con mapas de calles, barrios y estilos de vida en la ciudad de México. Prontuarios de historia y geografía mexicana que se memorizan para engañar a la Migra.

—Hay que saberlo todo, porque aquí las fronteras son ficticias —dice el salvadoreño Santana de Jesús Escobar—. Lo que nos diferencia entre mexicanos y centroamericanos son los modismos. Acá a los maricones les dicen huecos y en Chiapas mampos. Al dinero le decimos pisto y ustedes feria. Sólo eso, señor. A veces se dan cuenta porque no tenemos su cantado. Hay que saberse la historia y los lugares, porque luego nos hacen preguntas y México es un país muy grande cuando a veces no conocemos ni a nuestro propio país. —Canta una copla anónima—: «En Guatemala y México cuando crucé, dos veces me salvé y me hicieron prisionero, el mismo idioma y color reflexioné; cómo es posible que me llamen extranjero.»

—Yo estuve en la guerrilla —se atraviesa un nicaragüense— en el Ejército Sandinista. Una ocasión me agarró la Migración. Me echaron la culpa de que haya guerrilla en México. Le dije que no sabía lo que era guerrilla porque nunca había estado, que cuando llegara la guerra a México iba a saber lo que era bueno. Así es señor y se lo digo. Me fui a la montaña, el Somoza me quitó mi tierra y cuando ganamos ya nadie me la devolvió. Va a llegar el momento que en vez de regresarme agarraré otra vez una ametralladora, por aquí las hay. Ya basta de perjurios que cometen los mexicanos contra nosotros y yo sé de armas, vaya que sé. ¿Para qué voy a agarrar el arma? A saber.

Ronda por aquí la Mara Salvatrucha, cofradía criminal de jóvenes salvadoreños, con hijos y nietos de ex guerrilleros del Frente Farabundo Martí para la Liberación Nacional (FMLN). Se gestó en Los Ángeles, cocida en el caldero de los balazos y puñaladas con bandas rivales de mexicanos. Los deportaron y en San Salvador se volvieron pesadilla urbana, en el regreso al sueño americano asolan la ribera del Suchiate, Tapachula. Tecún Umán es el punto de convergencia, cocina de narcotraficantes a los que se alían. Con tatuajes de códigos emblemáticos y su lema de batalla: «La banda rifa, controla y viola», amedrentan a las policías. El terror es el soborno. «*Fuck them mexicaca putoz claim but la ms 13!!! Fuck, I am a salva trucha*». Su *modus operandi* es el asesinato y la violación, bregan por los caminos de extravío, así llaman los emigrantes a los senderos que usan por la sierra chiapaneca, para sortear a las policías mexicanas. Ahora son presa por doble partida en el precipicio de la ilegalidad. La Mara Salvatrucha por un lado, que es dinero o muerte. Las autoridades en el otro: extorsión o deportación.

Felícitas Martí es salvadoreña madura. Combatió con el FMLN. Sin sustento, emigró de ilegal a Estados Unidos donde tiene tres hijos. La deportaron. Dos veces ha intentado regresar: «Dos veces me han devuelto y violado. Una vez fue la Mara, otra, policías de azul. Cómo nos han perjuriado.»

«El tres veces mojado»

—Hay un trabajo hecho por Estados Unidos, el proyecto «Mantengamos la raya», para detener la emigración. Se aplica precisamente aquí, en la frontera sur, con fondos norteamericanos. Por eso hay que entregar una cuota de deportados, entre 600 y mil al mes, aunque la corrupción es tal que se sigue permitiendo el paso de ilegales. Es el negocio de todos los cuerpos de seguridad. Desvalijamiento y venalidad son permanentes. El Colegio de México tiene algunos documentos, pero ésta es zona olvidada. No hay comparación con lo que sufren los mexicanos para llegar al norte, esto es el infierno mil veces peor. —Moisés Sánchez López conoce algo del asunto, lo estudia como profesor de la Universidad Autónoma de Chiapas.

Las garitas de Migración donde los refunden, rebosan humanidad, niños y adultos en galpones de cemento y zinc. Se les escatima el agua, les avientan maíz como a las aves de corral. Tal vez de ahí venga el nombre de «pollos», como se mienta a los indocumentados. Las tórridas temperaturas truenan a las semillas. Unos grados más y se vuelven palomitas.

Hace un par de semanas cayeron 424, hombres, mujeres y niños en un paraje llamado El Ranchito, para cumplir con la cuota. Dormían cuando llegaron las policías echando tiros y ráfagas para someter a la caravana desarrapada. Pecho a tierra durante horas y la bota al cuello. Lo presenció Vicente Gamaliel, salvadoreño que fuera milico. Bolsearon a todos. A Cipriana N, bellísima joven, se la llevaron detrás de unos árboles de mango, la violaron, le arrancaron el dijecito de cobre que le dio su papá, amuleto para asegurarle buena fortuna en el camino.

Una noche cualquiera en la estación ferrocarrilera de Tapachula. los grupitos se abalanzan al tren cuando comienza a moverse. Visten garras, uno sujeta el pantalón con un cordel de panadería. Los municipales le robaron el cinturón. Se va en el convoy destartalado para llegar a donde se pueda, es el oráculo de los asegunes. Canta el corrido: «Es lindo México pero cuánto sufrí, atravesarlo sin papeles es muy duro, los cinco mil kilómetros que recorrí, puedo decir que los recuerdo uno por uno.»

Se parece la tonada a *La tumba del general Francisco Villa*. Y vaya que si recuerdan cada palmo por el que pasan, los hoyos que escarban en los camiones bananeros. El plátano se les viene encima y los aplasta. El chofer los avienta muertos en el monte. Pero igual en el tren se asfixian o mutilan.

—Esta es la tercera vez que intento entrar a México y ahora me quitaron hasta los zapatos —cuenta otro que tampoco trae cinturón—. Hay una caseta de Migración por Arriaga, de la que salen dos bandas y son hasta diez con pistola. Violan. Luego llegan los agentes y nos encierran para deportarnos. Estamos así, entre los tufos, porque no hay baños. Les dije a los de Migración que a una muchacha la habían violado cuatro. Me dijeron que nosotros nos lo buscábamos. Por ellos ando descalzo. Me echaron a Tecún Umán y aquí estoy de nuevo.

Noche como tantas otras, a contraluz de los faroles opacos en la estación de ferrocarril. Aparecen hombres con machetes, garrotes, y acordonan a un grupo de ilegales; a Chalío le quitan los 75 pesos que traía para el viaje. Visten de civil. El jefe se identifica: «Policía Municipal», enseña una charola, oculta nombre y fotografía, tiene el número 5008.

—¿Quién es usted?

—¿Yo? —contesto—. Un indocumentado de Bielorusia.

—Mejor váyase.

Chalío y su grupo mientras tanto se encaraman en el tren. Parten, se van, compondrán corridos sobre caminos de extravío, historias de fuga como los versos de León Felipe: «Comí el rancho de castigo con ladrones y grandes asesinos... viajé en la bodega de los barcos; les oí contar su aventuras a los marineros y su historia de hambre a los miserables emigrantes.»

En Tecún Umán cantan Los Alegres Navegantes en las corrientes cerveceras de El Diamante, cerveza Gallo, correosa como los tres veces mojados que han cruzado tres fronteras. El tugurio se ilumina con un decidor de coplas, juglar vestido a lo tejano al que le relumbra el filete plateado en el sombrero: «En Centroamérica dada su situación, tanto política como económica, ya para muchos no existe otra solución que abandonar su patria para siempre. /Al mexicano lo echan de Estados Unidos, da dos pasos para atrás y está de regreso. Es un lujo que no me puedo dar, sin que me maten o me lleven preso.»

Lupanares de Cacahotán, congales de Tapachula

El Ranchón es lujo al fondo de un callejón de barro sin faroles. Acoge adolescentes; hondureñas, guatemaltecas, salvadoreñas, suripantillas analfabetas. Medio centenar dormita en las mesas de la orilla, otro tanto se apeñusca en el telón donde empieza la pasarela, torpes en la impudicia, van a empellones por el trance de ser mujer. Cacahotán no es buen aprendizaje para la prostitución. El posgrado está en Amsterdam y ese puerto está muy lejos. Allá termina el Atlántico y aquí comienza el Pacífico.

En el escenario vasto con su cascada sin fin de foquitos que escurren intermitentes, las pequeñas meretrices van circulando, se alternan en la misma pose cansina al quitarse la ropa, se mueven casi a marcha forzada con la música disco de ciento y tantos decibeles. Las cuchilea un sacamaloras que feroz bate las manos. Los clientes ya ni aplauden, señalan a la putita y el hombre se las lleva a la mesa. Diez pesos para la criatura, cuatrocientos noventa para el dueño. La trata de blancas es cara en el reparto a las autoridades. Buena parte de los clientes son rancheros, sombrero *Stetson*, camisa de alamares y bota afilada con puntera. Siempre hay cupo fijo de policías en el público. Desde Motozintla en la sierra, de Tonalá en la costa, lugares alejados, viene la tertulia a Cacahotán. El Ranchón tiene su fama. Las jóvenes tienen la ilusión de irse a Mcallen o por allá, no saben ni a dónde, nada más que es al otro lado del borde, como la pescadera de Pérez Galdós que veía el mar y quería ir simplemente allá, más allá del horizonte.

Las cifras de la ramería son incalculables. Tapachula tiene lugar para las putas viejas en El Tufo o El Mico, umbral del climaterio. La vida airada alcanza para todos los sectores de la población. El Marinero; palapa inmensa con su espléndida sirena de papel maché a un lado de la pista. Nadie sacude su cola de pescado. Buena comida del mar. Una docena de mujeres atiende las mesas. Guardan recuerdos vagos de sus países al sur. Se les trata como mancebas ilegales. Una tarjeta de salud las protege como prostitutas, pero andan alrededor de los veinticinco años de edad y los clientes comienzan a escasear.

El dueño está consciente de tener mala fe:

—Estas mujeres son contadoras, periodistas, las hay bilingües. Llegan aquí con lo que traen encima. La primera semana se les da la oportunidad de que trabajen sin uniforme, luego, ya que juntan sus propinas, se lo compran en mi tienda con facilidades. Aquí se les da la comida y se quedan con sus propinas. Estamos en una franja fronteriza donde es difícil que una mexicana quiera trabajar en esto. Éstas tienen urgencia por mandar dinero a su casa. Las autoridades se hacen de la vista gorda. Me han hecho tres «razzias» y tardan más en llevarse a las muchachas que en que regresen.

Daniela es hija de guerrilleros sandinistas. Enfermera graduada, tiene 25 años. Sabe empuñar por igual una jeringa, un bisturí o una metralleta. Con las propinas redondea cien pesos al día. Trabaja doce horas. Si después de la cena sale un cliente, se va con él por otro tanto. Pero las noches cada vez son más malas. El dueño ya trae muy seguido bailarinas de *table dance*. Ahora están Las Adelitas.

Aquí se reúnen las fuerzas vivas de Tapachula. No importa cómo bailen las chicas. Una se mueve y desviste como hindú, cuando el ritmo es antillano. Los comensales clavan billetes en las tangas. Las mujeres ven billete verde y se emocionan, creen que son dólares, pero les ponen quetzales. La moneda guatemalteca anda por los dos pesos mexicanos.

Augura ser una noche mala para Daniela y compañeras. La clientela se apunta para irse con Las Adelitas aunque cobren un buen. Son rubias hasta destellar como láser. Las morenas de El Marinero se van en blanco a sus cuartos en la oscuridad de Tapachula.

Festín de tiburones

Los pescadores chiapanecos ya no recogen los cadáveres que encuentran en el Océano Pacífico. Para qué navegar 300 kilómetros con un cuerpo o sus pedazos en el bote tiburonero, amarrados al costado o arriba de una tintorera, a lo mejor la misma que laceró al fulano, a la fulana o al crío. Restos hinchados de un centroamericano patinados de sal, que no arribó más allá de estas latitudes.

Para qué llegar a la 22 Zona Naval en Puerto Madero con un desconocido, si a los pescadores que lo hallaron los van a detener acusados de homicidio para sacarles dinero. Estos hombres de mar tan sólo querían cumplir con los códigos de la marinería y reportar el macabro hallazgo. Igual le hubieran atado un plomo para que se fuera al fondo.

Tráfico humano, negrería moderna. No se lleva cuenta de los que así perecen ahogados o en las fauces de los escualos. Juan Brahms, capitán de navío, jefe del Estado Mayor de la Zona Naval confirma:

—¿Cuántos indocumentados han fallecido en esta parte del litoral?

—Ese dato no lo tenemos.

Los pescadores de Puerto Madero ven pasar diariamente tres lanchas con ilegales, que pasan agachados. Sólo se miran el motorista y el ayudante en la popa. Se sabe que llevan lastre humano porque la proa se levanta. Para llegar a Paredón, donde los desembarcan, se necesitan unos 15 bidones de 56 litros de gasolina, 840 kilos. Se agrega el peso de la gente, 22 en total y desnutridos, el cálculo es de 1200 kilos. Dos toneladas no se ocultan fácilmente en esas lanchas, aunque la carga vaya tirada en el piso. Unas están registradas en Guatemala, otras en México.

Se ven pasar desde la palapa de Nato, patrón pesquero. Vienen de la vuelta, del canal que bordea Champeriquito, barrio de guatemaltecos que ha sentado sus reales en el borde mexicano. Migración, las policías y la Armada conocen los nombres de los polleros. Las familias Escribá González y Dorinal; Neri Escribá purga condena porque secuestró al hijo de un político priista. Es conocida su fama delincuencial.

Entre moscas y vísceras de tiburones y mantarrayas en una pesquería un aletero me describe la táctica. Una lancha de la Armada da vuelta a la derecha por la dársena cuando salen los traficantes en sus botes. Si hay alguna sospecha de peligro, un operativo contra drogas, por ejemplo, la da al revés y se detiene. El aletero no da su nombre. Teme. Cualquier indiscreción se salda a balazos. Aunque la información se filtra.

El capitán de navío; Juan Brahms confirma:

—Sí, hay gente de aquí entre nuestros marinos, son gente de la región. Se conocen y dan avisos.

Los ilegales llegan de Tecún Umán para embarcarse en Champeriquito. El destino es Paredón, de donde continúan a pie y en vehículos por brechas hasta Acapulco. Los que sobreviven a los asaltantes, policías y mordeduras de alimañas, viajan a la frontera norte por autobús.

La cuota en las lanchas es de mil dólares para los centroamericanos, 3 mil para los chinos, árabes y de cuando en cuando un hindú. Un colombiano se cotiza hasta en 10 mil dólares. Tomando en cuanta únicamente a los 22 centroamericanos que caben en una lancha, la ganancia para el traficante es de 15 mil dólares. Se descuentan 2 mil para el motorista, mil para el ayudante, 2 mil para la gasolina, el aceite, y otro tanto va a las autoridades. El traficante gana al año 5 millones de dólares por lancha, tomando en cuenta los días no navegables por mal tiempo, averías e imprevistos.

A veces los motoristas se ponen un pasamontañas negro. Los pescadores dicen que es una provocación para vincular el tráfico de humanos con los zapatistas.

Si un ilegal se desnuca por un golpe de mar o se voltea el bote y la carga se ahoga, el traficante no pierde, pues el pago es anticipado. Si los tiburones festinan es cosa suya.

Engancharse con el chofer de un camión que carga tiburones a la ciudad de México es otro estilo de morir. Se pone una barrera de escualos y al fondo de la caja refrigerada modelo *Thermo King* van los ilegales entumidos. Con la sanguaza de los animales se les forma escarcha y carámbanos.

Con frecuencia los ilegales son engañados. Los bajan en playas desiertas con el anzuelo de que Paredón esta detrás del palmar o de las dunas y los lancheros regresan. Ahí sí los atrapan los marineros de la Armada para cumplir con la cuota.

La Palma es uno de los lugares más remotos e intrincados de Chiapas, entre el mar y los manglares, a la mitad del litoral, en medio de la nada. Es paso común de las lanchas furtivas. Por aquí se meten a los vericuetos de la naturaleza, entre los mangles paradisíacos y bosques de palmeras, para salir a Paredón. Se ahorran así los sobornos. A este sitio se llega únicamente por mar o navegando en un bote por los mil y un canales que se estrechan con la vegetación.

El pescador Filiberto Hernández camina por la noche alejado del único villorrio, una docena de casas de bajareque entre el océano y la jungla. Vislumbra una lancha que se aleja a remo silenciosa por el mar. Me dice que por acá deben andar los «pollos», los ilegales. Se sube a un cayuco y navega por las brechas de agua, alumbra con su linterna. En la maleza, brillan los ojos escarlata de los mapaches, abajo la ciénaga se ilumina con el amarillo en las pupilas del lagarto real, siete metros, una larga hilera de colmillos y al rato aparece una veintena de humanos escondidos entre las raíces vigorosas de los mangles, el contrafuerte de las ceibas y el guanacaste, mojados, envueltos en una nube de mosquitos y los miasmas de la materia orgánica que se pudre a pulso de trópico. El estrépito de los grillos cesa cuando un par de hombres junto a una lancha corta el cartucho de los AK-47. Retrocedemos.

—Así es —dice Filiberto Hernández encorajinado, impotente—. A veces no los abandonan. Si a tiro por viaje se perdieran, no habría negocio. Aquí hacen escala unas veces para abordar otra lancha y seguir a Paredón. Hace una semana me dijo un compadre que en la bocana de Boca del Cielo hallaron como doce muertos comidos por los tiburones. Hay lanchas que se arriesgan por allá, pero la marejada es muy brava.

Las embarcaciones se voltean en el tumbo de la ola al entrar o salir de las riadas, al ir a desembarcar ilegales o aprovisionarse de gasolina. El bote les cae implacable a los pollos, los golpea, los descerebra o se ahogan. Unos cuerpos llegan a la playa, a otros la resaca los bota al horizonte.

No todos los cadáveres son hallados por los tiburoneros que trabajan con palangres como artes de pesca. También las redes los capturan. A bordo del Suriano XVII, me cuenta el capitán que varios se le han enredado en las mallas. Un día divisó algo mar adentro. Se lo sabe de memoria: «Era una maleta que estaba flotando. La abrimos y tenía unos papeles en una bolsa de plástico. Eran cartas de un hondureño a sus paisanos en Los Ángeles, como un diario para leérselo después a sus amigos y a su familia, creo que a sus papás. Les decía que ahora sí iba a llegar allá, que iba a encontrarlos, que ya tenía muchas ganas de verlos, que ya nunca los iba a dejar.»

Índice